U0532980

新史学

观 古 今 中 西 之 变

阎步克 著

察举制度变迁史稿

北京师范大学出版集团
BEIJING NORMAL UNIVERSITY PUBLISHING GROUP
北京师范大学出版社

引　言

　　察举制度，是中国古代帝国政府的一种选官程序，它主要存在于两汉和魏晋南北朝时期。在中国古代政治和行政制度的发展史上，曾经先后出现过贵族世卿世禄制、察举征辟制、九品中正制和科举制等不同样式的选官制度，它们分别在不同时期占据主导地位。察举制度便是选官制度变迁过程中的一个重要阶段。这一制度，大约是在西汉的文帝、景帝和武帝之时确立。它与征辟制度一起，共同构成了汉代选官制度的主体。魏晋以降，由于九品中正制度出现并成为选官的主导，察举入仕之途的地位和作用颇有下降，但在这一时期它依然发挥着作用，其制度程式也仍然在依照某种规律向更高形态发展。九品中正制衰落之后，察举制在隋唐之际发展为科举制度。换言之，察举制便是科举制的前身与母体。察举制作为主要选官程序的时间，达七八百年之久。仅此一点，也足以证明其重要意义。

　　本书便是以对察举制度的研究为目的的。这是一个史学界业已深耕熟耘的课题，现有成果颇为繁富，几近题无剩义。因此，本书不再准备对这一制度做面面俱到的叙述，而只是就自己视野所及的若干专门问题，提供一些基本资料，并加以考订解说，以补前人之阙遗。这里相当一部分，是对史实细节的考订，有时将提出一些有异于成说的看法；同时，也试图在前人论说的基础之上，探索这一制度发展变迁的线索、原因及其政治文化意义。可以说，本书的主要运思之点，将置于这一制度的变迁之上。

　　察举制度既有其产生渊源，亦有其发展归宿，七八百年之间它并非一成不变。它与此前尚较粗糙散漫的官吏举荐保任制以及战国时代的养士制、客卿制等有着渊源关系，在它成立之后，又不断地，当然又是缓慢地向科举制度演变。成立之初的察举制度，与发展到成熟的、典型形态的科举制度相比，大致有以下几个不同之点：

首先，科举制是一种考试制度，采用招考与投考的方式取人，王朝设科而士人自由报名应试。察举制则是一种推荐制度，主要由地方州郡长官承担推荐之责，按科目要求定期地或即时地向王朝贡上合乎相应标准的士人。定期的察举如秀才、尤异、孝廉、廉吏等科，在成立之初皆不考试，举至中央后即授予相应官职；不定期的如贤良方正等科，举后须经对策方能授官，但这种对策有"应诏陈政""求言于吏民"之意，与科举制的那种对士人才艺的程式化检验考试，尚有很大差异。

其次，科举制以文辞和经术取士，士人之进退一决于程文之等第；考试成绩，是得官与否的关键。而察举制的取人标准，则是多种多样的，德行、经术、吏能、功次、文法等，都可以构成得举之资格。察举制的取人标准，相对来说更为注重人的整体素质，把士人笼统地视为一个完整的人格，而不像科举制，把某一项具体的知识才能作为录用标准。所以，察举制下，被举者中有大量的孝子、隐士、侠客、贤人、名流等人物，其所为人称道的人格素质使之成了察举对象；而士人在社会上的个人声望，往往也就对察举实施有了重大影响，这在东汉后期尤为明显。

再次，科举制下入仕和铨选有明确区别。科举制是一种入仕制度，未仕的士子通过礼部主持的各级考试后，获得的仅仅是一个任官资格，此后须参加吏部铨选方能得官。而察举制下，得举者固然有不少布衣平民，但也有大量仕州仕郡的掾吏，甚至还有中央朝廷的官员。察举既是入仕途径，也包含了铨选、升迁，有时甚至还有考课的成分（如尤异一科实际就相当于考课）。这里不把察举称为入仕制度而漫称为选官制度，也是为此。

最后，科举制度下，学校制与考试制是相互配合的。唐代"乡贡"与"生徒"同应省试，使科目与学校初步地结合起来。这种结合在后来日趋紧密，并在明清时代最终完成。士子须先入国子监或地方学校为生员，通过乡试成为举人之后，方有资格参加中央会试，即所谓"科目必由学校"。而在察举时代，学校与察举大致为互不相涉的两种仕途。①

由此我们可以知道，察举制与科举制，是有重大区别的，但前者最终又演变为后者。这一漫长的变迁过程，有内在的规律，同时也联系着更大范围的政治文化背景的变迁。在不同的历史时期之中，察举制的不同地位、作用和形态，联系或对应着不同的历史条件。在这些表象背后，有一些因素发挥着支配性的作用。在那些支配着察举制之变迁的诸多动因之中，本书选定如下三个作为分析的基本出发点。它们分别是：第一，官僚科层制的理性行政因素；第二，官僚帝国政体之下的特权分配与权力斗争因素；第三，构成了王朝官吏主要来源的知识群体因素。下面略加阐说。

中国在春秋战国之际，职业官僚就随变法运动而发展起来了。法家学派对理性行政原则有卓越的阐述。在学者考察了秦王朝的政府体制之后，他们公认它已经基本是一个官僚科层式组织了。两千年中，帝国官僚组织与文官制度一直在不断发展、完善；尽管相对于现代官僚组织那还有很大距离，但理性行政的原则，毕竟已经成了帝国政府行政活动的支配性因素之一。一个管理着辽阔国土和千万小农，处理着兵刑钱谷复杂事务的政府，其行政的成功程度，直接联系着理性行政原则的贯彻程度。这就必然包括以理性的择优制程序来录用和任命文官，如公开竞争、平等原则和人才主义，合理的专门知识技能的考察内容，周密规范的制度程式，以及抑制权势滥用、财富腐蚀因素，特别是抑制身份特权、官位世袭和人身依附等非官僚制的和封建性的因素的措施和法规等。由此，观察察举制度以及有关的其他选官制度，在不同的时期，以何种方式、在多大程度上体现或背离了理性行政的要求，并导致了何种后果，就成了本书的分析角度之一。

---

① 关于第一点，参见邓嗣禹：《中国科举制度起源考》，载燕京大学《史学年报》第二卷第一期。关于第三、四点，参见黄留珠：《秦汉仕进制度》，西安，西北大学出版社，1985，第十五章第一节"明显的原始性"，及第三节"先选后考，选举与考课不分"，其中已有类似意见。

自周代贵族封建制瓦解之后，秦汉以来中国就一直是一个官僚帝国。在其中，政府的供职者并不仅仅是单纯的文官，他们还构成了一个官僚统治阶级，与皇权共同对社会的经济、政治和文化资源做非正义的掠夺。官僚机器便是其实现统治与掠夺的工具。相应地，不同选官制度的并存、嬗代及其相互关系，也就必然反映着官僚帝国中各种主要的权势与利益关系，反映着专制皇权、官僚内部不同集团和社会不同阶层之间的特权分配和权力斗争。帝国选官制度以不同方式维护着统治阶级的不同利益，同时特权膨胀和权力角逐又经常地发展到损伤甚至严重破坏理性选官规程的程度。当然，由于官僚科层制的内在运作规律，这种破坏也将刺激抵制此类现象的选官规程的发展，尽管在特定条件下未必成功。那么，特权分配和权力斗争对察举制度以及有关的其他选官制度的影响，以及后者对前者的反作用，就成了本书的分析角度之二。

中国古代帝国官员的主要成分是士大夫阶层；这些官员，主要来源于文化知识群体。在这里，我们把士大夫理解为行政文官和知识分子两种社会角色的结合；而知识分子，则被理解为有关认知、道德和审美的文化知识与价值的阐释、整理与创造者，他们与服从权威、奉法、行令的行政文官，不属于同一角色类型。士大夫的这种双重角色，给予中国古代的政治、文化和社会以极为深刻的影响；而选官制度是联结知识群体和官僚政府的桥梁，那么那种影响，也就必然会波及选官制度。例如，科举制以诗赋取士，便是一个极明显的例子。相信能够创作清新优美的诗文的文人，是处理兵刑钱谷实际政务的政府文官的最佳人选，这种选官思想与选官制度，是相当奇特的。同样，察举制的产生与发展，也自始至终地与知识群体的政治、文化和社会动态，有着直接、密切而深刻的关系。因而对这种关系的考察，也就成了本书的第三个分析角度。

以上，就是本书的主要写作目的和分析方法，它既涉及了不同时期察举制的特点、作用和地位的变化，也涉及了影响这些变化的政治文化动因。为这种思路所决定，我们要经常地脱离察举制度本身，而转入对有关政治文化背景的叙述。

目 录

第一部分 两汉时期

第一章 儒生、文吏与"四科" ………………………………… 3
    一、察举诸科的渊源推测 ………………………………… 3
    二、儒生参政、"以德取人"与察举制之成立 ………………… 7
    三、"四科"之考析 ………………………………………… 14
    四、察举与任子 …………………………………………… 21
    附录 察举诸科杂考 ……………………………………… 27
第二章 "授试以职"与"必累功劳" ……………………………… 45
    一、"授试以职"考述 ……………………………………… 45
    二、"以能取人" …………………………………………… 48
    三、儒生与文吏的冲突与融合 ……………………………… 55
第三章 阳嘉新制 …………………………………………… 60
    一、阳嘉新制考述 ………………………………………… 60
    二、阳嘉新制的来源 ……………………………………… 64
    三、等第与黜落 …………………………………………… 68
    四、黄琼"四科" …………………………………………… 70
    五、"以文取人" …………………………………………… 71
第四章 汉末的选官危机 …………………………………… 78
    一、选官的腐败 …………………………………………… 78

二、"以名取人" …………………………………………… 79
三、"以族取人" …………………………………………… 87

第二部分　曹魏时期

第五章　曹魏察举之变迁 …………………………………… 91
一、特科与岁科 …………………………………………… 91
二、"贡士以经学为先" …………………………………… 94
三、"四科"与"明法" …………………………………… 97
四、郎吏试经与学校课试 ………………………………… 100

第六章　"名实"问题与"清途"的兴起 …………………… 103
一、名实本末的对立 ……………………………………… 103
二、崇本责实之对策 ……………………………………… 108
三、从"黄散"看"清途"的兴起 ……………………… 111
四、"清途"与选官格局的变迁 ………………………… 115

第三部分　两晋时期

第七章　晋代察举之变迁 …………………………………… 121
一、察举特科 ……………………………………………… 121
二、秀才对策制度 ………………………………………… 124
三、察举考试之等第和任用 ……………………………… 126
四、其他科目 ……………………………………………… 131
五、学校试经入仕制度 …………………………………… 132
附录　魏晋的散郎 ………………………………………… 135

第八章　察举制与九品中正制 ……………………………… 141
一、九品中正制与"清途"的配合 ……………………… 141
二、两种选官倾向的冲突 ………………………………… 147

三、察举科目与乡品评定 …………………………………… 154
　　附录　甲午制始末 ………………………………………… 162
第九章　察举的低落 …………………………………………… 166
　　一、察举入仕者的社会成分 ………………………………… 166
　　二、应察举者之仕途发展 …………………………………… 173
　　三、察举的低落 ……………………………………………… 177

第四部分　南朝时期

第十章　南朝察举之复兴及其士族化 ………………………… 185
　　一、察举与学校的复兴 ……………………………………… 185
　　二、察举学校入仕之途的士族化 …………………………… 189
　　三、"主威独运"与"安流平进"的新平衡 ………………… 195
　　四、突破门第限制的努力及其局限 ………………………… 199
　　附录　南朝"二学"考 ……………………………………… 204
第十一章　南朝策试制度及科举制的萌芽 …………………… 212
　　一、南朝策试制度 …………………………………………… 212
　　二、"以文取人"的进一步强化 …………………………… 218
　　三、与举主关系的松弛 ……………………………………… 223
　　四、自由投考的萌芽 ………………………………………… 226

第五部分　北朝时期

第十二章　北方政权对察举制的采用 ………………………… 235
　　一、十六国与北魏对察举制的采用 ………………………… 235
　　二、"门尽州郡之高" ……………………………………… 241
　　三、魏、齐策试制度 ………………………………………… 247

第十三章　官僚政治的复兴与察举制的关系 …… 253
一、官僚政治的复兴与士族政治的衰落 …… 253
二、考试制度对门第限制的突破 …… 258
三、"有秀才之科而无求才之意" …… 262
四、武功、吏能与文学、经术 …… 269

第十四章　科举的前夜 …… 277
一、北朝察举中科举制的萌芽 …… 277
二、北朝学校中科举制的萌芽 …… 282
三、科举制成立标准的讨论之评述 …… 290
四、科举的成立 …… 294

第十五章　结语 …… 299
一、理性行政因素 …… 299
二、特权分配与权力斗争因素 …… 303
三、知识群体因素 …… 306
四、必然性与合理性 …… 310

第一部分

两汉时期

第一章 儒生、文吏与"四科"

汉代是察举制度产生和具备了其最基本特征并成为此期最为重要的选官制度的时期。对汉代察举制度，学者已有的研究成果尤为丰富，所以，这里不准备对其做面面俱到的叙述，而只就那些与其源流变迁相关的问题，分章加以探讨。

一、察举诸科的渊源推测

汉代的察举制度，是在西汉文帝到武帝之间渐次形成的。据《汉书·文帝纪》，文帝二年(公元前178年)诏"举贤良方正能直言极谏者"，文帝十五年(公元前165年)又诏"诸侯王公卿郡守举贤良能直言极谏者，上亲策之，傅纳以言"。至此，贤良特举策试之制正式形成。又据《汉书·武帝纪》，元光元年(公元前134年)"初令郡国举孝廉各一人"。至此，孝廉岁举之制亦正式成立。

汉代察举科目繁多，学者们一般将之分为特举和岁举两大类，前者如贤良方正、明经、明法等，后者如秀才、孝廉等。各科的性质、标准以及程式等，也得到了大致正确的揭示。当然，这里也还有一些细节问题有待澄清，对其将主要在本章附录中加以讨论。大致来说，我们可以把汉代主要察举科目进一步分为以下几类：

(1)贤良方正、直言极谏等科。它们兼有"求言"即征求吏民之政治意见的目的，往往施行于发生了灾异、动乱或其他重大政治问题之时，由皇帝下诏察举，被举者以"对策"形式发表政见，然后分等授官。

（2）明经、明法以及"能治河者""勇猛知兵法"等科。这类科目也为特科，但目的在于擢举各类专门人才或特种人才。举后也有相应办法加以检验，如明经科要射策试经等。

（3）秀才、孝廉二科。这两科以向中央朝廷定期贡士为目的，面向一切吏民；前者为州举，后者为郡举。这两科最初没有考试，举后直接授官。

（4）尤异、廉吏二科。这两科以擢举地方官吏中之有功绩吏能者为目的，亦为定期的岁举。尤异科面向郡县长官，廉吏科面向六百石以下吏员。中央一些官府的吏员，也有举廉吏资格。此外，"计吏"亦有类似性质，与廉吏相近。

除此以外，公府"高第"与"光禄四行"，亦有察举科目性质。前者面向公府征辟的掾属，后者面向中央郎卫"三署"的郎官。公府掾与三署郎有一定职事，但又是士人居之"以观大臣之能"、熟悉中央政务以待迁调的一个特殊候选环节。故此二科兼有察举与铨选的双重意味。

汉代这种察举体制的形成，首先有一个渐变过程作为基础。它与战国之时业已流行的荐举选官之法，有着密切的渊源关系。

在春秋以及春秋以前的封建贵族制下，世卿世禄制在选官中占据主导地位。天子、公侯、诸卿、大夫，大抵生有其位，甚至世司其职。这种制度的特点，可以说是"亲亲而爱私"，以宗法亲缘关系和贵族身份，确定居官资格。战国以降，随着文明的发展，宗法亲缘关系对政治生活的支配日益动摇，贵族政治日趋衰微。社会分化使政治和行政成了专门化的自主领域，并要求着更高级的组织形式、更高的能力与效率，以适应日益复杂化的社会生活。因此，那种分科分层的、专业化的、规范化的、运用合理技术并严格遵循法典法规的官僚科层式行政组织，得到了迅速发展，并以"变法"的形式，在列国普及开来。

这种处于不可抑制的发展之中的官僚政治，要求非人格化和普遍主义，这与宗法封建制的"亲亲而爱私"格格不入；在选用官员上它要求录用具备专门知识技能者，这也与"世官"的方法断不相容。文化的繁荣与普及，使更多的社会成员，甚至下层成员都获得了学习知识技能的机会，从而促成了"士"这一阶层的壮大与活跃。在从"学在官府"到"学下私人"的变动之中，贵族丧失了对文化的垄断，他们反而经常要向布衣游士征询政治见解和学习文化知识，于是"世官"的制度日益受到挑战。孔子有"举贤才"之语，韩非有"因能授官"之说，墨子称"官无常贵而民无终贱，有能则举之，无能则下之"，这皆可视作对传统世官制的批判。

在"尚贤"与"尊官"取代"亲亲"与"爱私"的历史进程之中，"荐举"便成了日益普遍的选官方式。在客卿制、养士制下，士人递相荐引，成了新式官吏的重要来源。如《战国策·齐策》所记，"淳于髡一日而见七人于宣王"，"邹忌事宣王，仕人众"，王斗"举士五人任官"；《史记·商君列传》记秦孝公求贤国中，景监荐上商鞅；又《礼记·檀弓下》称赵文子知人，所举晋国管库之士七十余人，皆此类也。由于君主和有司不可能对每一官职的合适人选了如指掌，便不能不依赖于各种形式的广泛推荐。当然在最初，这类荐举行为在举主资格、举人标准、考校方法、铨任方式等方面，肯定是较为散漫无章的。

在严密系统的制度形成之前，那种粗糙的萌芽状态，是必经的阶段。汉代的察举诸科，便是在此前各种荐举选官方法的基础之上，逐步演变而成的。在战国以来的某些选官思想和选官方式之中，我们能够找到其雏形或影子。

贤良方正等科要求被举者对策陈政，并根据其政见高下授以官职。这种以言取士的方法，可以追溯到战国的策士游说求官之风。战国号称"布衣驰鹜之时而游说者之秋"，士人经引荐而以献说进言得官，形成了时代的特色；而这些游说者，往往被称为"策士"。"策"有谋略之意。《礼记·仲尼燕居》注："策，谋也。"贾谊有《治安策》。"策"即谋划政略。"策"又通"册"，即简册。蔡邕《独断》："策者，简也。"《汉书》称董仲舒因察举而对"天人三策"，又记作"及仲舒对册"。《战国策》记载了大量策士献上的谋略及其与君主的对答，这暗示了这种对答常常是有记录的，载之于"策"上。汉代贤良入朝，君主设问而书于简策之上使之应对，称"策问"；贤良之应对则称"对策"。发展之中，这种方式就开始程序化、规范化了。汉代有"求言"性质之特科,还有"有道""敦朴有行义""明阴阳灾异"等,皆贤良一科之变体。

汉代的另一些特科,如"可为将相及使绝国者""明经""明法""勇猛知兵法""能治河者"等,举后也各有检验办法,但这种检验与贤良对策大为不同,它们不是为了"求言",而是为了考察特种人才的专门技能。这在先秦亦有其事,如向君主荐使、荐将、荐相之类。赵惠文王"求人可使报秦者",缪贤荐舍人蔺相如;燕太子丹"求为报秦王者",鞠武为荐田光,田光又荐荆轲,亦此类也。

秀才与孝廉为岁举之科,可以说是察举制度最主要和最典型的形式。定期地贡上人才以供君主任用,在古代典籍中已有其说。如《礼记·射义》:

> 诸侯岁献贡士于天子,天子试之于射宫。

又《礼记·王制》:

> 命乡论秀士,升之司徒,曰选士。司徒论选士之秀者,而升之学,曰俊士……司马辨论官材,论进士之贤者以告于王,而定其论。论定,然后官之。

又《周礼·地官·乡大夫》:

> 三年则大比,考其德行道艺,而兴贤者能者……乡老及乡大夫群吏,献贤能之书于王,王再拜受之,登于天府,内史贰之。

又《管子·小匡》记每年正月之朝,君主令乡长举"居处为义、好学、聪明、质仁、慈孝于父母、长弟闻于乡里者",举"有拳勇股肱之力、筋骨秀出于众者":

> 于是乎乡长退而修德进贤明。公亲见之,遂使役之官。公令官长期而书伐以告,且令选官之贤者而复之……设问国家之患而不肉,退而察问其乡里,以观其所能,而无大过,登以为上卿之佐,

名之曰三选。

"三选",谓乡长、官长与君主三次选举考察。其事又见《国语·齐语》。上述诸侯与地方官定期举贤贡士之制,或有理想成分而不能全指为信史;但其所叙之制,与汉代秀孝察举确有相似之处。

尤异与廉吏二科,是根据功次吏能加以察举的。战国之时考课制度已有相当发展,《商君书》《韩非子》《战国策》等史籍之中,都有相关设想或记载。《尚书·舜典》:"三载考绩,三考黜陟幽明。"《周礼·天官·大宰》:"岁终则令百官府各正其治,受其会,听其致事,而诏王废置。三岁则大计群吏之治而诛赏之。"这些都把考课与官员的黜陟诛赏联系起来。战国之考课或伴之以诛赏,未必皆加之以黜陟。如齐威王时,即墨大夫因政绩可观而得万家食邑之赏,阿大夫则因"田野不辟,民人贫穷"而被烹。但官僚政治之发展,必然会使功次年劳成为常规性的晋升标准。《周礼·天官·大宰》记"以八统诏王驭万民","八统"之中"五曰保庸","七曰达吏",郑玄注曰,"保庸,安有功者","达吏,察举勤劳之小吏也"。孙诒让《周礼正义》释"达吏"曰,"小吏爵秩卑猥,有勤劳者,则亦察举之,俾通于上,故谓之达","盖周制,公孤上卿皆以世族为之,其大夫士以下,则多参用庶族,故小吏积劳,亦得驯至达官也"。战国时代随官僚政治之发展,"吏"之群体日益重要,吏员积功累劳而举至达官,这种制度处于迅速发展之中。

总之,先秦的"荐举"选官方法和思想,构成了汉代察举制度得以诞生的条件与前提。

二、儒生参政、"以德取人"与察举制之成立

汉代察举科目繁多,大都可以在此前的选官方法与思想中找到其渊源。但是,汉代察举制的成立,仍然不仅仅是那些方法与思想直线的、自然的发展结果。秦王朝以及西汉王朝初年的官僚组织,无论就其规模

还是就其结构而言都已颇为可观，但贤良对策与孝廉察举之制，直到文帝、武帝之时才初发其端，这不能只用制度的形成需要时间来加以解释。一种行政制度的形成需要量的积累，但质的变动却往往涉及更为广泛的政治文化背景的变动。

古往今来的学者，都把贤良对策和孝廉察举的出现作为汉代察举的正式发端，这是有充分理由的。贤良对策陈政最初并非官吏的经常性选拔，它要多次重复才能表现为一种选官制度。武帝元光元年建立的孝廉岁举，则在开始就是常规性的官吏选用程序了。但如果仅仅把官吏的常规性举荐看成是察举制的唯一特点，那么可以说在此之前察举制就已经存在了。例如前述《周礼》所记之"达吏"，就是一种"察举勤劳之小吏"的制度。在先秦这种方法的详细情况较为暧昧，但秦已有吏员"保任"之法。《史记·李斯列传》记"不韦贤之，任以为郎"；《穰侯列传》记"白起者，穰侯之所任举也"；《范雎列传》曰，"秦之法，任人而所任不善者，各以其罪罪之"。"任"即荐举他人为官而为之担保之意。秦汉间又有"征举"之法，由官员推荐而中央征召任命。如《汉书·萧何传》曰，"给泗水卒史事，第一，秦御史欲入言征何"；《酷吏咸宣传》记，"卫将军青使买马河东，见宣无害，言上，征为厩丞"。"无害"即"文无害"，意为文法无比。秦汉间吏员多有以"无害"而见迁擢者，故《史记会注考证》卷五十三引中井积德语曰："文无害是通套称呼，如后世科目。""文无害"确实已有科目意味，或可视为科目的雏形。又《史记·酷吏列传》称杨仆"以千夫为吏，河南守案举以为能，迁为御史"，"案举"意同察举，很可能还就是"察举"之误字；又《汉书·文翁传》记文翁"以郡县吏察举，景帝末，为蜀郡守"，遂选小吏入京就学，"数岁，蜀生皆成就还归，文翁以为右职，用次察举，官有至郡守刺史者"。杨仆与蜀生之察举，约在武帝初年，而文翁之"以郡县吏察举"还早在景帝之时或之前，此时尚无孝廉察举之制。这种察举看来都是郡守察举、中央任命，应为经常性制度，当即"廉吏"科之前身。①

---

① 关于"文无害"及"廉吏"之考辨，详见本章附录。

总之，在孝廉设科之前，秦汉的庞大政府机器的众多吏员，就已经是通过各种"达吏"制度加以任用的了，而且它们显然也是行之有效的，特别是有的已经径称为"察举"了。

如果我们把贤良、孝廉科目视为汉代察举制的典型形态的话，那么"达吏"或吏员举荐，就还不是察举制度的唯一特点。贤良、方正之设科，与知识群体特别是儒生集团的参政，与王朝之最终把儒术奉为正统意识形态的过程，是一致的；孝廉科亦是如此。

春秋和春秋以前，贵族既垄断着文化，也垄断着行政官位。战国以来，文明发展与社会文化导致了一个重大变迁，一方面是社会文化系统的分离导致了包括儒生在内的独立知识群体的出现，另一方面是政治系统的分离、官僚政治的发展促成了后来被称为"文吏"的职业文官群体的产生。

儒生作为知识分子，他们致力于古典文化的整理和文化价值的阐释，以及对现实社会的指导和批评。《论语·为政》："或谓孔子曰：子奚不为政？子曰：'《书》云，孝乎惟孝，友于兄弟，施于有政。是亦为政，奚其为为政？'"又《庄子·渔父》称孔子"既上无君侯有司之势，而下无大臣职事之官，而擅饰礼乐，选人伦，以化齐民，不泰多事乎？"就是说儒生作为知识角色，他们为自己确立的安身立命之处，最终不在于官位的占有和吏务的完成，而是其文化使命和社会理想的践履。所谓"士志于道""仕以行义"就含有这个意思。当权势者的行为与其信念相牴牾的时候，他们认为在原则上应选择后者，以荀子之言，叫"从道不从君"。

而文吏只是一种单纯的行政文官，离开了职位与职事，他们就无所归依。后世低级吏胥、吏典称"吏"，"官""吏"判然有别。而战国、秦、汉则略有不同，"吏"可为一切有行政职事者之通称。①"吏"与"事"古本

---

① 《韩非子·显学》："明主之吏，宰相必起于州部，猛将必发于卒伍。"是将相皆可称"吏"。郡守又称"长吏"。《史记》《汉书》有循吏、酷吏之传，其中不乏居高官者。《汉书·杜周传》："张汤、杜周并起文墨小吏，致位三公，列于酷吏。"是三公亦不妨称"吏"。又同书《百官公卿表》："吏员自佐史至丞相，十二万二百八十五人。"是自佐史至丞相皆可称"吏"。故选曹又称"吏部"。区别之则高者为"官"，泛言之则百官皆"吏"。

一字，古音同在之部。《说文解字》："吏，治人者也。"杨泉《物理论》："吏者，理也，所以理万机、平百揆者也。"是治人理事者即为"吏"。大略说来，凡特以"文法"见长而于政府中供职者，则可谓之"文吏"。所谓"文法"指条品簿书法规律令之类。《论衡·程材》："五曹自有条品，簿书自有故事，勤力玩弄，成为巧吏。"《汉书·薛宣传》："吏道以法令为师。""文法"中包含着基本的行政技术——"吏道"。

在先秦，儒家与法家形成了彼此对立的政治思想。儒家崇"王道"，这包括"为政以德"的"德政"思想，教民以德的"教化"任务，以及由精通典籍、恪守德义的"士君子"来治国的"人治"思想。而法家崇"霸道"，把秩序与强权，把一个高度精密可靠的巨大官僚专制政权的有效运作视为至上目标，其所理想的行政人员，正是那种服从权威、奉法行令的文吏。《论衡·程材》："取儒生者，必轨德立化者也；取文吏者，必优事理乱者也。"不同的政治取向，决定了对不同类型的官员的需求。

秦王朝是典型的法家指导下的"霸道"政治，以文吏为行政骨干，所谓"秦尊法吏""狱吏得贵幸"，选官"唯辟田与胜敌而已"，文官多因文法而得选，因劳绩而升迁，其中的学士不过是陪衬而已。那么，具有鲜明"进贤""贡士"色彩的贤良、孝廉察举制度，就不大可能兴起于此时。因为王朝所尊贵的，是"优事理乱"的文吏，而不是"轨德立化"的儒生。汉代统治者则已从"秦任刀笔小吏，陵迟至于二世而天下土崩"的前车之鉴中，认识到单纯的文吏政治不可尽赖，遂转崇经术，学人特别是儒生源源不断地进入汉廷。这一转变，便是促成荐举选官之法发生质变的决定因素。

贤良、孝廉之所以殊异于此前的官吏举荐之法，一是因为设科名目上的"进贤"意图，二是因为举荐形式上的"贡士"色彩。这两方面，充分地适应于上述儒家的为政以德、教民以德以及由恪守德义的君子贤人任官以"轨德立化"的思想，体现了一种在选官上"以德取人"的原则。

《周礼·天官·大宰》叙"八统"，除"达吏""保庸"之外，还有"进贤"与"使能"——"三曰进贤，四曰使能"，郑玄注："贤，有德行者；能，多才艺者。"关于"使能",下一章将有专论;而以"贤"即以"善行"取士,正是战国、秦、汉儒家的一贯理想,也是汉代察举的重大特征之一。儒家认为"孝为百行之首"。《周礼·地官·乡大夫》疏引郑众语曰:"孝悌廉洁,人之德行,故以孝廉况贤者。"《太平御览》卷五四五引《荀氏家传》:"故汉制天下皆诵《孝经》,选吏则举孝廉,盖以孝〔为〕务也。"贤良、方正、文学三科性质相同,然欲举学士对策却冠之以"贤良""方正"之名,强调德行之意亦昭然可见。又《盐铁论·褒贤》:"文学高行,矫然若不可卷,盛节洁言,皦然若不可涅。"是汉时之"文学",也是特别地以德行自励而见之于世的。贤良与文学,一而二,二而一也,就标准而言所取为德行操守,就身份而言所取为君子学士,而学士之所务为"轨德立化",二者均与"德"相关。

贤良方正之设科目的,如汉文帝所称是"举贤良方正能直言极谏者,以匡朕之不逮",这就明确表达了招纳知识分子参与政治决策之目的。董仲舒请使郡国贡举"吏民之贤者",孝廉之举由之而定。这种乡邑贡上君子贤人而天子以礼收纳的形式,自先秦就已是士人的一贯理想。《初学记》卷二十引《白虎通》佚文:"诸侯所以贡士于天子者,进贤劝善者也……故《月令》季春之月,开府库,出币帛,周天下,勉诸侯,聘名士,礼贤者。"汉人正是把孝廉之举,视为这种礼聘名士贤者的"进贤""贡士"之制的。《三国志·吴书·孙坚传》注引《续汉书》记朱儁"察孝廉,举进士","进士"出《礼记·王制》"司马辨论官材,论进士之贤者以告于王";《山阳太守祝睦碑》记其"以孝贡察,宾于王庭","宾"义出《周礼·地官·大司徒》"以乡三物教万民,而宾兴之",郑玄注"兴犹举也",是王朝对被举者应视之如"宾"。

这种贤良、文学、孝廉,一向为法家所非。商鞅列"孝悌"于"六虱",韩非贬"文学"于"五蠹"。《韩非子·五蠹》称,"且世之所谓贤者,贞信之行也","不战功而尊则谓之贤","文学习则为明师,为明师则显荣,此匹夫之美也。然则无功而受事,无爵而显荣,有政如此,则国必乱,主必危矣"。私学议政"诽谤法令",最为法家所忌,商鞅变法有"燔诗书"之举，秦亦有"焚书坑儒"之事。法家认为君臣间只是利益交换关系，所谓"主卖官爵、臣卖智力"，其间并无礼义可言。对于这种文吏政治，单纯的"达吏"之法就足够了。《周礼·天官·大宰》孙诒让正义："此达吏与进贤使能异。贤能者皆有才德，殊异于众，故因而进之使之。达吏则不必有才德，但以任事年久，积累勤劳，录而通之，盖以校计年劳，振拔困滞，卑官平进，与后世计资格相似。"我们可以把"达吏"理解为由吏道录用晋升文官的制度；而贤良对策、孝廉察举却是作为面向知识群体的"进贤""贡士"之法而被建立起来的。这种天子"虚己求贤"、宾兴礼聘以及使之"对策陈政"的"以德取人"之法，既体现了对"轨德立化"的认同，又体现了对"士君子"之人格、德行、道艺和政见的尊重。因此，尽管在先秦就已不乏这类"贡士"的设想，它却仍然不大可能产生或实施于有"焚书坑儒"记录的、以吏道军功迁补各级官吏的秦朝；或说即使秦朝存在着地方官员向中央举荐官员候选人的制度，那也不大可能采取汉代察举的那种形式。

因此，虽然孝廉设科之前就已存在着地方官为中央举荐官吏的制度，也存在着"文无害""廉吏"等科目的萌芽形式，但我们仍不把它们的线性发展，看成是察举制成立的唯一原因。是汉廷政治方针的变化和知识群体的参政，才导致了贤良对策与孝廉察举的出现，由此，"进贤""贡士"成了汉代察举的典型形态，"科目"取士之法也因之获得了制度化的形式。察举"科目"的形式，反过来又影响到了"达吏"一途。例如尤异一科，原是地方官员的考课；廉吏一科，本是长官向上级报请迁补优秀吏员的办法；治剧、明法等原来也并非科目。可是后来，它们都采取了科目形式。知识群体之参政，给选官体制造成了深刻影响。

但是仍须指出，尽管儒生参政促成了察举制的成立，可是这绝不是说，"以德取人"就是察举制的唯一倾向。尽管汉廷在意识形态上"独尊儒术"，但王朝政务事实上是由儒生、文吏两个群体共同承担的。《汉书·元帝纪》记元帝为太子时见宣帝"所用多文法吏"，乃劝其"宜用儒生"，宣帝答曰："汉家自有制度，本以霸王道杂之，奈何纯任德教、用周政乎!""霸王道杂之",即含有兼用儒生、文吏之意。又《汉书·何武传》:"然疾朋党,问文吏必于儒者,问儒者必于文吏,以相参检。"是朋党的存在,以儒生、文吏为大致分野。时至东汉,王充《论衡》中有《程材》等七篇论文,专论儒生、文吏之异同优劣,说明这仍是时人瞩目的问题。儒生参政并未完全取代文吏,而仅仅是造成了儒生、文吏并存共立之局。这一情况,当然要在选官中以及察举制度上得到反映。

在察举的中心科目——孝廉科上,我们就可以看到这一情况的反映。董仲舒请郡国贡士,所请贡举者为"吏民之贤者",而汉武帝所定之岁贡名目为"孝廉"。儒家力倡孝道,但"廉"就非其独崇之德。《周礼·天官·小宰》叙"六计",为廉善、廉能、廉敬、廉正、廉法、廉辨,贾疏:"廉者,洁不滥浊也。"廉意棱角,可引申为锋利。《老子》:"是以圣人方而不割,廉而不刿。"《管子·牧民》:"廉不蔽恶。"《史记·滑稽列传》称优孟"念为廉吏,奉法守职,竟死不敢为非"。是"廉"为行政文官之职业道德,意为清洁正真,奉法不挠。《后汉书·宋均传》:"均性宽和,不喜文法,常以为吏能弘厚,虽贪污放纵,犹无所害,至于苛察之人,身或廉法,而巧黠刻削,毒加百姓,灾害流亡所由而作。"可见文法之吏,颇可与"廉"沟通;仅仅有"廉"可称,未必就不为儒者所非。

主持建立孝廉科的汉武帝,同时又对文法酷吏深为倚重;而其时之酷吏,正多以"廉"为称者。据《史记·酷吏列传》,郅都,"公廉,不发私书,问遗无所受";赵禹,"用廉为令史","府中皆称其廉平";义纵,"廉,其治放郅都";尹齐,"张汤数称以为廉武"。太史公曰:"然此十人中,其廉者足以为仪表。"武帝之所取于酷吏者,当然包括其"廉"在内。汉廷很早就重视"廉"之标准。文帝十二年,曾以"廉吏,民之表也"而对之加以劳赐,是其时已有认定和优遇"廉吏"之事了。孝廉设科之前就已存在的那种吏员"察举",后来正式名之为"廉吏",此科之不同于孝廉科者,在于其性质为单纯的"达吏"。董仲舒请郡国贡举"贤者",而汉武帝所定之科目却兼有"孝""廉",这便有了兼顾文吏之作用。"进贤""贡士"之法中,又兼含"达吏"之意;除经明行修之儒生外,文吏亦可以由此科而得举。东汉察举行"试职""累功"之法，一度便有"郡国所举类多办职俗吏"之事。东汉顺帝时左雄改革孝廉察举，定制"诸生试家法，文吏课笺奏"，孝廉科儒生、文吏兼收并纳之意，判然可见。对之，后面还将有专门讨论。

总之，儒生参政带来的"以德取人"因素，使察举制因而成立；但这并不是唯一制约察举选官的因素。汉家政治兼重文吏儒生，选官制度也就将适应这一情况。

三、"四科"之考析

下面，我们进一步考察汉代察举的分类取人标准。

对汉代察举的基本标准，史家有不尽相同的说法。或强调汉家以孝治天下，选官重德行，选官以孝子廉吏为先。就是汉人自己，也经常地申明着这一观念。今之学人或称，东汉选举是以道德作为标准的，因此宗族乡党的批评，就成了选举最主要的，甚至唯一的凭借；失掉了这个环节，选举就无法进行。诚然，汉代选官之"以德取人"，是其重大特点；但我认为这并不是问题的全部。即使从理论上说，一个管理着几千万人口，处理着兵刑钱谷繁杂政务的庞大帝国政府，也不可能仅仅依靠以德行标准录用的文官来维持运转。即使在东汉，道德评价也绝非察举的"唯一凭借"。

另有一种说法，就是把所谓"四科"看成汉代察举的标准。在叙述"四科"之时，被引用的一般是《续汉书·百官志》注引之《汉官仪》：

> 世祖诏，方今选举，贤佞朱紫错用。丞相故事，四科取士。一曰德行高妙，志节清白；二曰学通行修，经中博士；三曰明达法令，足以决疑，能案章覆问，文中御史；四曰刚毅多略，遭事不惑，明足以决，才任三辅令；皆有孝悌廉公之行。自今以后，审四科辟召。及刺史二千石察茂才、尤异、孝廉之吏，务尽实核，选择英俊、贤

行、廉洁、平端于县邑，务授试以职。有非其人，临计过署，不便习官事，书疏不端正，不如诏书，有司奏罪名，并正举者。

又《后汉书·和帝纪》注引《汉官仪》记章帝"建初八年十二月己未诏书"，与此内容略同，当为一制之重申。劳榦认为，上述诏书中之"四科"，"当然是指选察孝廉的标准说明"①。安作璋、黄留珠也认为"四科"是汉代察举的基本标准。②

我以为，把"四科"作为汉代孝廉科以至整个察举的标准，这种意见大致说来还是可以成立的；但这是在某种"引申"的意义上来说的。严格地说，上面的世祖光武帝诏书中所言之"四科"，并不是察举的标准，而是为征辟而发的。在运用史料时，首先应弄清史料的本来含义，在此基础上才能有所引申与发挥。

上引之"世祖诏"，先叙"四科"，又叙察举，因此确实容易造成"四科"即是察举标准的错觉。但细绎其行文语意却不难发现，所谓"丞相故事，四科取士"，是说西汉丞相之辟召，原以"四科"为据，所以叙过"四科"，便称"自今以后，审四科辟召"。章帝建初八年诏，即作"诏书辟士四科"。东汉时丞相制已变为三公制。这里是说东汉三公应依西汉丞相之"四科"故事辟召僚属。而"及刺史二千石察茂才、尤异、孝廉之吏"以下，乃是叙过辟召又叙察举，已进入另一问题了。一个"及"字，正见文意之转折。"辟召"在汉代有特定含义，专就府主征辟府属而言，与察举绝不相混。"世祖诏"是要求三公依西汉"丞相故事"而"审四科辟召"，同时州郡察举亦须"务尽实核"，"授试以职"，二者并非一事。故这一诏书所叙之"四科"，并不能直接视为察举标准。

所谓"四科取士"的"丞相故事"，可以在卫宏的《汉旧仪》之中找到：

---

① 劳榦：《汉代察举制度考》，载《中央研究院历史语言研究所集刊》，第十七本。
② 分见安作璋等：《秦汉官制史稿》，下册，312页，济南，齐鲁书社，1984；黄留珠：《秦汉仕进制度》，89～90页。

武帝元狩六年，丞相吏员三百八十二人……以为有权衡之量，不可欺以轻重，有丈尺之度，不可欺以长短，官事至重，古法虽圣犹试，故令丞相设四科之辟，以博选异德名士，称才量能，不宜者还故官。第一科曰德行高妙，志节清白；二科曰学通行修，经中博士；三科曰明晓法令，足以决疑，能案章覆问，文中御史；四科曰刚毅多略，遭事不惑，明足以照奸，勇足以决断，才任三辅剧令。皆试以能，信，然后官之。第一科补西曹南阁祭酒，二科补议曹，三科补四辞八奏，四科补贼决。

这就是西汉丞相"辟士"之"四科"。方北辰业已指出，这一"四科"是丞相从九卿属吏中之同秩官员里选拔丞相府属的标准，这是很准确的。①《汉旧仪》中的西曹南阁祭酒、议曹、四辞八奏、贼曹决曹等，都是丞相属官。

对于"四科"始行之时间，劳榦以为在元帝元光以后；安作璋推测为始行丞相制之时，但又疑始于东汉。按《汉书·百官公卿表》："高帝即位，置一丞相，十一年更名相国。"如依安前说，则"四科"始于高帝，似嫌太早。方北辰据《汉旧仪》上述引文，认为"四科"始于武帝元狩六年。但今本《汉旧仪》系清人辑自《永乐大典》，辗转相抄，各条材料非必按时间排列。"以为有权衡之量不可欺以轻重"以下，是否可以直承上文"武帝元狩六年"，或可质疑。这里补充两条旁证，以证方说可据。《北堂书钞》卷六九：

　　德妙第一，乃补祭酒。胡伯始《汉官仪》云：武帝丞相设四科以辟之，德妙为第一科，乃补南阁祭酒。

又《通典》卷十三《选举一》记东汉章帝"四科"辟士诏后注：

---

① 参见方北辰：《两汉的"四行"与"四科"考》，载《文史》，第23辑，北京，中华书局，1984。

> 始复用前汉丞相故事，以四科辟士。武帝因董仲舒之言立制，故事在丞相府，今复用之。

可见，根据《北堂书钞》与《通典》作者所看到的材料，"四科"也应始于西汉武帝。

方北辰又据东汉"世祖诏"，说至少在东汉前半期，"四科"是郎吏以外官员的考察选拔标准。这一论断，却颇不稳妥。因为如果仅仅根据这一诏书，"四科"仍然是针对公府辟召而言的，它既与郎官无涉，也没有扩大到公府掾属以外的其他官员。《文选》卷三六王融《永明九年策秀才文》"以光四科之首"句李善注引崔寔《政论》：

> 诏书，故事三公辟召，以四科取士。一曰德行高妙，志节清白；二曰学通行修，经中博士；三曰明晓法令，足以决疑，能按章覆问；四曰刚毅多略，遭事不惑，才任三辅剧县令。

又《白孔六帖事类集》卷十二"举荐"：

> 彼汉章悬四科而取士。汉三公辟召以四科取士，一曰德行高妙，二曰通经学，三曰饶法令，四曰刚毅多略也。

这两条材料皆径以"四科"为三公辟召标准，而不称"丞相"辟士"四科"，是东汉"四科"仅限于三公辟召，其性质并无变化之明证。崔寔为东汉之人，其言更为可信。因此也不能简单地说，东汉"四科"已扩大为郎吏以外的所有官员的考察选拔标准了，因为上述史料并不能证明其说。

"四科"的标准确实影响到了察举，甚至影响到了朝廷其他官吏的任用。我在以上的考辨只是说明，仅仅从上述材料之中还不能导出如上结论；但在另一种引申或发挥的意义上说，"四科"确实可以看成是察举甚至整个王朝选官标准的很好概括。

据《汉旧仪》，西汉秀才以"三科"取人：

刺史举民有茂材，移名丞相，丞相考召，取明经一科，明律令一科，能治剧一科，各一人。诏选谏大夫、议郎、博士、诸侯王傅、仆射、郎中令，取明经；选廷尉正、监、平案章，取明律令；选能治剧长安三辅令，取治剧。

这是西汉后期的制度。很明显，"秀才三科"较之丞相"辟召四科"，只少了"德行高妙"一科，其余基本相同。就是说，当时之秀才察举标准，乃是取丞相"辟召四科"其中三项而来的。我们看到，直接把"四科"看成是察举标准，并不符合史料原意；但"四科"的标准，确实影响到了察举。

孝廉一科，名目上以孝子廉吏二科取人。东汉顺帝之时左雄改革孝廉察举，定制"诸生试家法，文吏课笺奏"，后来黄琼以为这两科"于取士之义，犹有所遗，乃奏增孝悌及能从政者为四科，事竟施行"（事见《后汉书·左周黄列传》）。这样，孝廉在制度上遂又明确地以诸生、文吏、孝悌及能从政者这"四科"取士了。不难看出，黄琼之所以奏增二科，乃是受了"辟召四科"之启示而来的。由之而形成的"孝廉四科"，与"辟召四科"名异实同，"诸生"即"经中博士"，"文吏"即"明晓法令"，"孝悌"即"德行高妙"，"能从政者"即"刚毅多略，遭事不惑"。由之可见，"四科"标准又影响到了孝廉科的察举。

严格地说，"孝廉四科"与"辟召四科"，在制度上仍非一事。《白孔六帖事类集》卷十二，于叙"汉三公辟召以四科取士"之后，又别列"后汉四科"一项，言"黄琼以左雄孝廉之选，专用儒学文吏，犹有所遗，又增孝悌及能从政为四科"，说明编者对两种"四科"的区别是清楚的。又《资治通鉴·魏纪》明帝景初元年胡三省注杜恕"使州郡考士，必由四科"句曰："即汉左雄所上，黄琼所增者也。"他也明确与孝廉相关的，乃是左、黄之"四科"。又《玉海》卷一一四"选举"条，于"汉举孝廉·四科"中列"黄琼四科"，于"汉辟士四科"中列辟召"四科"，并特别注明：此四科"非前四科比"。

但是，"秀才三科"和"孝廉四科"，毕竟是在"辟召四科"影响之下而产生的，实际内容亦与之略同。这当然不是偶然的。"四科"最初虽专为丞相辟召属吏而定，但这种分类取人的标准，事实上与整个选官体制的状况却颇相吻合。王朝的各类文官，大多可以分别纳入"四科"之中；而且许多察举科目，如至孝、明经、明法、治剧等，还直接就与"四科"的名目一致。不仅丞相府属，而且许多朝官该用哪科人才，也往往有具体规定。例如，谏议大夫、议郎、博士、王傅、诸王仆射、郎中令等，例用明经科；御史、廷尉正、监、平、市长丞、符玺郎等，例用明法科①；三辅令、贼曹、决曹等，例用治剧科。地方行政机构的组织形式与公府相近，《续汉书·百官志》"郡守"条："诸曹略如公府曹。"所以其僚属的辟召，实际上也合于"四科"。例如，郡文学多用明经科。《汉书·盖宽饶传》记"明经为郡文学"，《诸葛丰传》记"以明经为郡文学"。决曹、狱吏则用明法科。《汉书·尹翁归传》称其"为狱小吏，晓习文法"；《后汉书·黄昌传》称其"晓习文法，仕郡为决曹"。功曹之类上佐，当然要选用有政略之能者。《后汉书·冯勤传》："初为太守铫期功曹，有高能称。"正因为"四科"对汉代选官的分类取人标准是一个很好的概括，它最终影响了秀才和孝廉的察举，就是非常自然的了。

总之，"四科"的运用范围与影响是复杂的。最初"四科"是丞相辟召府属的标准。但这些标准，与王朝选官的一般情况和总体标准实际是一致的，因而也逐渐影响到了察举标准。西汉后期，受"四科"影响而形成了"秀才三科"；东汉顺帝之时，它又促成了"孝廉四科"的出现。因此广义地说或从引申意义上说，我们也不妨把"四科"看成是察举的标准，甚至帝国政府的总体选官标准。但是在此我们必须说明，就史料的本义而言，"四科"最初非为察举而定，后来与察举标准也有区别。

左雄改革孝廉察举，定制"诸生试家法，文吏课笺奏"，后来黄琼又

---

① 市长丞、符玺郎例用明法科，参见《续汉书·百官志》"洛阳市长"条注引《汉官》，"市长一人，秩四百石，丞一人，二百石，明法补"；"符玺郎中"条注引《汉官》，"当得明法律郎"。

奏增为四科，反映了儒生、文吏之两吏与"四科"之四分有内在联系。我们业已指出，孝廉设科之初，除了招纳儒生的"进贤""贡士"之意，还隐含兼顾文吏的"达吏"之意。"四科"的分类取人标准，与汉廷选官面向儒生、文吏两大群体的情况，实际也是一致的。"辟召四科"与"孝廉四科"名异实同，都是明经、明法、德行、政略四项。明经面向儒生，明法面向文吏无疑。德行科内容为"德行高妙、志节清白"，形式上此科可兼含孝悌廉法，兼容儒生、文吏。但汉代占统治地位的是儒家意识形态，故社会对"德行"的看法，多取儒家立场。文吏虽不乏能恪守职业道德而廉正自守者，但是在儒家看来，他们仍是"不知大体""亏德伤仁"之"刀笔俗吏"。故德行科在实施中偏重于"经明行修""轨德立化"之儒生。黄琼奏增之德行科就径名之为"孝悌"而不及"廉"了。

至于"刚毅多略、遭事不惑"之政略科倾向的确定，首先应区分儒生、文吏之不同政治功能。文吏之"优事理乱"是其所长；在汉廷政治方针兼崇"王道"之后，儒生之"轨德立化"便也不能不视为政务。然而在儒生参政之初，他们对行政吏治确实颇为生疏，以致君主、文吏与法家人士都认为他们"不达时宜""不明县官事"，甚至讥之为"鄙儒""拘儒""乡曲愚儒"。故政略科在实施中，偏重于精通吏道、"优事理乱"之文吏。东汉王充《论衡·程材》曰："文吏以事胜，以忠负；儒生以节优，以职劣。"此乃当时人之见解，正可为德行科偏重儒生，政略科偏重文吏之说，作一极好注脚。

总之，经术中包含着见于儒家经典之中的意识形态和政治思想，文法中包含着见于法规簿记之中的行政规程和行政技术。汉廷选官面向儒生、文吏，其取人标准则为"四科"。明经、明法就其各自之知识性质而立科；德行、政略则就其行为取向而立科。察举之体制，就是以此为基础而建立起来的。

四、察举与任子

官僚制理性行政的基本维系之一是选官的功绩择优制原则，但理性行政却不是支配官僚帝国政治行政的唯一因素。在这个帝国之中官僚构成了统治阶级，官位构成了这一阶级谋取权力、财富、地位和威望的主要凭借，那么，这一阶级对官位的优先和世袭地加以占有的要求，就必然地也支配着帝国选官的形态与格局。

一般说来，在王朝初年，开国元勋、佐命功臣之子弟优先占有要职优位是普遍现象。往往要经过若干年的过渡，普通士人才能得到较多的崭露头角的机会。但即使在此时，高官权门子弟，在选官上也往往有着较普通士人更为优越的入仕晋升机会与途径。晋代诗人左思在《咏史诗》中表达了如下深沉感慨："世胄蹑高位，英俊沉下僚。地势使之然，由来非一朝。金张藉旧业，七叶珥汉貂。冯公岂不伟，白首不见招！"这种情况，确实是"由来非一朝"的。汉初之军功官僚子弟，以及后来之金、张、许、史一类豪门权贵子孙世蹑高位，大量来自微族寒门的民间英俊，便无法与之竞争而一施才智。

汉代之官僚权贵子弟，除了升迁上依父祖势位而较普通士人更为优越之外，在入仕上亦有特殊途径，这主要就是任子为郎及起家内侍之途。《汉书·哀帝纪》注引应劭：

> 任子令者，《汉仪注》吏二千石以上视事满三年，得任同产若子一人为郎。

实际实施之中，任子常有超过一人者，随君主宠遇而定；还常有普授官僚子弟为郎之事。《后汉书·桓荣传》：

> 显宗即位，尊以师礼，甚见亲重，拜二子为郎。

又同书《安帝纪》建光元年诏：

> 以公、卿、校尉、尚书子弟一人为郎、舍人。

又如同书《献帝纪》永汉元年：

> 赐公卿以下至黄门侍郎家一人为郎。

这就形成了官僚将权益传与子弟的制度化途径。

此外，还有由内侍等官起家之途。《初学记》卷十二记侍中一官：

> 初，汉本用旧儒高德，备切问近对。然贵游子弟及倖臣荣其官，至襁褓受宠位……张辟强年十五，霍去病年十八，并为侍中。

又《后汉书·朱穆传》：

> 汉家旧典，置侍中、中常侍各一人，省尚书事；黄门侍郎一人，传发书奏。皆用姓族。

注"姓族"曰："士人有族望者。"又《北堂书钞》卷五十八：

> 胡伯始云：给事中常侍从左右，无员，位次侍中、中常侍。或名儒，或国亲。

又同书卷六十六引班彪笺云：

> 窃见国家故事，选公卿、列侯子孙卫太子家，为中庶子。

可见，侍中、中常侍、黄门侍郎、给事中、太子中庶子等，是汉代官僚贵族子弟入仕的重要特权途径。

以左思称引的金、张二族为例，金氏自金日䃅以下，自武帝至平帝，一族七世为内侍。《汉书·金日䃅传》赞曰："七世内侍，何其盛也！"张氏一族自武帝时张汤以吏能为三公，其后张安世以父任为郎，张千秋、张延寿、张彭祖皆为侍中、中郎将,张霸为散骑、中郎将,张勃为散骑、谏大夫,张放为侍中、中郎将,张纯为侍中,东汉初为大司空。《汉书·张延寿传》记,"安世子孙相继,自宣、元以来为侍中、中常侍、诸曹散骑、列校尉者,凡十余人。功臣之世唯有金氏、张氏亲近宠贵,比于外戚","汉兴以来,侯者百数"。又《后汉书·张纯传》:"自昭帝封安世,至(张)吉,传国八世,经历篡乱,二百年间,未尝谴黜,封者莫与为比!"

但是,尽管帝国统治者必须给予官僚阶级相当特权,但官僚子弟入仕特权的过分发展,既可能导致官僚的贵族化,从而威胁了专制皇权的权威,同时也将因理性行政的破坏,而损害了官僚帝国存身的基础。尽管汉高祖有"使河如带,泰山若厉,国以永宁,爰及苗裔"的白马盟誓,但功臣之胤却多"子孙骄逸,忘其先祖之艰难,多陷法禁,殒命亡国,或亡子孙"。自充分体现了择优原则的察举制建立之后,普通士人依才能知识进入政府担负行政的途径,便充分地制度化了。高官权门子孙徒依父祖势位为官、居职,难以确保官僚机器的吏员之素质能力。他们不得不向由察举征辟而来的明经明法之士,让出一席之地。西汉时察举制日趋兴盛;至东汉,秀才、孝廉等科目便成了士人入仕之正途,名公巨卿多出之。布衣平民,有了跻身统治上层之机会。固然权贵子弟也可以由察举入仕,但除了吏治选官陷入腐败之时,他们之得举,一般就也要依据察举之标准,具备相应知识才行,而不能徒倚"姓族""国亲"。

在这种情况之下,为权贵子弟专设的仕途,地位便有下降之势。在东汉,中常侍、黄门等后改用宦者;而根据任子之制以诏除为郎者,即所谓"诏除郎",地位逐渐降至孝廉郎中之下。这是一个重要的变化。

许多官职,被特别地规定为三署孝廉郎的迁转之阶,同在三署的诏除郎,却不在其选。据《续汉书·百官志》注引《决录注》:

> 故事尚书郎以令史久缺补之,世祖始改用孝廉为郎。

又《续汉书·百官志》注引《汉官名秩》记陵园丞:

> 皆选孝廉郎年少薄伐者。迁补：府长史、都官令、候、司马。

又注引《汉官》记羽林左监：

> 孝廉郎作。

又《后汉书·和帝纪》注引《十三州志》记谒者：

> 员七十人，皆选孝廉年未五十，晓解傧赞者。岁尽拜县令、长，及都官府丞、长史。

又《太平御览》卷二二九引《汉官仪》记太官丞：

> 四人，郡孝廉年五十，清修聪明者，光禄上名，乃召拜，皆秩四百石，三岁为令。

是尚书郎、陵园丞、羽林左监、谒者、太官丞等，皆以孝廉郎担任为经制，诏除郎无缘涉足。

进而，孝廉郎出补外官时，其待遇也较诏除郎为优。再举证如下。《后汉书·章帝纪》建初元年五月：

> 初举孝廉、郎中宽博有谋，任典城者，以补长、相。

是诏除郎不在其选。又同书《和帝纪》永元元年：

> 初令郎官诏除者得占丞、尉，以比秩为真。

这是对诏除郎的一次优待，但孝廉郎外任可补长、相，而诏除郎只能占为丞、尉，且只能"以比秩为真"，是仍低一等。又《和帝纪》永元七年四月诏：

> 元首不明，化流无良，政失于民，谪见于天。深惟庶事，五教在宽，是以旧典因孝廉之举，以求其人。有司详选郎官宽博有谋、

才任典城者三十人。

由"旧典因孝廉之举以求其人"句可知，这次选拔郎官，亦仅限于孝廉郎。此诏下后，"既而悉以所选郎补长、相"。看来，选孝廉郎补长、相，本为王朝"旧典"。又同《纪》元兴元年：

> 引三署郎召见禁中，选除七十五人，补谒者、长、相。

准以前例，这次所选之三署郎亦当只限于孝廉郎。又同书《安帝纪》元初六年：

> 诏三府选掾属高第，能惠利牧养者各五人。光禄勋与中郎将选孝廉郎宽博有谋，清白行高者五十人，出补令、长、丞、尉。

又同书《顺帝纪》阳嘉元年：

> 令诸以诏除为郎，年四十以上课试如孝廉科者，得参廉选，岁举一人。

"得参廉选"意谓迁除上得与孝廉同等看待。孝廉每年举至三署为郎者二百余，每次选拔外补员亦数十；而诏除郎年仅一人，经过经术笺奏之课试，方可获得与孝廉郎同样资格。

由此可见，东汉时期依父祖官位而以任子法诏除为郎者，地位颇较孝廉郎为低。《隶释》卷七《车骑将军冯绲碑》：

> 弱冠，诏除郎，还更仕郡，历诸曹史、督邮、主簿、五官掾、功曹。举孝廉，除右郎中，蜀郡广都长。

"右郎中"即郎卫三署之右中郎将署之郎中。查《后汉书·冯绲传》，其父冯焕为幽州刺史，故冯绲得以父任为郎。但是因诏除郎升迁不捷，所以冯绲只好还乡仕郡为曹史之低职，后以功曹察孝廉，再入郎署为孝廉郎，才得拜县长。

附带说明，虽诏除郎不仅仅来自任子，但任子是诏除郎的主要来源。东汉官僚子弟有资格任子者，由朝廷特诏除拜，故称"诏除郎"。皇帝普赐官僚子弟为郎，或特赐某人子弟为郎，皆诏除郎之来源。但诏除郎也有其他形式，例如官员死事，朝廷便常除拜其子为郎以示优恤。

综合以上叙述，我们可以看到，虽然汉代存在着权贵子弟由郎官与内侍优先入仕的特权性仕途，但随察举制度的发展，情况就不同了。东汉三署诏除郎地位明显低于孝廉郎，这一事实可以看作择优制对特权因素、封建因素的抑制。

黄留珠对两汉孝廉之中家世可考知者加以统计分类，在其所考得之128人中，官僚贵族子弟占69.6%，富豪占6%，平民占15.7%，贫民占8.7%。据此他提出："两汉的举孝廉制度，实际是一种变相的官贵子弟世袭制。"①对察举制之倾向性，一方面要看官僚贵族子弟的入仕比例，同时也应考虑其入仕方式。在古代官僚帝国之中，官僚贵族子弟总是拥有较平民更多的教育机会和入仕机会，即使在更充分地体现了公开竞争原则的科举制下也是如此。但是如果在某种选官制度之下，他们主要不是直接靠父祖势位或贵族身份，而是依靠个人才能获致居官机会的话，那么即使官僚贵族子弟占了较大比例，我们仍不宜简单地称之为"官僚贵族子弟世袭制"。任子制确实有"变相的官贵子弟世袭制"色彩；所谓"变相的"，是说在这一制度之下，子弟仍不能世世承袭父祖官位，而仅仅是获得了一个起家官职。在正常情况下，察举制能够依照德行、经术、文法和政略标准录用文官，因而造成了社会上下层较为活跃的对流，和官僚家族较大的"更新率"。父祖无任何官位的平民、贫民以24.4%的比例，经孝廉一途经常地加入政府，并且能够得到迁至高位的机会，这实际意味着身份制、世袭制的削弱。

---

① 黄留珠：《秦汉仕进制度》，142～143页。

附录　察举诸科杂考

在前面一章中，我们对察举一些科目的说法有异于成说，有关的考辨附录于下。

1. 尤异与高第

汉代察举有"尤异"一科，许多学者将之归于特举。例如，安作璋在《秦汉官制史稿》一书中叙述了察举岁举科目之后，又曰，"至于偶尔一举或数举，或性质稍异的，尚有以下各科"，后遂列入"尤异"之科。[①] 黄留珠《秦汉仕进制度》一书也采用了同样说法。[②] 他们均把"尤异"解释为从现任官吏之中选拔人才使之担任更高一级职务的察举科目，这是正确的；但将之列入"偶尔一举或数举"的特科，则似有不妥。

严格地说，"尤异"之科的举主限于刺史，被举者的身份限于地方郡县长官，性质同于考课，且为常科，非诏举之特科。《续汉书·百官志》记曰：

> 诸州常以八月巡行所部郡国，录囚徒，考殿最。

注引胡广语曰：

> 课第长吏不称职者为殿，举免之；其有治能者为最，察上尤异州；又状州中吏民茂才异等，岁举一人。

由此可知，每年八月巡行所部郡国，课第长吏殿最，将"治能者为最"察为"尤异"，是刺史的经常性职责。又《太平御览》卷六二八引《汉官仪》：

---

① 参见安作璋等：《秦汉官制史稿》，下册，319～322页。
② 参见黄留珠：《秦汉仕进制度》，195页。

> 建初八年十二月巳未，诏书……及刺史二千石察举茂才、尤异者，孝廉、廉吏，务实校试以职。

"巳未"当作"己未"。这里所列之四项察举科目之中，茂才、孝廉、廉吏皆为岁举，由之推测，尤异也应为岁举；如果尤异为"偶然一举或数举"的特科，则于理不当比列其间。孝廉、廉吏为郡守所举，茂才、尤异的举主则为刺史。郡守虽然也有课第属县长吏之责，但似乎没有察举"尤异"职责。《隶释》卷七《车骑将军冯绲碑》：

> 除右郎中，蜀郡广都长……到官四载，功称显著，郡察廉吏，州举尤异，迁楗为武阳令。

冯绲被郡举为廉吏而州为尤异，正见尤异之举责归刺史。

被举尤异者，既有郡守，也有县令。如《后汉书·张奂传》，"复拜武威太守……举尤异，迁度辽将军"；同书《刘祐传》，"除任城令，兖州举为尤异，迁扬州刺史"；同书《童恢传》，"除不其令……青州举尤异，迁丹阳太守"。是尤异科同时面向郡守及县令。

尤异与"治行第一"性质相同，均属"长吏殿最之课"。如《汉书·张敞传》记"颍川太守黄霸以治行第一，入守京兆尹"；《后汉书·祭肜传》称其"为偃师长……课为第一，迁襄贲令"；又《汉书·赵广汉传》称其"为阳翟令，以治行尤异，迁京辅都尉"。由"治行尤异"一语，知"治行第一"与"尤异"应为一事。所谓"第一"应指本州第一，即前述州举之"其有治能者为最"，也有全国第一。

汉代另有"治剧"一科，学者有谓其与"尤异"相近者。其实二者差别甚大。"剧"指难以治理之郡县。尤异偏重于已然之功次，治剧则偏重内在之吏能。尤异之举主为刺史，治剧之举主则不限于地方长官，而且常常是三公举其掾属。例如《汉书·何并传》记其"至大司空掾，事何武，武高其志节，举能治剧，为长陵令"；《后汉书·卫飒传》记其"辟大司徒邓禹府，举能案剧，除侍御史，襄城令"；《后汉书·韩韶传》记其"少仕郡，辟司徒府……尚书选三府掾能理剧者，乃以韶为嬴长"。是三公举掾属为治剧乃为定制；而尤异与治剧则甚不相同。且尤异为岁举，治剧为特科。

汉代史籍中又常有"高第"一事。"高第"意为高等。太学弟子射策、明经射策及贤良对策均有"高第"，这仅仅是考试等第而已。另外一些"高第"，则与察举有关。

郡国时有"文学高第"之举。《汉书·宣帝纪》，本始元年夏四月"诏内郡国举文学高第各一人"，此为察举科目。

又有郡县长吏举"高第"者。如《汉书·召信臣传》记"出补谷阳长，举高第，迁上蔡长"；《尹翁归传》记"征拜东海太守……东海大治。以高第入守右扶风"；《陈万年传》记"迁广陵太守，以高弟入为右扶风"；《张敞传》记"京兆典京师，长安中浩穰，于三辅尤为剧。郡国二千石以高弟入守"。这种"高第"性质同于考课，与尤异无大不同，只不过西汉多称"高第"，东汉多称"尤异"。如果尤异可以看成是察举科目的话，"高第"也应看成察举科目。

另外，汉代三公府及将军府可以举掾属为"高第"。如《后汉书·陈翔传》记"太尉周景辟举高第，拜侍御史"；《徐璆传》记"辟公府，举高第，稍迁荆州刺史"；《李膺传》记其"为司徒胡广所辟，举高第，再迁青州刺史"；《王允传》记其"三公并辟，以司徒高第为侍御史"；《崔骃传》记"(窦)宪为车骑将军，辟骃为掾……因察骃高第，出为长岑长"。是三公府掾及将军府掾，可经"高第"之察举而为侍御史、县长。《后汉书·梁冀传》记桓帝建和元年，"增大将军府举高第、茂才，官属倍于三公"，可知大将军、三公举掾属为"高第"，乃是经常性职责，且有固定员额。东汉时大将军本有举茂才资格，这里不是言其至此方可举茂才、高第，而是说这两科察举及其官属员额均较三公加倍。① 这里"高第"与"茂才"并列，正见二者性质相近，均为察举。这种察举，与光禄勋从三署郎官及从官中举茂才、四行，颇为相近。显然，公府与军府之掾属"高第"，应为常

---

① 黄留珠对之已有辨说，参见其《秦汉仕进制度》，171页。

科之察举科目。有时也有特举"高第"之事。《后汉书·安帝纪》元初六年春二月"诏三府选掾属高第能惠利牧养者，各五人"。大约平时所举"高第"各府不足五人，这次所需量大，故下特诏。

2. 文无害

秦汉之间，吏员往往有以"无害"或"文无害"而得迁补任官者。如《秦律十八种·置吏律》：

> 官啬夫节（即）不存，令君子毋害者若令史守官。

又如《史记·萧相国世家》：

> 萧相国何者，沛丰人也。以文无害为沛主吏掾。

"文无害"之"文"指"文法"无疑，对"无害"则旧注诸说不同。要有二家，一说"无害"意谓"无所枉害""不刻害""无伤害"；一说意同于"无比"。《汉书新证》中陈直释为"精通律令文而不深刻害人也"，取前说。泷川资言《史记会注考证》卷五三中则以为二说皆非，而释"文无害"为"能通晓法令，无所凝滞也"。

按《史记·酷吏列传》：

> （赵）禹为丞相史，府中皆称其廉平。然（周）亚夫弗任，曰：极知禹无害，然文深，不可以居大府。

玩周亚夫之语意，乃谓赵禹虽"无害"，然"文深"足以伤人。如依陈直说，周亚夫岂非自相矛盾？《酷吏列传》又记：

> 减宣者，杨人也。以佐史无害给事河东守府。卫将军青使买马河东，见宣无害，言上……稍迁至御史及中丞，使治主父偃及治淮南反狱，所以微文深诋，杀者甚众，称为敢决疑。
>
> 杜周者……事张汤，汤数言其无害，至御史，使案边失亡，所

论杀甚众。

由减宣、杜周例，亦知司马迁所用"无害"一语，并非"不深刻害人"之意。

泷川氏以"通晓无凝滞"释"无害"，较陈说为优，然而他否定"无比"一义，又有所不足。按《史记·萧相国世家》集解引《汉书音义》：

一曰，无害者如言无比，陈留间语也。

又《汉书·赵禹传》师古注：

无害，言无人能胜之者。

师古以"胜之"释"害"，与"比"义无不通。"无比"即"无人能比"，亦"无人能胜之"之意。此说本于"陈留间语"，较泷川氏所释之"通晓无凝滞"更为近实。

《史记会注考证》引中井积德语："文无害，是通套称呼，如后世科目。"参以萧何"以文无害为沛主吏掾"，减宣"以佐史无害给事河东守府"，杜周"汤数言其无害，至御史"等例，"文无害"确有科目意味，可视为科目的雏形。

3. 察廉、廉吏与孝廉

汉代史料中，既有"举孝廉"，又有"察廉""举廉吏"之记载，然而对它们之间的关系，一直众说纷纭。

宋人徐天麟《东汉会要》卷二六"孝廉"条称，孝廉设科之初，"则孝之与廉，当是各为一科。故萧望之、薛宣、黄霸、张敞等，皆以察廉补长丞，独王吉、京房、师丹、孟喜皆以举孝廉为郎，刘辅举孝廉为襄贲令。至东都则合为一科矣"。他认为孝廉初为举孝和察廉二科，至东汉始合为一科。这种说法很有影响。因此人们认为，西汉史籍中的"察廉"，是孝廉科内的一科。至于孝、廉合为一科的时间，则有不同看法。如劳榦认为，举孝与察廉合为一科在西汉后期。至于"廉吏"，劳榦认为有一部分与孝廉无干，如大司农、太常所察之"廉"；但郡国之"察廉"，他认为即是孝廉。①

近年来黄留珠又创新说。他首先认为，武帝初举孝廉之时，并非郡国举一"孝"一"廉"共二人，而是各郡国仅举一人，或"孝"或"廉"，或兼此二行者，三者混同。他进一步提出，第一，元光前察廉是奉诏举荐廉吏而给予劳赐；第二，元光后守相以外官员之察廉别为一事，而郡国之察廉在初期则与举孝廉"相混同"，后来二者逐渐区分开来；第三，西汉守相以外之察廉为特举，"东汉时郡国举孝廉与光禄、中二千石、廷尉、大司农及将军的察廉，当是两项并行的岁举科目"。②

守相以外的官员之察廉，当然肯定与郡国举孝廉不同。问题在于郡守之察廉，传统的说法认为它后来与"举孝"合为一科，黄留珠则认为它是从孝廉中分化出来的。一为由分到合，一为由合到分，但他们都认为，有一个郡守察廉等于举孝廉的阶段。在此，我想提出的是第三种推测，即郡守察廉与举孝廉一直是互不相涉的两种察举，不曾有过上述"分"与"合"的关系。下面试加叙述。

黄留珠讨论东汉察廉时未涉及郡守察廉。《续汉书·百官志》注引《汉官目录》记建武十二年八月乙未诏，有三公举廉吏各二人，光禄察廉吏三人，中二千石岁察廉吏各一人，廷尉、大司农各二人，将兵将军岁察廉吏各二人之规定。这里所叙察廉吏之举主虽然没有列入郡守，但东汉之郡守，本是既举孝廉，又察廉吏，同时承担着这两项察举的。《后汉书·和帝纪》注引《汉官仪》：

（章帝）建初八年十二月己未，诏书辟士四科……及刺史、二千石察举茂才、尤异、孝廉吏，务实校试以职。

---

① 参见劳榦：《汉代察举制度考》，载《中央研究院历史语言研究所集刊》，第十七本。

② 黄留珠：《秦汉仕进制度》，90～97、173～176页。

这里没有提到"廉吏",是因为文有脱漏。《太平御览》卷六二八引《汉官仪》作:

> 建初八年十二月巳未,诏书辟士四科……及刺史二千石察举茂才、尤异者,孝廉、廉吏务实校试以职。

古书抄本二字连同,则下一字常常略为二点或二短横,每每因此而脱漏。《和帝纪》注引之《汉官仪》"孝廉吏"句,可能即因此夺一"廉"字,应据《御览》之"孝廉、廉吏"句补足。那么这一诏书就涉及了茂才、尤异、孝廉、廉吏四项察举科目,前两项为刺史举,后两项之举主则为郡守二千石。又《续汉书·百官志》注引《汉官仪》所载世祖光武诏,与此诏略同,而中一句作"及刺史二千石察茂才、尤异、孝廉之吏","之"字亦疑因与二短横形近而误,亦当据《御览》复原为"廉"字。

又《潜夫论·实边》:

> 诏书法令:二十万口,边郡十万,岁举孝廉一人,员除世举廉吏一人。

清人汪继培笺彭铎校引俞樾说,"员除"当作"员际","世"当作"卅",三十人也,"言满三十员,则举一廉吏也"。这就直接证明了东汉郡守兼举孝廉、廉吏。西汉武帝时孝廉郡国岁举2人,东汉和帝时改为以口为率每20万人举1人,边郡10万人举1人,故《实边》所引之诏当即为和帝诏,知此时廉吏亦以员为率而举。又《隶释》卷七《车骑将军冯绲碑》:

> ……五官掾、功曹。举孝廉,除右郎中,蜀郡广都长。遭直荒乱,以德绥抚,政化流行,到官四载,功称显著,郡察廉吏,州举尤异,迁楗为武阳令。

冯绲先举孝廉,又察廉吏,举主皆为郡守。而且由其以功曹举孝廉后又以县长察廉吏之情况看,廉吏规格未必一定低于孝廉。总之,东汉郡守同时承担着孝廉与廉吏之举,那么,徐天麟东汉察廉合入孝廉之说,就是不能成立的。

那么西汉情况如何呢?我们首先看《汉书·黄霸传》所记宣帝五凤三年张敞奏语:

> 汉家承敝通变,造起律令,所以劝善禁奸,条贯详备,不可复加。宜令贵臣明饬长吏守丞,归告二千石,举三老、孝弟、力田、孝廉、廉吏,务得其人。郡事皆以义法令捡式,毋得擅为条教。

这条材料证明,第一,其时孝廉自为一科,并非"孝""廉"两分;第二,孝廉、廉吏两立并列,举主均为郡守,廉吏科应为岁举;第三,这一制度乃是汉家旧制,非始行于此时,所以说"条贯详备,不可复加"。

《黄霸传》又记曰:

> 补左冯翊二百石卒史。冯翊以霸入财为官,不署右职,使领郡钱谷计,簿书正,以廉称,察补河东均输长。复察廉,为河南太守丞。

又《史记》褚少孙补《建元以来侯者年表》:

> 黄霸家在阳夏,以役使徙云阳,以廉吏为河内守丞。

黄霸第一次"以廉称,察补",第二次"复察廉"。后一次所补为河南太守丞抑或河内守丞,已不可考知。但《汉书·黄霸传》之"复察廉",褚少孙却明记为"廉吏",这一重要事实,说明"察廉"与"察廉吏"本为一事,前者为后者之省称。由"复察廉"之"复"字,知黄霸第一次以"廉"察补,也应是"廉吏"之举。第二次以郡均输长而察,举主大约是大司农;第一次显然是为郡守所举,即张敞奏语中所言二千石所察之"孝廉、廉吏"之后一项。这一次察举约在昭帝初年。大约与之同时,路温舒以郡决曹史"举孝廉,为山邑丞"(见《汉书·路温舒传》)。可见,昭帝初年之孝廉与廉吏，也是分为二途，并不混同的。

史籍中所见汉之"察廉"，均应视为廉吏之举，即令郡守所举者，亦与孝廉无涉。《汉书》中明记为郡守之察廉者，有《酷吏传》太守严延年"察狱史廉"，《王尊传》"太守察尊廉，补辽西盐官长"，约在宣帝之时；《薛宣传》琅邪太守"察宣廉，迁乐浪都尉丞"，约在元帝之时。又有以郡吏察廉者，如《尹翁归传》记其以郡督邮"举廉为缑氏尉"，《张敞传》记其"补太守卒史，察廉为甘泉仓长"，约在昭、宣之时；《尹赏传》记其"以郡吏察廉为楼烦长"，约在成帝之时。郡吏察廉的举主也应为郡守。上述郡守所察之廉吏，与孝廉之举均不相涉。

说孝廉与廉吏两不相涉，其理由还在于二者在性质上有很大差异，不大可能混同。下面进一步分析这一问题。前引《汉书·黄霸传》"以廉称，察补河东均输长"句，颜师古注曰：

> 以廉见察而迁补。

这就较为准确地概括了廉吏一科的特点。就是说，廉吏是长官将优秀吏员举报于上司而加迁补的科目。又《汉书·平帝纪》元始元年正月诏曰：

> 宗室属未尽而以罪绝者，复其属；其为吏举廉佐史，补四百石。

颜师古注曰：

> 言宗室为吏者，皆令举廉，各从本秩；而依廉吏迁之为佐史者，例补四百石。

上文录自中华书局标点本。但这两段文字的标点均不正确，皆须订正。《汉书·百官公卿表》曰："百石以下有斗食、佐史之秩，是为少吏。"颜师古注引《汉官名秩簿》："斗食，月奉十一斛；佐史，月奉八斛也。"佐史为吏之最卑者，不会有"为吏举廉佐史"之事；因为宗室为吏者不可能只有佐史。"依廉吏迁之为佐史者"更为费解，由高迁低，于理难通。今试据文义重新标点如下：

> 其为吏，举廉；佐史，补四百石。
> 言宗室为吏者，皆令举廉，各从本秩而依廉吏迁之；为佐史者，例补四百石。

如此庶几更近原意。由此又见，"廉吏"之待遇是"各从本秩迁之"。颜师古能看到的汉代史料当然远较今人为多。综合他对《黄霸传》及《平帝纪》的注释，可以将"廉吏"之特征概括为"以廉见察，而各从本秩迁之"。《汉旧仪》曰："旧制，令六百石以上，尚书调；拜迁四百石长相至二百石，丞相调……郡国百石，二千石调。"廉吏迁拜之主司，亦当准此。

这便与孝廉一科有很大差别。孝廉相当于郡国向中央"贡士"，取"诸侯岁献贡士于天子"之意；举后则先入郎署宿卫。《汉书·董仲舒传》："臣愚以为使诸列侯、郡守二千石各择其吏民之贤者，岁贡各二人，以给宿卫，且以观大臣之能。"《北堂书钞》卷七九引《汉旧仪》："武帝（元光）元年令郡国举孝廉各一人，诣御史举试，拜为郎中。"廉吏之任用是依本秩迁补；而孝廉却不管本秩高低，一律拜为郎中。查《汉书》各传所见之"察廉"十七八人次，包括郡守所察者，正无一人拜为郎中；而孝廉约十七八例，多有举后拜郎的明确记载，未记拜郎者，史家也早已指出是史传省文。《汉书·京房传》："为郡史，察举补小黄令……初元四年以孝廉为郎。"京房之"察举补小黄令"，当即为廉吏之举。此例正见孝廉与廉吏之别：一直接迁补，一入朝宿卫为郎。

从《平帝纪》"其为吏，举廉"而"佐史，补四百石"的规定来看，佐史还没有被察廉吏的资格，但斗食已可察廉。《汉书·薛宣传》："后以大司农斗食属察廉，补不其丞。"察廉还有一个上限。《汉书·宣帝纪》黄龙元年诏："举廉吏，诚欲得其真也。吏六百石位大夫，有罪先请，秩禄上通，足以效其贤材，自今以来毋得举。"韦昭注曰："吏六百石者不得复举为廉吏也。"就是说，廉吏之举限制在斗食和六百石之间的吏员。但孝廉就不同了，它面向一切"吏民之贤者"。西汉孝廉半数来自布衣平民，如王骏、杜邺、师丹、冯逡、孟喜等。从举主看,孝廉之举主当然只限于郡守国相;而廉吏之举主除郡守外,还有大司农举者,如黄霸、薛宣;有御史大夫举者,如萧望之;有太常举者,如朱博;有光禄勋举者,如王嘉;有大鸿胪举者,如平当;有县令举者,如王立。这都反映了廉吏自成一类。

至此,我们已可把廉吏和孝廉的差别概述如下:

第一,廉吏为长官报请上级迁补属吏优异者之科目,而孝廉则是郡国向中央"贡士"之科目;

第二,廉吏限于斗食至六百石之吏员,而孝廉则面向所有吏民;

第三,廉吏一般根据本秩直接迁补,而孝廉则一般要入三署为郎中;

第四,廉吏举主广泛,也包括郡守,而孝廉之举主则仅限于郡守国相。

根据二者的如上差异,我以为它们相混的可能性很小,在开始这两科就并非一事,后来也没有合为一科。

这样,我们也才能解释如下材料。《汉书·赵广汉传》:"举茂材,平准令;察廉,为阳翟令。"时约昭帝。茂才之举高于孝廉,故劳榦说茂才较孝廉"更为可贵",黄留珠亦言"试看两汉察举孝廉茂材的史实,全是先举孝廉而后察茂才,绝然找不到一个先察茂才后举孝廉的例子"。然而这条史料偏偏是先举茂才后"察廉"的,那么就只有说"察廉"与举孝廉并非一事,才解释得通。

至此,昭帝以后的情况可能较清晰,但武帝之时的情况仍然有待讨论。《汉书·武帝纪》元光元年"初令郡国举孝廉各一人",而元朔元年有司奏语有"不举孝,不奉诏,当以不敬论;不察廉,不胜任也,当免"句。这里之"察廉",确实是贡上为郎宿卫的那种察举。但对之的解释也并不困难。因为此时郡守既承担着对宿卫为郎的"廉"者的察举,也承担着那种"见察而依本秩迁补"的"廉吏"之举,二者仍不相混。特别是,贡上而宿卫为郎的"孝"与"廉"的举主、性质、任用完全相同,对兼有孝、廉二德者偏取其一也无必要,因此在实施之中,无论以"孝"举者还是以"廉"

举者，全都是统称为"孝廉"的。在昭帝初路温舒得举时，就已经合称为"举孝廉"了。《汉书》之中，"举孝廉"与"察廉""举廉吏"有明确区别，各有其指。

顺便说明，黄留珠以为武帝元光元年举孝廉，各郡国所举员额为一人，非二人。但他提出的证据并不强硬。按董仲舒请行察举，所请为"岁贡各二人"；又直至东汉和帝改制，口20万举孝廉一人之前，各郡国所举孝廉皆为二人。所以孝廉设科之初是郡国岁贡二人之说，仍可成立。

上面说武帝时郡守在举孝廉之同时就已经承担着那种"见察而依本秩迁补"的吏员察举，这并不是凭空臆测。《史记·酷吏列传》：

> 杨仆者，宜阳人也。以千夫为吏，河南守案举以为能，迁为御史。

"案举"意同于"察举"，很可能还就是"察举"之误。又：

> 杜周者，南阳杜衍人。义纵为南阳守，以为爪牙，举为廷尉史。

"以为爪牙"即以之为郡吏之意。因为《酷吏列传》记义纵为南阳太守时：

> 平氏朱强、杜衍杜周为纵牙爪之吏，任用，迁为廷史。

比照杜周之以郡吏"举为廷尉史"，朱强也应该是由郡吏为太守"举"至中央而任为廷尉史的。又《汉书·文翁传》：

> 少好学，通《春秋》，以郡县吏察举。景帝末，为蜀郡守……乃选郡县小吏开敏有材者张叔等十余人亲自饬厉，遣诣京师，受业博士，或学律令……数岁，蜀生皆成就还归，文翁以为右职，用次察举，官有至郡守刺史者……至武帝时，乃令天下郡国皆立学校官，自文翁为之始云。

杨仆、杜周、朱强等人以及蜀生之察举，约在武帝之时；而文翁之"以郡县吏察举",还早在景帝之时。他们都是郡守察举,中央任命。虽然对之史传并未明记为"察廉"或"举廉吏",但并无实质差别,都是"见察而依本秩迁补"。又《汉书·陈万年传》:"为郡吏,察举,至县令,迁广陵太守。"颜师古注曰:"屡被察廉及举荐,故得迁之也。"足见《史记》《汉书》对于"察廉",常常就径记为"察举";径言"察举",常常也就是指"察廉"。

据《汉书·文帝纪》,文帝十二年诏曰:

> 孝悌,天下之大顺也。力田,为生之本也。三老,众民之师也。廉吏,民之表也。朕甚嘉此二三大夫之行。今万家之县,云无应令,岂实人情?是吏举贤之道未备也。其遣谒者劳赐三老、孝者帛人五匹,悌者、力田二匹,廉吏二百石以上率百石者三匹。及问民所不便安,而以户口率置三老孝悌力田常员,令各率其意以道民焉。

在前引《汉书·黄霸传》中,张敞曾奏请申饬郡国"举三老、孝悌、力田、孝廉、廉吏,务得其人",其中孝廉为武帝元光元年设科,而三老、孝悌、力田、廉吏则此前已有。文帝诏中有"今万家之县,云无应令,岂实人情"语,是此年之前已有举三老、孝悌、力田、廉吏之令;诏又令"以户口率置三老、孝悌、力田常员",而不曰为廉吏置"常员",是此前廉吏之举很可能已有"常员"了。因为,对于秦汉帝国政府的庞大行政组织,那种"见察而依本秩迁补"的吏员录用晋升之法,应该就是其基本制度。尽管文帝十二年诏只说对廉吏加以劳赐而未言及迁调,他们在迁调时当然应该得到优先考虑。又《史记·酷吏列传》:

> 赵禹者,斄人,以佐史补中都官,用廉为令史。

"中都官"意京都中央朝廷之官,是此前他所任之"佐史"应为地方郡吏。对"以明经为议郎""以律令为尚书"一类语句,史家一般都看成察举,赵禹"用廉为令史",大约就是"察廉"或"举廉吏"。换言之,赵禹或即以郡佐史察廉吏为中都官府之令史者。又卫宏《汉旧仪》:

> 武帝元狩六年，丞相吏员三百八十二人……岁举秀才一人，廉吏六人。

是至少到了武帝元狩六年，丞相府已正式以"廉吏"举人了。总之，在景帝、武帝甚至更早一些时候，大约就已经广泛存在着那种"见察而依本秩迁补"的常规性吏员任用制度了。这有可能已经称为"廉吏"，至少我们有理由将之看成是"廉吏"科的雏形或前身。

综上所述，我们可以得出下列结论：汉代郡守之"察廉"与其他官员之"察廉"性质相同，它们自成一类，却始终不曾与孝廉相混。这种"见察而依本秩迁补"的察举办法，在汉武帝之前就已经存在了，只是未必冠之以"廉"字。"廉吏"一科自有一条发展线索，与孝廉没有多少直接关系，孝廉的产生反在其后。郡守之举廉吏或察廉，既不是从孝廉中分化出来的，也没有合入到孝廉一科之中去。就其数量、任用、涉及范围来讲，廉吏是汉代察举的一个重要基本科目，尽管后人对之不甚重视，甚至常常与孝廉混为一谈。

4. 西汉秀才岁举的推测

据《汉书·武帝纪》，元封五年以名臣文武欲尽，诏"其令州郡察吏民有茂材异等可为将相及使绝国者"。一般认为，这就是秀才一科之始。但这时秀才尚属特举。《续汉书·百官志》注引《汉官目录》：

> 建武十二年八月乙未诏书，三公举茂才各一人，廉吏各二人；光禄岁举茂才四行各一人，察廉吏三人；中二千石岁察廉吏各一人，廷尉、大司农各二人，将兵将军岁察廉吏各二人；监察御史、司隶、州牧岁举茂才各一人。

一般就把东汉光武帝建武十二年这一诏书，作为秀才岁举之始。至于西汉秀才在特举之外是否有岁举的形式呢？事实上我们可以找到另一些零碎的，但有价值的材料，由之作出一些新的推测。

由建武十二年诏可知,东汉秀才的举主有三公、光禄勋、御史、司隶、州牧等。对西汉秀才,我们也须做分类考察。下面就征诸史料加以推测。

第一,丞相举秀才。据卫宏《汉旧仪》:"武帝元狩六年,丞相吏员三百八十二人……岁举秀才一人,廉吏六人。"这里明确记载,丞相府每岁从府吏中举一人为秀才。《汉书·萧咸传》:"为丞相史,举茂材,好畤令。"其事约在元帝、成帝之时。当即岁举秀才其例。东汉三公岁举茂才各一人的制度,当由此而来。

第二,光禄举秀才。《汉书·冯逡传》:"太常察孝廉为郎,补谒者。建昭中,选为复土校尉,光禄勋于永举茂材,为美阳令。""复土校尉"非官名,乃是为皇帝、皇后丧事而选充的职事,具有临时性质,略近于两晋南朝之"挽郎"。元帝建昭二年太皇太后崩,冯逡当是以这次丧葬,由光禄勋从官谒者选为复土校尉的,事毕当复原官。所以,他是以光禄从官被举秀才的。据建武十二年诏,东汉光禄勋岁举茂才、四行各一人。四行之举始于西汉元帝之时,亦由光禄勋岁举其郎及从官。冯逡之例,知其时光禄勋还有察举秀才之责;当然这还不能就肯定为岁举。

第三,州举秀才。《宋书·百官志》称:"汉武元封四年,令诸州岁各举秀才一人,后汉避光武讳,改茂才,魏复曰秀才。"但《宋志》距汉太远,学人多不引此为据,是有充分理由的。

但另有材料可以提供某些线索。《汉书·王莽传》记平帝元始元年王莽使公卿奏言:

> 往者,吏以功次迁至二千石,及州部所举茂材异等吏,率多不称,宜皆见安汉公。

事经王太后批准,于是:

> "州牧、二千石及茂材吏初除奏事者,辄引入至近署对安汉公,考故官,问新职,以知其称否。"于是莽人人延问,致密恩意,厚加

>赠送。其不合指，显奏免之，权与人主侔矣。

由以上情况特别是"往者"二字，可知"州部举茂才异等吏"之事在此前就已经存在着了，而且这是一经常性制度，其举主为州部长官，举后不须对策，显系岁举。

卫宏《汉旧仪》中有另一条有价值的记载：

>刺史举民有茂材，移名丞相，丞相考召。取明经一科，明律令一科，能治剧一科，各一人。诏选谏大夫、议郎、博士、诸侯王傅、仆射、郎中令，取明经；选廷尉正、监、平，案章取明律令；选能治剧长安、三辅令，取治剧。皆试守，小冠，满岁为真，以次迁。奉引则大冠。

丞相一官东汉已无，这条材料必为西汉之事。这里明确规定了刺史为秀才的举主，并有相应的考召、分类及任官、仪制规定。那么，这就应是一个经常性制度。就是说它应为岁举。

下面对这一制度的时间加以推测。丞相一官，是西汉哀帝元寿二年改为大司徒的。刺史一官，成帝绥和元年更名牧，秩二千石，哀帝建平二年复为刺史，元寿二年复为牧。建平二年到元寿二年州牧复为刺史只有三四年时间，所以上述刺史举秀才之制，其下限更可能在成帝绥和元年那次刺史改名州牧之前。

这条材料中又有廷尉正监平，为明律令科所选。《汉书·百官公卿表》："廷尉，秦官，掌刑辟，有正、左右监，秩皆千石……宣帝地节三年初置左右平，秩皆六百石。"《汉旧仪》上文既然有廷尉平一官，那么所叙制度之上限，当在宣帝地节三年之后。

又明经科所选，有"诸侯王傅、仆射"。"仆射"疑当作"仆"，"射"字误衍。《汉书·百官公卿表》记汉武帝改王国太仆曰仆，秩亦千石。《续汉书·百官志》："成帝省内史治民，更令相治民，太傅但曰傅。"《汉旧仪》既然以"傅"为称而不称"太傅"，那么其制的上限，还可能不会早于成帝。

综合以上考辨，可以初步得出结论，《汉旧仪》所记察举秀才之制，大约是在成帝绥和元年之前，宣帝地节三年之后建立的；还可能就在成帝初年。

刺史原为监察之官，但此官兼有选举之责，这与其监察职责并不相悖。《汉旧仪》曰：

> 武帝元封五年初分十三州，刺史假印绶，有常治所，奏事各有常会。择所部二千石卒史与从，传食比二千石所传。刺史奏幽隐奇士，拜为三辅县令，比四百石，居后六卿。

可知刺史原有"奏幽隐奇士"的察举之责。从"拜为三辅县令"这种相当具体的规定看，这种察举已是三辅令的来源之一，而不只是泛泛的荐贤义务，那么这至少应是一经常性制度。据《汉官仪》："元帝时，丞相于定国条州大小，为设吏员，治中、别驾、诸部从事，秩皆百石，同诸郡从事。"于定国为丞相，在元帝甘露三年至永光元年。自此，州之地位与行政权力有了较大提高。很可能在此之后，刺史"奏幽隐奇士，拜为三辅县令"之选举责任有了扩大，又增加了明经、明律令二科人士之举，成帝时遂形成了刺史以明经、明律令和能治剧长安三辅令三科举秀才制度。到平帝之时，《汉书·王莽传》所记之州部举茂才异等吏，已成经制。

《汉书》所记西汉茂才14人，元帝及元帝以前得举者7人：赵广汉，约昭帝时以州从事举茂才，任平准令（见《赵广汉传》）；刘辟强、刘长乐，昭帝始元二年以宗室无在位者，举茂才为光禄大夫（见《昭帝纪》）；陈汤，元帝初元二年诏列侯举茂才，富平侯张勃举之（见《张勃传》及《陈汤传》）；辛庆忌，元帝初以金城长史举茂才，迁郎中车骑将（见《辛庆忌传》）；萧咸，约元帝时以丞相史举茂才，任好畤令（见《萧咸传》）；冯逡，元帝建昭中光禄勋于永举茂才，为美阳令（见《冯逡传》）。以上7人，无一人明记为州举。赵广汉以州从事举茂才，有可能为州举，但也不排除为其他官员所举之可能。

成帝时及此后举茂才者有7人：薛宣，约成帝初以乐浪都尉丞，被幽州刺史举茂才，为宛句令（见《薛宣传》）；尹赏，成帝时以楼烦长举茂才，任粟邑令（见《薛宣传》）；班回，约成帝时举茂才，长子令（见《叙传》）；师丹，成帝建始中州举茂才，补博士（见《师丹传》）；龚胜，成哀之间，州举茂才，重泉令（见《龚胜传》）；郇相、郇越，西汉末并举州郡孝廉茂才，数病去官（见《郇越并郇相传》）。

这7人之中，薛宣、师丹、龚胜明记为州举。郇相、郇越记载欠明，但至少有一人为州举之茂才。薛宣、龚胜任为县令，当为能治剧科；师丹补为博士，当为明经科。尹赏与班回二人很可能也是州举。总之成帝以后，出现了一批州举的茂才。而西汉茂才特举共6次，时间分别为武帝元封五年，宣帝元康四年，元帝初即位，元帝初元二年、永光三年和建昭四年。这6次之中，除了武帝元封五年为"州郡"举外，其余均与州无涉。成帝后再不见诏举茂才事。那么，成帝以后出现的州举茂才，应该就是刺史之岁举了。

《尹湾汉墓简牍》（中华书局，1997）的出版，提供了新的证据。尹湾简牍中的东海郡下辖长吏名籍中，罗列了117人的现官、姓名、籍贯、原官与任职方式，其中包括三位"以秀材迁"者。他们分别是华乔，原官博阳令，"以秀材迁"郯令（秩千石）；□道，原官扬州刺史从事史，"以秀材迁"戚令（秩六百石）；王贺，原官青州刺史从事史，"以秀材迁"襄贲令（秩六百石）。三者的原官和"以秀材迁"的现官，与东汉刺史岁举茂才的情况，是类似的。尹湾汉墓的墓主师饶，在汉成帝时任东海郡功曹史。那么尹湾简牍中所见3例"以秀材迁"，就强化了我们的上述判断：汉元帝到汉成帝时，建立了州刺史岁举秀才的制度。

总之，在西汉时，丞相可以岁举秀才一人，这大约始于武帝元狩六年；光禄勋在岁举四行一人同时似乎又举秀才，但无法认定为岁举；州刺史有较大可能有岁举秀才之责，其制约定于元帝、成帝之时。东汉光武帝建武十二年诏，便是在此基础上进一步完善而形成的。

第二章 "授试以职"与"必累功劳"

东汉时期，帝国政府的选官制度经发展而趋于严密，察举制也相应地出现了一些值得注意的变化。这种变化之一，就是"授试以职"的制度。下面，我们就考察其内容与意义。

一、"授试以职"考述

察举实施中"授试以职"的正式规定，大约始行于东汉光武帝之时，并且屡次得到了重申。《续汉书·百官志》注引《汉官仪》：

> 世祖诏：方今选举，贤佞朱紫错用，丞相故事，四科取士……自今以后，审四科辟召。及刺史、二千石察茂才、尤异、孝廉之吏，务尽实核，选择英俊、贤行、廉洁、平端于县邑，务授试以职。有非其人，临计过署，不便习官事，书疏不端正，不如诏书，有司奏罪名，并正举者。

又《后汉书·和帝纪》注引《汉官仪》：

> （章帝）建初八年十二月己未，诏书辟士四科……自今已后，审四科辟召。及刺史、二千石察举茂才、尤异、孝廉吏，务实校试以职。有非其人，不习曹事，正举者故不以实法。

又《后汉书·和帝纪》载和帝永元五年三月诏：

选举良才，为政之本，科别行能，必由乡曲。而郡国举吏，不加简择，故先帝明敕在所，令试之以职，乃得充选，又德行尤异，不须经职者，别署状上。而宣布以来，出入九年，二千石曾不承奉，恣心从好，司隶、刺史讫无纠察。今新蒙赦令，且复申敕，后有犯者，显明其罚。

世祖光武诏书中之"孝廉之吏"及章帝建初八年诏中之"孝廉吏"，均应作"孝廉、廉吏"，考辨已见前章附录。此二诏皆先言公府辟士，后叙州郡察举，察举涉及的是茂才、尤异、孝廉、廉吏四个岁举科目。章帝建初八年诏与世祖光武帝诏大同小异，当即后者之重申①；和帝永元五年诏，又重申了九年前章帝的诏书。

又《玉海》卷一一四"选举"："《和纪》注《汉官仪》曰：建初八年十二月己未诏书辟士四科……自今以后，审四科辟召，务尽实校试，以职考选。有非人，不习曹事，正举者故不以实法。"此文中"务尽实校试，以职考选"一句，与前引《和帝纪》注引之《汉官仪》"务实校试以职"略异，多"考选"二字，录以备考。

这三个诏书都涉及了"授试以职"的规定。对这一规定，有人解释为举至朝廷后以职相试。② 这似有误会之处。世祖诏中"务授试以职"句，章帝建初八年诏作"务实校试以职"，由此仍难确定其意所在；但和帝永元五年诏则曰"故先帝明敕在所，令试之以职，乃得充选……而宣布以来，出入九年，二千石曾不承奉"，可见，"试职"乃是"在所"即"二千石"之事。就是说，是刺史郡守试秀才孝廉以职，与公府实不相涉。《后汉

---

① 按，上述"世祖诏"与章帝"建初八年十二月己未诏书"同出于应劭《汉官仪》，内容又几乎相同，或疑此二诏实为一事，而章帝诏日期具体可征，"世祖诏"实即章帝诏，而误冠以"世祖诏"。按《北堂书钞》卷七九引此诏，作"应劭《汉官仪》云，汉世祖中兴甲寅诏书"，亦有"中兴甲寅"之明确时代可征，可证世祖光武帝确有其诏，而章帝诏应为其重申。

② 如《中国大百科全书·中国历史卷》之《秦汉史》分册"察举"条称："章帝时曾有明令，凡为茂才、孝廉者，到京师后由公府以吏职之事相试，合格者方能充选。"

书·张禹传》王先谦集解校补引柳从辰云："以此知孝廉之举，要必先试以职，中于四科，然后可应诏书。如郑宏以郡督邮举孝廉，周章以郡功曹举孝廉，皆是。""四科"为丞相或三公辟召标准，与察举无涉，已见前章之辨析；但柳氏将"试职"理解为应举者先于州郡"试职"，所试之职为督邮、功曹之类，这更近原意。总之，"授试以职"意谓对秀孝，举主应先委以一定职务，使之由此"便习官事"，或由此检验其是否"便习官事"，合格者方可举至中央。

至于"试职"的时限，开始似乎并无成规；后来则有了具体规定。《后汉书·左雄传》记顺帝时尚书令左雄上疏陈请：

> 乡部亲民之吏，皆用儒生清白任从政者，宽其负算，增其秩禄，吏职满岁，宰府州郡乃得辟举。

疏上获准。这就明确规定了"吏职满岁"的时限，并把"试职"的范围扩大到了公府辟召。就是说三公欲加辟召者，也应先经过一年以上的乡部亲民之职。又《后汉书·桓帝纪》本初元年七月诏：

> 孝廉、廉吏，皆当典城牧民，禁奸举善，兴化之本，恒必由之……其令秩满百石，十岁以上，有殊才异行，乃得参选。

此诏确定了"秩满百石"的应举条件，"试职"的时限又骤增至十年。"十岁以上"的时限似乎过于长久，但参之以顺帝时左雄曾定制"孝廉年不满四十不得察举"之事，这一规定并非不可相信。年至四十之人，完全有可能已经为吏十年以上。

上述规定涉及的察举科目，有茂才、尤异、孝廉、廉吏四科。尤异与廉吏举自现任官吏，故"试职"之制对其没有意义，这是汉代诏书行文不甚严密之处。但秀、孝二科原是面向一切吏民的，包括布衣处士在内。而按此规定，除"德行尤异不须经职者"外，平民被举至中央之前就必须有一段仕州仕郡的资历。所以，东汉察举又称"举吏"或"察授"，"举吏"

即由吏而举，而"察授"即授职而察。

先看"举吏"。前引和帝永元五年诏，有"郡国举吏不加简择"之语。联系上下文，知郡国举孝廉可称"举吏"。《后汉书·周景传》记太守韩演"志在无私，举吏当行，一辞而已"，此事《风俗通义·十反》记为"举孝廉，唯临辞一与相见，无所宠拔"。又《后汉书·左雄传》记其定制孝廉先试经奏于公府，同书《黄琼传》则记为"又雄前议举吏先试之于公府"，均见东汉孝廉之举又可称为"举吏"。

再看"察授"。《风俗通义·十反》曰，"（田）叔都最为知名，郡常欲为察授之"，"（周）乘虽见察授，函封未发，未离陪隶，不与宾于王"。王利器释"察"为察举，"授"为授职，甚是；但他又说"谓察举孝廉，使之服官从政也"①，以所授之职为朝廷之职。但玩味"虽见察授"却又"未离陪隶，不与宾于王"之语意，知所授之职为郡职，非朝官。此制至魏晋不改。《晋书·索纨传》："司徒王戎书属太守使举（索）充，太守先署充功曹而举孝廉。"此即"授职而察"。《文选》卷二五卢谌《赠刘琨诗》李善注引《傅子》："汉武元光初，郡国举孝廉，元封五年举秀才，历世相承，皆向郡国称故吏。"按"故吏"之事于东汉为盛。秀孝向州郡长官称"故吏"，因为原则上他们都应先历州郡吏职，为长官僚属。

这样，秀才、孝廉二科，与尤异、廉吏便有些接近了，因为它们都举自在职官吏。当然，四者还是有差别的，尤异偏重考课，举自守令；廉吏重在吏能，声望较秀孝为低，秀孝偏重举士，孝廉举后还须为郎宿卫，而廉吏则直接迁补，它们仍不相同。

二、"以能取人"

东汉前期出现的察举"试职"制度，不是孤立现象。我们尝试从更广泛的政治文化背景变动中探讨其意义。继王莽变法这一重大事件之后，

---

① 王利器：《风俗通义校注》，上册，217页注⑤及234页注⑤，北京，中华书局，1981。

东汉帝国政府的一个明显动向，就是对吏政的重视。这种重视，不妨理解为对遭到王莽变法破坏的理性行政进行重建的努力。

汉儒的参政，使独任"霸道"的秦政转变为"霸王道杂之"的汉政。但这一政治方针之中，也隐含着官僚理性行政和儒家意识形态的调适问题。西汉后期，随儒生政治影响之扩大，儒术的神道化、复古化倾向日益严重地冲击着"霸王道杂之"的传统，并最终导致了王莽"奉天法古"的大规模改制变法。这一变法从儒家经典之中寻求理想社会的蓝图，把合于古制的祭礼、服色、历法、陵庙、明堂、辟雍、乐舞、田制、币制、官制、地名等的复兴，视为"天下归仁"的标志甚至内容，并辅之以天人感应、阴阳五行、符箓谶纬、魔法巫术之类。战国秦汉数百年来形成的官僚理性行政，因而受到严重损害。

察举选官制也被用来服务于这种复古改制。《汉书·平帝纪》元始五年："征天下通知逸经、古记、天文、历算、钟律、小学、《史篇》、方术、《本草》及以《五经》、《论语》、《孝经》、《尔雅》教授者，在所为驾一封轺传，遣诣京师。至者数千人。"王莽利用察举罗致到了大批儒生，作为"制礼作乐"的助手。① 同时察举之标准，也受到了影响。《汉书·王莽传》始建国三年："令公卿大夫诸侯二千石举吏民有德行通政事能言语明文学者各一人，诣王路四门。"又天凤三年："复令公卿大夫诸侯二千石举四行，各一人。"此"四行"即始建国三年所举之"四科"，二者为一事。② 它来源于所谓"孔门四科"。《论语·先进》："德行：颜渊、闵子骞、冉伯

---

① 有人把此事当成征召之例，但征召一般是皇帝下诏特征某人，而这里的"征"意为征求，实际就是察举。例如《汉书·东方朔传》："武帝初即位，征天下举方正贤良文学材力之士。""贤良文学"当然是察举科目，而这里"征""举"并用，可见如博征某类人物，即可视同察举。

② 颜师古注此"四行"："依汉光禄之四科。"按颜注误。汉元帝定制，光禄勋以质朴、敦厚、逊让、有行考第郎官，称为"光禄四行"或"光禄四科"。但参以王莽始建国三年察举例，天凤三年所举之"四行"，应该同为"有德行、通政事、能言语、明文学"，且有"复令"之"复"字可证两次察举性质相同。《后汉书·景丹传》："王莽时举四科，丹以言语为固德侯相。"李贤注引《东观记》："王莽时举有德行、能言语、通政事、明文学之士。"是为一例。

牛、仲弓；言语：宰我、子贡；政事：冉有、季路；文学：子游、子夏。"《后汉书·郑玄传》："仲尼之门，考以四科。"较之汉代丞相辟召之"四科"，这种"四科"少了"明法"一项；这就反映了儒法两家对"政事"的不同理解。儒家崇尚"仁政""王道"，但在其"人治"思想之中，对一个行政实体的周密建构和可靠运转的理性技术，却很少阐述。在这方面他们远较法家逊色。而法家的"法治"，则充分体现了依赖理性规程操纵官僚机器的原则。王莽变法舍汉丞相"辟召四科"而转用"孔门四科"，废置了"明法"取士的传统，这与其复古化、神道化的非理性倾向是一致的。

秦汉以来，社会的功能分化已达到相当水平，政治与行政业已分化为一个自主的领域，有其独特的组织形式与运作法则。理性的官僚行政，对于帝国的维持已不可或缺。王莽的非理性取向的变法的失败，就是不可避免的。

光武帝以下，王朝着力恢复"霸王道杂之"的方针。"柔道"与"吏化"兼举并用，尤其重要的是它们是被用一种体现了社会分化的方式区别对待的。意识形态上儒术仍被尊崇，甚至谶纬之学也依然盛行于世，但它们对行政领域的非理性影响，则已受到充分抑制；在行政领域中，王朝着意强化吏治。《后汉纪·光武帝纪》："是时宰相多以功举，官人率由旧恩，天子勤吏治，俗颇苛刻。"郑兴请"愿陛下留神宽恕，以崇柔克之德"，光武不从。又《后汉书·韦彪传》："世承二帝（即光武帝、明帝）吏化之后，多以苛刻为能。"又《后汉纪·章帝纪》："初，光武勤治，孝明好吏事，风声相劝，俗颇苛刻。"这皆可视作重建理性行政的努力。行政领域中，王朝严格地贯彻"吏化"方针。

对西汉丞相"辟召四科"的重申，以及"授试以职"制度的建立，与上述"吏化"倾向显然是一致的。其目的无疑是确保官吏候选人的吏治才能，确保其"便习官事"。《后汉书·章帝纪》建初元年三月诏：

> 夫乡举里选，必累功劳。今刺史、守相不明真伪，茂才、孝廉岁以百数，既非能显，而当授之政事，甚无谓也！每寻前世举人贡

士，或起圳亩，不系阀阅。敷奏以言，则文章可采；明试以功，则政有异迹。文质彬彬，朕甚嘉之。

从光武帝之"多以功举"到章帝之"乡举里选，必累功劳"，功次的选官标准得到了一贯强调。章帝对察举"既非能显"的批评，反过来就是说被举之人必须"以能显"，以"授之政事"。这与"授试以职"而使秀孝"便习官事"的意图，显然一脉相承，所要求于官吏候选人的，都是吏治之能。选举"必累功劳"，是为了由"功"以见"能"，以见"政事"之"能"。"试职"之法，在此能够发挥重大作用。

汉代察举制在成立之初，就已包含着多种发展因素与倾向了。在某一特定时期察举出现了某种变迁，这往往就是其中某个因素特别地得到了发展的结果。因此这也就成了我们分析的注目之点。这些倾向或因素之中重要的一个，我们可以称之为"以能取人"。"能"指吏能、功能。在"试职""累功"制度之中，这一因素得到了鲜明而充分的体现。

《周礼·天官·大宰》："三曰进贤，四曰使能。"郑注："贤，有善行也；能，多才艺者。"对"能"的解释较为宽泛。《荀子·王霸》："故百里之地，其等位爵服，足以容天下之贤士矣；其官职事业，足以容天下之能士矣。"是"贤"为"善行"，而"能士"之"材艺"可为"官职事业"。这正与秦汉王朝对"能"的理解相同。例如汉武帝倚重文法酷吏，而酷吏正是以"能"为称的。据《史记·酷吏列传》所载，赵禹，"上以为能，至太中大夫"；张汤，"于是上以为能，稍迁至太中大夫"；义纵，"上以为能，迁为河内都尉"；王温舒，"天子闻之，以为能，迁为中尉"；尹齐，"上以为能，迁为中尉"；杨仆，"天子以为能，南越反，拜为楼船将军"。对这种吏能、功能的考察，"试职""累功"最为良法。《韩非子·显学》曰："观容服，听辞言，仲尼不能以必士；试之官职，课其功伐，则庸人不疑于愚智。故明主之吏，宰相必起于州部，猛将必发于卒伍。"

当然，每一个王朝政府都不能不要求文官具备行政才能，但具体到选官这一环节上，那毕竟还有重大差别。例如科举制以诗赋八股取人，

而诗赋八股与吏治政务并无直接干系,这就不能说是"以能取人"了。顾炎武《日知录》卷八"选补"条曰:

> 汉时县令,多取郡吏之尤异者,是以习其事而无不胜之患。今则一以畀之初释褐之书生。其通晓吏事者,十不一二;而软弱无能者,且居其八九矣!

东汉察举以功能,取人自郡吏;明清科举试八股,书生宰百里。二制之不同如此。至于魏晋南北朝的九品中正制,选官先门阀,势族居上品,更不可谓"以能取人"了。

当时之儒生,对"以能取人"方针的实施效果不无非议,如前述郑兴请光武帝"留神宽恕,以崇柔克之德"的委婉批评。又《后汉纪·安帝纪》记鲁丕对策云:

> 吏多不良,在于贱德而贵功,欲速莫能修长久之道……吏政多欲速,又州官秩卑而任重,竞为小功,以求进取,生凋弊之俗。

又《后汉书·韦彪传》:

> 是时陈事者,多言郡国贡举率非功次,故守职益懈而吏事寖疏,咎在州郡。有诏下公卿朝臣议。彪上议曰:"……夫国以简贤为务,贤以孝行为首。孔子曰,事亲孝故忠可移于君,是以求忠臣必于孝子之门。夫人才行少能相兼,是以孟公绰优于赵、魏老,不可以为滕、薛大夫。忠孝之人,持心近厚;锻炼之吏,持心近薄。三代之所以直道而行者,在其所以磨之故也。士宜以孝行为先,不可纯以阀阅。"①

---

① 末句"孝行"原作"才行"。这里讨论的是孝行与功次阀阅的关系。韦彪认为"贤以孝行为首",在"人才行少能相兼"情况下,他主张后"才"先"行"。知末句"士宜以才行为先"当作"士宜以孝行为先",与"贤以孝行为首"之意一致。

事在章帝之时。这类批评当时还有不少。由之可知，功能的标准对德行的标准产生了冲击。吏求"进取"，必须依靠功能，却不甚关于德行。"阀阅"有三义，一谓功次，二谓官簿，三谓门阀。① 韦彪之郡国贡举"不可纯以阀阅"语，乃是就第一义而言的。韦彪主张"贤以孝行为首"，但章帝以及"陈事"者，却要求以功能贡士取人。

汉廷标榜"以孝治天下"，所谓"以德取人"，原本就已构成汉廷选官的一个重大特点。光武帝发诏重申"四科辟召"，同时又规定"皆有孝悌清公之行"，就是说除了居"四科"之首的德行科外，以明经、明法和政略科得到辟召者，也应具备基本道德素养。又对于"试职"之法，和帝永元五年诏有"又德行尤异，不须经职者，别署状上"的规定。此规定《通典》卷十三《选举一》记作"其德行尤异，不宜试职者，疏于他状"，略有小异。就是说，特别允许察举一些德优能劣者，免其"试职"之事。可即便如此，儒生仍然认为是冷落了有德之士而加以指责。

选官中"以德取人"，就意识形态而言，这意味着对儒家为政以德、导民以德的德政和教化思想的认同和维护。同时从社会分化角度看，儒家之"以德取人"，体现了一种对人格美德、家族道德、社会公德和职业道德不作明确区分，对个体人生、社会生活、文化活动和政府行政不作明确区分，甚至还有意识地使之以某种精致的方式互相混溶、互相渗透起来的思想特色。一方面，作为中国古代社会分化的不充分性或特殊性的表现，儒生官僚兼有知识分子角色，那么知识角色的人格美德与行政文官的职业道德的互相混溶，就要求选官标准同时也适应于知识群体的文化特质。另一方面，尽管在中国古代官僚体制已达到了相当高的分化水平，但广大社会依然处于生产力低下的小农经济状态，原生性的家族

---

① 《史记·高祖功臣侯者年表》记，"明其等曰伐，积日曰阅"，此第一义。又引申为官簿。《汉书·朱博传》记"檄到，赍伐阅诣府"；《翟方进传》记"官簿皆在方进之右"，颜注，"簿谓伐阅也"。此第二义。又引申为父祖家族之官爵门第，即门阀。《意林》卷五引仲长统《昌言》："天下士有三俗，选士而论族姓阀阅，一俗。"此第三义。

亲缘关系依然支配着社会生活和人际关系的主要方面。因此，对于由家族亲缘关系所衍生的孝悌之德的强调和维护，就恰好构成了促使相当分化的官僚体制和颇不分化的亲缘社会达到沟通与整合的特殊方式。因此，儒家之为政以德、导民以德和"以德取人"并不疏阔，它也有着深刻的实际意义。它使官僚组织、亲缘社会和知识阶层，紧密而牢固地一体化了。

但贤人人格与文官规范、政府行政和亲缘生活的混溶与互渗，毕竟是一种限制社会分化的形式。它不可避免地要降低那种"纯粹"的行政理性。官僚组织毕竟已经获得了相当的分化，而与亲缘社会区别开来，功能的选官标准业已成为传统。商鞅、韩非否定孝悌贞信，那并不是因为他们认为这些就属于恶德，其真实原因，在于"亲亲而爱私"的宗法封建时代已成过去；在"贵贵而尊官"的官僚时代，这些德行与官员之"能"已分化为二，不可混淆了。《汉书·昭帝纪》元凤元年："赐郡国所选有行义者涿郡韩福等五人帛，人五十匹，遣归。诏曰：朕闵劳以官职之事，其务修孝弟以教乡里。"韩福等以德行征却不得叙官，是因为昭帝认为徒有德行者未必能承担"官职之事"。

"德""能"两分，这已经是人所共见，所争的只是二者先后及其内容，以及具体选官中二者的关系协调与否。在二者先后上，法家重功能而儒家重德行；在"德"之内容上，法家只认可职业道德，而儒家则把家族道德、社会公德甚至职业道德的践履，都升华为人格美德来加以理解。就"进贤"而言，"贤"是要求于家族成员、政府官员还是知识角色的，儒家并不区分；因为修身、齐家和治国、平天下，本来就被视为不可割裂的和谐整体。而"使能""达吏""保庸"等基于吏能、年劳、功次的铨任方式——为了方便，在选官标准上我们通称为"以能取人"，在选官方法上我们通称为"达吏"——却更多地体现了职能分化原则，它要求以纯粹的文官规范录用文官。

"德""能"关系，确实是古代选官问题的论辩焦点之一。人们也致力于使二者达到协调的探索。《周礼·夏官·司士》："以德诏爵，以功诏禄，以能诏事，以久奠食。"这即是一种处理方式。而东汉初年的另一种议论更可注意。《白虎通义·考黜》:"盛德之士亦封之,所以尊有德也。以德封者,必试之为附庸三年,有功,因而封之五十里。""盛德之士"也要试功三年方得封土,这似乎就有以"试职""累功"察举孝廉而"典城牧民"之法的影子。汉代察举是基于"以德取人"方针建立的,但"进贤""贡士"之法中仍然隐含着"使能""达吏"的因素,例如面向吏员之"廉"之标准,例如"秀才三科"中的明法、治剧二科。东汉初年始王朝致力于理性行政的重建,由之在选官中建立的"试职""累功"之法,使察举制在最初就隐含着的"使能""达吏"因素,得到了充分发展,获得了更为制度化的形态。由此,自郡县属吏取人,也就成了汉代察举的又一重大特点。

三、儒生与文吏的冲突与融合

汉代帝国政府的主要成分是儒生、文吏两大群体,那么选官制度上的变动,就必然影响到二者间的关系。儒生、文吏之间一直存在着政治方针和权力分配上的斗争。如贾谊称"俗吏之所务,在于刀笔筐箧,而不知大体";董仲舒言"独任执法之吏治民,毋乃任刑之意与?"文吏亦抨击儒生"重怀古道,枕籍诗书,危不能安,乱不能治"。在东汉皇权着手恢复和强化理性行政,并在选官方面建立了"试职""累功"之制后,儒生和文吏之间的权力分配,便立刻受到了影响。

"试职""累功"之法,是同时适用于儒生、文吏的。因为按规定只有"德行尤异"者才"不须经职",那么,以经术得举的儒生就不能免去"试职""累功"之事。虽然儒生之"轨德立化"也不妨谓之为"能",但吏事政务原为文吏之所长,那么这一制度,就将更有利于"以事胜"的文吏,而不利于"以职劣"的儒生。

东汉尚书台权重。《后汉书·韦彪传》:"天下枢要,在于尚书,尚书之选,岂可不重?而间者多从郎官超升此位,虽晓习文法,长于应对,然察察小慧,类无大能。"是居尚书者多为文吏。尚书多由尚书郎迁至。《后汉书·周荣传》:"诸(尚书)郎多文俗吏,鲜有雅才。"是尚书郎亦多文俗吏。尚书郎由三署孝廉郎选，孝廉则来自郡国察举。《后汉书·第五伦传》："光武承王莽之余，颇以严猛为政，后代因之，遂成风化。郡国所举，类多辨职俗吏。"可见王朝重吏治，察举重功能，遂使"辨职俗吏"在帝国政府中占据着相当地位。

《资治通鉴·汉纪》明帝永平七年载宋均语："国家喜文法廉吏，以为足以止奸也。"王充《论衡·程材》亦记当时"古经废而不修，旧学暗而不明，儒者寂于空室，文吏哗于朝堂"，"世俗共短儒生，儒生之徒，亦自相少。何则？并好仕学宦，用吏为绳表也"。又《后汉纪·殇帝纪》载尚敏疏称："自顷以来，五经颇废，后进之士，趣于文俗①，宿儒旧学，无与传业，由是俗吏繁炽，儒生寡少。"（"由"字据《续古文苑》卷六补。）力请"自今官人，宜令取经学者，公府孝廉皆应诏，则人心专一，风化可淳也"。可见当时公府辟召、州郡察举，文吏颇有排挤儒生之势。究其原因，则在于"用吏为绳表"，遂使选官中"使能""达吏"因素得到了制度化的强调。

但是，儒生与文吏在吏治选官上的矛盾冲突，固然在一个时期内演化出如上结果，可是从更长的时期来看，这种冲突的深远影响却是在另一方面上表现出来的，这就是儒生与文吏的融合。

自汉武帝以来儒术就成了官方意识形态。虽然早期儒学对官僚行政很少探讨，儒生初始也确实不长于"优事理乱"，但"轨德立化"毕竟已经成了王朝主要政务之一，这一任务只能倚重儒生。尽管东汉儒生有"俗吏繁炽，儒生寡少"的抱怨，但这也是因为其政治期望值较之西汉已大为提高，而其时儒术与儒生的实际地位已不低下。王朝在行政上倚重文吏，但在意识形态上对儒术是推崇备至的。许多文化性官职如师傅、博士、文学、太子舍人等，仍是非儒生莫属。儒生文吏之争也未必就有损于王

---

① "文俗"本或作"交俗"。按此处"五经"与"文俗"为对，"文"指文法，"俗"指俗吏，从"文"于意较长。前引《后汉书·周荣传》，"诸郎多文俗吏"；《三国志·武帝纪》注引《魏书》，"若文俗之吏，高才异质，或堪为将守"，皆是。

朝政务，或许对其还有促进作用，竞争有助于二者各自发挥其优长的一面。一方面王朝重吏治、重功能，主观上并非专意排斥儒生。儒生如果经"试职"证明了自己"便习官事"，那么就并不会遭到遗略，甚至可望得到比单纯的文吏更为优越的前景。固然耽于典籍不谙政事的师儒代有其人，但也有越来越多的"通儒"，在参政后渐次掌握了行政技能，兼有了"优事理乱"能力。另一方面，由于儒术的正统地位，许多文吏也开始兼涉经传、兼染儒风。就整个汉代的发展趋势而言，儒生、文吏两大群体又处于相互渗透、相互融合之中。

一方面许多文吏出身者，在日益向儒生转向，如丙吉"本起狱法小吏，后学《诗》、《礼》，皆通大义"，官至丞相；黄霸"少学律令，喜为吏"，后从大儒夏侯胜受《尚书》，举贤良为扬州刺史；于定国"少学法于父"，仕至廷尉后遂延师受经，"学士咸称焉"（均见《汉书》）。另一方面，不少儒生在习经同时又努力掌握律令文法。如王涣"敦儒学，习《尚书》，读律令，略举大义"；黄昌"就经学，又晓习文法，仕郡为决曹"；陈球"少涉儒学，善律令"；钟皓"以诗律教授门徒千余人"。《论衡·程材》记当时风气："是以世俗学问者，不肯竟明经学，深知古今，急欲成一家章句。义理略具，同趋学史书，读律讽令，治作情奏，习对向，滑跪拜，家成室就，召署辄能。"王充对那种"义理略具"就转习文法之风的批评，恰恰说明他之所谓"儒者寂于空室"，是指那些徒能讲诵不涉官务的儒生，他们因不能"典城牧民"而在仕途上不甚顺利；而社会上大量出现的却是那种既通一家章句，又兼明文法律令的亦儒亦吏式人物，这种人物的涌现已经成为一种深刻的时代潮流。

"试职""累功"的察举之法，有力地推动着这一变迁。《文献通考·选举八》：

> 东西汉之时，贤士长者，未尝不仕郡县也。自曹掾、书史、驭吏、亭长、门干、街卒、游徼、啬夫，尽儒生学士为之。才试于事，情见于物，则贤不肖较然。故遭事不惑，则知其智；犯难不避，则

知其节；临财不私，则知其廉；应对不疑，则知其辩。如此，则察举易，而贤公卿大夫自此出矣。

西汉察举也自郡县属吏取人；而使之大为严密化、制度化的，则是东汉的"试职""累功"之法。这种"才试于事，情见于物"的选官办法，促使大量"儒生学士"通过吏职而"便习官事"，变成了谙悉政务的"贤公卿大夫"。

《艺文类聚》卷五二收有汉末魏初王粲所作之《儒吏论》片断，对儒生文吏之对立与融合，亦有出色议论：

> 执法之吏，不窥先王之典；搢绅之儒，不通律令之要。彼刀笔之吏，岂生而察刻哉？起于几案之下，长于官曹之间，无温裕文雅以自润，虽欲无察刻，弗能得矣。竹帛之儒，岂生而迂缓也？起于讲堂之上，游于乡校之中，无严猛断割以自裁，虽欲不迂缓，弗能得矣。先王见其如此也，是以博陈其教，辅和民性，达其所壅，祛其所蔽，吏服训雅，儒通文法，故能宽猛相济，刚柔自克也！

"吏服训雅，儒通文法"，正是两汉四百年儒生与文吏长期对立的归宿。由此而形成的一种既熟知儒家经典，又通晓文法律令的角色，构成了中国古代士大夫群体的基本特征与基本成分。东汉选官"以能取人"的方针和"试职""累功"的方法，有力地促成了这一变迁。由之，儒生与文吏的冲突，在二者的接近与融合中渐趋消解。而如我们在后文中将要看到的那样，这反过来又将反作用于选官制度的变迁。

【附记】本章叙述了"以能举人"方针和"试职""累功"方法，在东汉前期造成了文吏势力对儒生的排挤和对德行标准的冲击。但曾有学者根据统计提出，东汉孝廉以德行得举者居于多数。对此，我以为应作如下认识。首先，东汉二百年历史是一个漫长过程，各个阶段情况肯定各有差异。东汉前期，明明有"儒者寂于空室，文吏哗于朝堂"，"郡国所举类多办职俗吏"的记载。其次，"办职俗吏"并不为学人所重，而"盛德之士"则有更多机会进入史传，从而增加了统计比例。而且，许多"盛德之士"往往也是因为同时又具备吏干，才得到察举的。我们应该综合多方面材料，才能对察举一途中各类人物的比例消长作出较近情实的估计。

又，或有学者提出史传中颇多未曾"试职"为吏之秀孝，特别是记作"初举孝廉"者，当即属于未经"试职"者。按，"授试以职"之制原本又有"德行尤异不须经职"的规定，故有未经"试职"之秀孝出现并不奇怪。同时，这里还有史传省文的因素。《后汉书·朱穆传》记其"初举孝廉"，无经历郡县吏职之事；然而李贤注引谢承《后汉书》："年二十为郡督邮……遂历职股肱，举孝廉。"此即史传省文之例，且可证"初举孝廉"者未经"试职"之说不确。

当然，制度规定是一回事，而汉代拥有颇大选举权力的郡守对之是否严格执行，又是一回事。特别是东汉后期名士集团兴起，士林舆论渐能操纵选官，"以能取人"方针遂难以有效贯彻，对之容后文专论。

第三章　阳嘉新制

东汉顺帝时期，察举制又出现了一个重大变化，这就是阳嘉元年建立的"诸生试家法，文吏课笺奏"制度。与以德行为标准的"以德取人"和以功能为标准的"以能取人"都不相同，这一制度，把对某种专门知识的程式化考试，作为认定居官资格的手段。对之，我们称之为"以文取人"。

一、阳嘉新制考述

据《后汉书·顺帝纪》，阳嘉元年十一月辛卯：

> 初令郡国举孝廉，限年四十以上，诸生通章句，文吏能笺奏，乃得应选。其有茂才异行，若颜渊、子奇，不拘年齿。

此诏之发，源于尚书令左雄之奏请。《后汉书·左雄传》记其上疏之言：

> 郡国孝廉，古之贡士，出则宰民，宣协风教，若其面墙，则无所施用。孔子曰"四十不惑"，《礼》称"强仕"。请自今孝廉年不满四十，不得察举。皆先诣公府，诸生试家法，文吏课笺奏，副之端门，练其虚实，以观异能，以美风俗。有不承科令者，正其罪法。若有茂才异行，自可不拘年齿。

这就是阳嘉年间所建立的孝廉考试新制。其要点大略有三：第一，被举者限年四十以上；第二，以儒生、文吏二科取人；第三，建立经术和笺奏的考试制度。第一点目的在于选取老成而练达政事者，无烦深论；第二点反映了汉代察举以儒生、文吏为主要对象的既成事实，已见前说；第三点，即考试制度的建立，则是阳嘉新制的中心内容。

阳嘉新制的考试内容，章句家法是儒学经术，"笺奏"则为行政文书。《后汉书·胡广传》又记为"文吏试章奏"，是文吏所试有笺、奏、章等。又李贤注："周成《杂字》曰：笺，表也。《汉杂事》曰：凡群臣之书，通于天子者四品，一曰章，二曰奏，三曰表，四曰驳议。"《文心雕龙·书记》："迄至后汉，稍有名品，公府奏记，而郡将奏笺。"又《后汉纪·顺帝纪》记阳嘉二年张衡因京师地震对策论阳嘉新制，语有"辛卯诏，以能宣章句、奏案为限"，而严可均辑《全后汉文》卷五十四别有张衡《论举孝廉疏》，作"今诏书，一以能诵章句，结奏案为限"。按张衡此《疏》与其阳嘉二年对策实为一事，而《疏》之"结奏案"之"结"字，后者应据增补。"结奏案"为我们透露了更多细节。"结"有断案、判案之意。如《汉书·严延年传》："事下御史丞按验，有此数事，以结延年，坐怨望非谤政治不道弃市。"又《三国志·陈矫传》："曲周民父病，以牛祷，县结正弃市。"又如《梁书·武帝纪》大同七年诏："若不遵承，皆以死罪结正。"那么，"课笺奏"就不只是一般的文书写作，还有提供案例使之依法判断结案之意，所以又称"结奏案"。这种考试源于尚书郎之笺奏考试，对之后面还要讨论。

阳嘉新制中的"先诣公府"，指赴公府考试；而"副之端门"则未得定解。其说有二。一谓端门为御史府。《文献通考·选举一》马端临曰：

> 先公曰：公府，三公府也。端门，太微垣左右执法所舍，即御史府，犹近世御史台覆试进士之法也。试之公府而覆之端门，此所以牧守不敢轻举而察选清平也。

二谓端门为尚书受理章奏之处。《资治通鉴·汉纪》胡三省注曰：

> 宫之正南门曰端门，尚书于此受天下章奏。令举者先诣公府课试，以副本纳之端门，尚书审核之。

下面试加考察。

端门为宫之正南门，但御史台与尚书处理章奏之处均不在此。《太平御览》卷二二五引胡广《汉官解诂》："建武以来，省御史大夫官属入侍兰台。兰台有十五人，特置中丞一人以总之。"是御史台在兰台。又《初学记》卷十一引《汉官仪》，"尚书郎主作文书起草，昼夜更直五日于建礼门内"，"尚书郎入直台，廨中给女侍史二人……奏事明光殿"；又引司马彪《续汉官志》，"尚书省在神仙门内"；又卷二四引《洛阳故宫名》，有建礼门及神仙门。又《唐六典》卷一记汉尚书省："建礼门内得神仙门，神仙门内得明光殿①，因得省中。"是尚书省在建礼门、神仙门，奏事则在明光殿。尚书郎处理文书在建礼门，不在端门。

实际上，端门是一个经常举行察举对策的地方。《后汉书·马融传》：

> 阳嘉二年，诏举敦朴，城门校尉岑起举融，征诣公车，对策，拜议郎。

注引《续汉书》：

> 融对策于北宫端门。

又《续汉书·五行志》六注引《马融集》载其上书：

> 臣前得敦朴之征，后三年二月，对策北宫端门。

汉代察举经常于公车对策，如光武建武七年诏举贤良，"遣诣公车，朕将览试焉"；和帝永元六年诏举贤良，"遣诣公车，朕将悉听焉"（均见《后汉书》）。《续汉书·百官志》："公车司马令一人，六百石。"本注曰："掌宫南阙门，凡吏民上章、四方贡献及征诣公车者。"此处"宫"当指洛阳北宫，"阙门"指朱雀阙、司马门等。宫南阙门属公车令，故端门对策可记为公

---

① "明光殿"后原有"神仙殿"三字，删。参见原注引《雍录》。

车对策。汉之宫门有屋宇可供各种活动，如灵帝于鸿都门设学，又于盛化门课第之，即是。

言"端门"为御史台者，本据古天象学的说法。《史记·天官书》："南四星，执法；中，端门。"又《隋书·天文志》："南蕃中二星间曰端门。东曰左执法，廷尉之象也；西曰右执法，御史大夫之象也。"但东汉权归尚书，"端右""执法"反而是尚书台之别称。可参阅周一良先生《魏晋南北朝史札记》之"端右与执法"条。又《后汉书·左雄传》记阳嘉新制实施之后：

> 有广陵孝廉徐淑，年未及举，台郎疑而诘之。对曰："诏书曰有如颜回、子奇，不拘年齿，是故本郡以臣充选。"郎不能屈。雄诘之曰："昔颜回闻一知十，孝廉闻一知几邪？"淑无以对，乃谴却郡。

这大约就是端门考核之实情。而诘问孝廉者为台郎及尚书令。看来端门审察覆试，由尚书省官员到此主持。

又胡三省谓"副之端门"是"以副本纳之端门"，就是说孝廉本人并不到场。这还涉及"副"字的考订。《后汉书·黄琼传》：

> 又雄前议举吏先试之于公府，又覆之于端门。后尚书张盛奏除此科。琼复上言："覆试之作，将以澄洗清浊，覆实虚滥，不宜改革。"帝乃止。

此《传》中均作"覆之""覆试""覆实"，不曰"副"。以上引徐淑之例看，台官应亲赴端门。端门本即公车令接纳贡士及对策之处，如台官仅仅审核副本，那自可在尚书省内完成。徐淑覆试，正与《黄琼传》"澄洗清浊，覆实虚滥"之语相合。"覆"有再次考察之意，如"覆狱""覆校"等；而"副"字并无此义。推测《左雄传》"副之端门"之"副"为传写之讹，本应作"覆之端门"，同于《黄琼传》。《后汉纪·顺帝纪》正作"覆之端门"。

二、阳嘉新制的来源

阳嘉新制的重点在于考试制度的建立。"考试"旧有二义。一谓考核、试用。如《春秋繁露·考功名》："考试之法，合其爵禄，并其秩，积其日，陈其实，计功量罪，以多除少，以名定实，先内第之。"又《北堂书钞》卷五六引《东观汉记》："东平王苍上疏荐吴良，上以章示公卿曰：萧何举韩信，设坛即拜，不复考试。今以良为议郎。"二谓具体知识的测验程序，与今之所言"考试"相同。在汉代这多称为"试"或"课"，如"太常试博士""一岁辄皆课"等。这里，是在后一意义上使用"考试"一词的。

在阳嘉新制之前，汉代的岁举诸科——茂才、尤异、孝廉、廉吏，皆无考试之法，尤异、廉吏科重在功次吏能，本来与考试关系不大。茂才、孝廉意在取士，这在开始主要依赖于举主的观察了解，由举主将被举者的"行、义、年"等书于举状之上，至中央后由有司覆察，无问题即加委任，滥举者则依法治罪。《北堂书钞》卷七九引《汉旧仪》："武帝（元光）元年令郡国举孝廉各一人，诣御史举试，拜为郎中。"又卫宏《汉旧仪》："刺史举民有茂才，移名丞相，丞相考召。"是孝廉初由御史覆核，秀才初由丞相覆核。但这在性质上恐怕还不能视同考试，因为这还不是对某种知识技能的程式化测验。据《后汉书·胡广传》，胡广曾对阳嘉孝廉考试之法力加指责："盖选举因才，无拘定制。六奇之策，不出经学；郑、阿之政，非必章奏……今以一臣之言，划戾旧章，便利未明，众心不厌。"他抨击考试之法"便利未明"，左雄改制是"划戾旧章"，足证阳嘉以前岁举一途中并无经学笺奏之试。①

---

① 安作璋等《秦汉官制史稿》下册第三编第一章"考试"一节，称"郡国孝廉、茂才到京师后，也要依科目与被举人的学艺不同，由公府分别加以考试"，"公府与州郡辟除之士、三署郎官、博士以及博士弟子，也要依诏令规定进行考试；考试的内容，是诸生试经学，文吏试章奏。考试的方法，有对策、射策。这里说茂才也要经公府考试，公府及州郡辟除之士也要试经学章奏，似因率易致误。文中均引左雄阳嘉新制为证，然而阳嘉新制仅仅是针对孝廉一科的，与茂才无涉，更与公府及州郡辟除无涉。

但是阳嘉新制也不是凭空产生的。在其之前，汉代选官中考试之法的运用，就已经有一定规模了。兹略述如下：

第一，经术射策之考试。此法于西汉武帝时始行于太学之中。《汉书·儒林传》曰，博士弟子"一岁皆辄课，能通一艺以上，补文学掌故缺，其高第可以为郎中"。对"射策"的解释有二。一为《汉书·萧望之传》颜师古注："射策者，谓为难问疑义书之于策，量其大小署为甲乙之科，列而置之，不使彰显。有欲射者，随其所取得而释之，以知优劣。射之，言投射也。"二为《后汉书·顺帝纪》注引《前书音义》："甲科谓作简策难问，列置案上，任试者意投射，取而答之，谓之射策。上者为甲，次者为乙。"如依颜说，似乎考试前策题已依难度大小而有甲乙之别了，由参试者选取；如依《前书音义》，则是试后方依答辞之优劣而有甲乙等第之分。师古似误，当从《前书音义》。又明经特举及太常选任博士，也常常要射策。①

第二，对策陈政之考试。贤良、方正、文学等科，举后要经过对策。《汉书·萧望之传》颜师古注："对策者，显问以政事经义，令各对之，而观其文辞定高下也。"对策兼有考察才艺和征询政见的双重目的，不是单纯的考试，故策题及对答往往因人因时而异，不确定性较大。

第三，史书之考试。这主要应用于令史之选试。据《汉书·艺文志》：

> 汉兴，萧何草律，亦著其法，曰：太史试学童，能讽书九千字以上，乃得为史。又以六体试之，课最者以为尚书御史史书令史。

---

① 前注引《秦汉官制史稿》"考试"节又谓："博士本由察举或荐举征召而来，但既为博士之后，仍须进行考试，成帝时有三科之制。"后引《汉书·孔光传》："成帝初即位，举为博士……是时，博士选三科，高为尚书，次为刺史；其不通政事，以久次补诸侯太傅。光以高第为尚书。"又黄留珠《秦汉仕进制度》第十四章第三节亦云："两汉还存在一种对博士的考试，即所谓的博士三科。""孔光当时举为博士，参加考试以高第为尚书。"按"博士三科"并非考试。汉代某官迁某官有其惯例。如兰台令史补尚书令史，尚书令史补尚书郎，刺史居部九岁为守相，九卿迁御史大夫，御史大夫迁丞相等。博士迁升之例，即为上述尚书、刺史、诸侯太傅之三科。这是以"通政事"为标准来分类的。就这一标准看，"博士三科"也不是考试。

又《说文解字》"后叙"引《尉律》：

> 学僮十七已上始试，讽籀书九千字，乃得为吏。又以八体试之。郡移太史，并课最者以为尚书史。

按《秦律十八种·内史杂》，秦有"学室"，"史子"学习其中，是一种培养文吏的学校。汉之"学僮"，或与"史子"相近。学僮来自各郡，由太史主考，优者录用为尚书令史、御史令史。《太平御览》卷二一三引《汉官仪》："能通《苍颉》、《史篇》，补兰台令史，满岁补尚书令史，满岁为尚书郎。"兰台令史即御史令史，《仓颉》《史篇》即考试内容。《论衡·程材》记欲为吏者"同趋学史书"，书写乃文吏之基本技能，故以考试检验之。

第四，尚书郎的笺奏之试。据《初学记》卷十一引《汉官》：

> 尚书郎初从三署郎选，诣尚书台试。每一郎缺则试五人，先试笺奏。

这一制度约始于东汉光武帝之时。《续汉书·百官志》注引《决录注》：

> 故事，尚书郎以令史久缺补之，世祖始改用孝廉为郎，以孝廉丁邯补焉。

"改用孝廉为郎"，意谓从三署孝廉郎中选试尚书郎。令史在录用时已经史书之考试，加之令史之资历，补尚书郎时就不需再次考试了；而三署孝廉郎，则有必要经笺奏之试考察其行政才能。《后汉书·胡广传》：

> 遂察孝廉，既到京师，试以章奏，安帝以广为天下第一，旬月拜尚书郎。

此即三署孝廉郎试尚书郎之实例。[①] 又《后汉书·李固传》：

[①] 蔡邕《太傅胡广碑》："年二十七，察孝廉，除郎中、尚书侍郎。"可证胡广是以三署孝廉郎身份应尚书郎之试的。多有以安帝时胡广章奏之试，印证顺帝阳嘉新制"文吏课笺奏"之法者。然时间倒错，性质不合，实难为证。

> 又旧任三府选令史，光禄试尚书郎，时皆特拜，不复选试。固乃与廷尉吴雄上疏，以为……选举署置，可归有司。帝感其言……自是稀复特拜，切责三公，明加考察，朝廷称善。

事在顺帝之时。可见东汉经制，令史及尚书郎原不应特拜，而皆须"选试"。令史在西汉由太史主试，东汉则改任三公；尚书郎则由光禄勋选三署孝廉郎诣台就试。此制至魏晋不改。《晋书·职官志》：

> 每一郎缺，白试诸孝廉能结文案者五人，谨封奏其姓名以补之。

所谓"结文案"与"试笺奏"自为一事。《晋书·孔坦传》：

> 迁尚书郎。时台郎初到，普加策试。帝手策问曰："吴兴徐馥为贼，杀郡将，郡今应举孝廉不？"坦对曰："四罪不相及，殛鲧而兴禹。徐馥为逆，何妨一郡之贤！"又问："奸臣贼子弑君，污宫潴宅，莫大之恶也。乡旧废四科之选，今何所依？"坦曰："季平子逐鲁昭公，岂可以废仲尼也！"竟不能屈。

此即尚书郎"结文案"之试。事在东晋元帝初年。三吴士族孔坦敢于引证经义，驳正郡有逆贼则废察举之旧制，维护本土权益；而汉代的"结文案"，则应是谨守律令故事的。前述阳嘉新制"文吏课笺奏"又称"结奏案"，这与尚书郎"试笺奏"又称"结文案"正相一致。又唐代吏部铨选，以身、言、书、判择人；而试判之法，据《通典》卷十五《选举三》，是"取州县案牍疑议，试其断割，而观其能否"，这与汉代的"课笺奏"性质略无大异。

汉代还有另一些考试记载。如《后汉书·周防传》："防年十六，仕郡小吏。世祖巡狩汝南，召掾史试经，防尤能诵读，拜为守丞。"《翟酺传》："(安帝)时尚书有缺，诏将大夫六百石以上试对政事、天文、道术，以高第者补之。"翟酺以试对第一拜尚书。汉代又有童子郎科。《后汉书·左雄传》："汝南谢廉、河南赵建，年始十二，各能通经，雄并奏拜童子郎。"

《三国志·魏书·司马朗传》："十二，试经为童子郎。"又灵帝好文，设鸿都门学，引诸能为书画、辞赋、尺牍者居之，令州郡征用。据《后汉书·蔡邕传》："臣每受诏于盛化门，差次录第；其未及者，亦复随辈皆见拜擢。"是亦有考试之法。又《隶释》六《议郎元宾碑》："（缺下）孝廉，亢弘名于三署，扬清历于海内，除仓龙司马。诏（缺下），试经第一，卫尉察尤异。"其详情莫名。又《北堂书钞》卷七九引《钟离意别传》："意举孝廉，有诏试，意为天下第一。"其本末亦不得知。以上多系一时之事而非经制，但亦可以反映其时选官中，考试之法应用的普遍程度。

总之，在顺帝阳嘉以前，汉代选官中就已经存在着射策、对策、史书之试、笺奏之试等考试选官之法了。它们对岁举制度的变迁产生了深远影响。对策之法，在西晋初年被应用于秀才一科，详后；而阳嘉孝廉察举改革所建立的"诸生试家法、文吏课笺奏"之二途，十分明显，前者当源于太学及明经、博士之射策，后者当源于公府试令史及三署孝廉郎选尚书郎的笺奏之试。阳嘉新制就是在这一基础之上得以诞生的。

三、等第与黜落

考试之法是否成立，应有相应标准，这就是程式化的考试内容、等第区分以及黜落之法。

太学射策有甲、乙、丙科之分及黜落之法。《汉书·儒林传》："其不事学若下材，及不能通一艺，辄罢之。"又平帝时"岁课甲科四十人为郎中，乙科二十人为太子舍人，丙科四十人补文学掌故云"。《史记·张丞相列传》记匡衡从博士受《诗》，"才下，数射策不中，至九，乃中丙科"。是曾被黜落八次。明经之举，与之略同。《后汉书·顺帝纪》："以太学新成，试明经下第者补弟子。"是此科亦有下第者。博士由太常选试。如伏恭、张玄以策试第一为博士，李封以策试第二为博士。《后汉书·朱浮传》："旧事，策试博士，必广求详选，爰自畿夏，延及四方，是以博举明经，唯贤是登。"既然"博举明经，唯贤是登"，自然有擢优黜劣之法。

《北堂书钞》卷五六引《汉官仪》："公府掾试博士者，拜郎中也。"此语又见于《汉旧仪》。"试博士"意思是"试于博士"，即由博士来考试他们。查《通典》卷二九《职官十一》"三署郎官叙"："公车特征贤良方正、敦朴有道、高节、公府掾曹试博士者，亦充兹位。其下第白衣试博士者，皆拜郎中、中郎。"公府掾及白衣试于博士之下第者，拜为郎中。《书钞》引《汉官仪》及《汉旧仪》有脱略。《后汉书·戴凭传》："郡举明经，征试博士，拜郎中。"戴凭当即试于博士下第拜郎之一例。

贤良对策有等第之分。如公孙弘对策，太常奏居下第，而武帝擢为第一；盖宽饶及鲁丕均策在高第。但除言事激烈而开罪权贵者之极少特例之外（如王莽时之申屠刚），似未见对策不中而不得除官者。

《说郛》三十五元人虞裕《谈撰》："熙宁末，洛中有民耕于凤凰山下，获石碣，方广二尺余，乃妇人志其夫墓之文……文曰：汉进士曹禋墓志铭。君姓曹氏，名禋，字礼夫，世为洛阳人。二十八岁两策不举，卒于长安道中……"年代仅记有"丙子年三月十八日"。有人以此为西汉贤良赴长安对策不中之实例。① 汉之察举确有称"举进士"者。《三国志·吴书·孙坚传》注引《续汉书》："察孝廉，举进士。"但墓志铭自曹操禁碑后方行于世，西汉不见。又"君姓曹氏，名禋，字礼夫"语与汉碑不类。汉碑一般作"君讳某，字某"，无"君姓某氏，名某，字某"之句式。此类句式北魏后所见渐多。如北魏《司马景妻孟氏墓志铭》记"夫人姓孟，字敬训"；北魏《鲁孔子庙碑》记"君姓李，字仲碇"。犹无"氏"字。唐《浪踪先生元真子张志和碑铭》："玄真子，姓张氏，本名龟龄。"故曹禋墓志铭虽曰"汉进士"，其间疑有阙误，仍不宜视为汉人。叶梦得《石林燕语》卷九云："汉举贤良，自董仲舒以来，皆对策三道……当时未有黜落法，对策者皆被选，但有高下耳。"贤良对策有求言之意，故虽有等第以崇优异，但劣者仍不黜落，以示言路广开之意。如东汉皇甫规对策，讥刺权贵梁

---

① 参见陈东原：《中国教育史》，15页，上海，商务印书馆，1935。陈氏引作"《说郛》卷五《谈选》"，或所据版本不同。

冀，遂被贬为下第，但仍不黜落，拜为郎中。

至于史书之试，有极具体的考试内容，既然是"课最者以为尚书、御史史书令史"，是有殿最之别，取最而黜殿。尚书郎笺奏之试，"每一郎阙则试五人"，是录取与黜落之比例为一比四。

这样看来，汉代考试取官诸途之中，除对策之外皆有黜落之法；至于等第区别，则是共同采用的。阳嘉孝廉察举新制，亦有黜落。《后汉书·左雄传》记阳嘉二年施行察举新制，"于是济阴太守胡广等十余人皆坐谬举免黜，唯汝南陈蕃、颖川李膺、下邳陈球等三十余人得拜郎中"。东汉和帝以后，孝廉以口为率每 20 万人举 1 人，年举孝廉约 228 人。[①]而这次察举仅仅录取 30 余人，则黜落人数之多，可想而知。《左雄传》又曰："自是牧守畏栗，莫敢轻举，迄于永熹，察选清平，多得其人。"至少阳嘉至永熹这十余年中，孝廉考试黜落之法是严格执行了的。

四、黄琼"四科"

阳嘉新制实行不久，就发生了一些变化。《后汉书·黄琼传》：

> 琼以前左雄所上孝廉之选，专用儒学文吏，于取士之义，犹有所遗，乃奏增孝悌及能从政者为四科，事竟施行。又雄前议举吏先试之于公府，又覆之于端门，后尚书张盛奏除此科。琼复上言："覆试之作，将以澄洗清浊，覆实虚滥，不宜改革。"帝乃止。

《资治通鉴》系此事于顺帝汉安二年，距阳嘉初年约十二三年。自此孝廉一科遂明确采用"四科"之原则了。这并不改变以儒生、文吏二科取人的实质。但问题是，"孝悌"与"能从政者"二科是否也须经过经术笺奏之试，尚不得而知。但据黄琼"覆试之作，不宜改革"之语，那么考试之法应是保留下来了。《后汉书·循吏孟尝传》：

[①] 此据黄留珠之推算结果，见其《秦汉仕进制度》，112 页。

> 尝后策孝廉，举茂才，拜徐令。

举孝廉而称"策"，显然是经过策试的。其事约质、桓之间。又《后汉书·文苑高彪传》：

> 后郡举孝廉，试经第一。除郎中，校书东观。

事在灵帝之时。又《全后汉文》卷七十载蔡邕答诏问语：

> 宰府孝廉，士之高选，不可求以虚名，但当察其真伪，以加黜陟。近者每以辟召不慎，切责三公；孝廉杂揉，试之以文……

查《后汉书·蔡邕传》，无"孝廉杂揉，试之以文"八字，而此八字恰可证明其时孝廉须经考试。"试之以文"之"文"，应兼经术文法而言。又《华阳国志·先贤士女总赞》：

> 朱仓，字云卿，什邡人也……为郡功曹，每察孝廉，羞碌碌诣公府试，不就。

其时间不明，但应在阳嘉以后。又《三国志·魏书·华歆传》：

> 三府议："举孝廉，本以德行，不复限以试经。"

时在曹魏黄初之中，其议因华歆反对而罢。可知至此孝廉仍在试经。且从"三府议"以德行举则不当试经之论推测，似乎"孝悌"一科也是要试经的。至于"能从政者"一科，虽无直接材料，估计也要"试之以文"。总之，从左雄二科到黄琼"四科"，大致没有改变已经建立的考试制度。

五、"以文取人"

阳嘉新制的产生，标志着蕴含于察举制度之内的、与"以德取人""以能取人"并存的另一种因素，得到了进一步的发展和制度化。这就是通过对某种专门知识的程式化测验,来决定官员录用资格。对这一因素,我们可以称为"以文取人"。

考试取人的思想,很早就已有其萌芽。《礼记·王制》:"司马辨论官材,论进士之贤者以告于王,而定其论。论定,然后官之。""凡官民材,必先论之。论辨,然后使之。"孔颖达正义曰:"论,谓考其德行道艺;辨,谓考问得其定也。"知"论辨"已隐含考试之意。

"以文取人"之"文",所指的就是某种专门知识。这种知识是通过系统的教育训练而获得的。阳嘉新制考试经术笺奏,面向儒生文吏。而"文"首先可指"文学""文艺"。《论语·先进》中的"文学,子游、子夏",指文献典籍(用杨伯峻说)。又《大戴礼记·文王官人》中的"有隐于文艺者",指写作知识。同时"文"又可以指"文法",如文吏之"文"。《论衡·谢短》中的"文吏晓簿书,自谓文无害","文"为律令故事簿书笺奏之类。前引蔡邕"孝廉杂揉,试之以文"语,即以阳嘉新制为"试文"之制。又徐天麟《东汉会要》卷二六"孝廉"条:

> 西都止从郡国奏举,未有试文之事;至东都则诸生试家法,文吏课笺奏,无异于后世科举之法矣!

他以为阳嘉行"试文"之法,孝廉科遂无异科举,虽嫌简单却不为无据。又《宋史·选举志》:

> 会张方平知贡举,言:"文章之变与政通,今设科选才,专取辞艺。士惟道艺积于中,英华发于外。然则以文取士,所以叩诸外而质其中之蕴也。"

可见科举制之特点正是"以文取士"。阳嘉新制与科举制,考试内容虽异,考试之法则同,故徐氏将之联系起来加以认识。汉代察举,对儒生可因"德"而取,以"轨德立化",对文吏可因"能"而取,以"优事理乱"。但儒生、文吏所专长之知识分别为经术与文法,由此便又为考试选官方法的采用提供了可能,并最终引出了阳嘉考试之制。

但汉代察举制中的"以德取人"和"以能取人"因素,同样有其制度化的形式与悠久传统;阳嘉新制的出现改变了不同因素的相对地位与比重,这就难免遭到时人基于不同立场的反对。《后汉纪·顺帝纪》记张衡对策之辞:

> 自初举孝廉,迄今二百岁矣,皆先孝行,行有余力,始及文法。辛卯诏以能宣章句、〔结〕奏案为限,虽有至孝,犹不应科,此弃本而就末。曾子长于孝,然实鲁钝,文学不若游、夏,政事不若冉、季。今欲使一人兼之,苟外可观,内必有阙,则违选举孝廉之制矣!

张衡认为德行、文学、政事三个标准应先取德行,而阳嘉新制"宣章句、结奏案"的考试忽略了孝行,因而他力加指责。甚至后人也不乏这种意见。《东汉会要》卷二六徐天麟称,孝廉实行"试文"之法之后,"则知当时虽以孝廉名科,而未尝责其孝行廉隅之实,是又失设科之本意也"。又《文献通考·选举七》马端临曰:"若孝廉则取其履行,而非资其议论也。今亦从而有试焉。则所谓孝廉者,若何而著之于篇乎!""则知当时孝廉一科,滥吹特甚,于文墨小技尚未能精通,固无问其实行也!"

汉儒崇尚"经明行修",也确实不乏能集德行与学问于一身者,但德行与学问毕竟不是一个而是两个不同的取人标准。在家族生活中恪守孝悌之德行,并不就等于经过研习而精通了儒家之经典,虽然经典中包含着对孝道的精致阐释。所以选官中是着重于"经明"还是着重于"行修",也会出现矛盾。进一步说,从社会分化与理性化的角度看,德行、经术、文法与政略之间既然存在着实质差异,那么相应地发展出不同程序分别地加以检验,便是一种进步的表现。"举孝廉二百岁皆先孝行"之语,未免有虚张声势之嫌。西汉孝廉二十余例,或以经术举,或以吏能举,只有刘茂"以筋力致养,孝行著于乡里",然而他又习《礼》,教授数百人,才得举孝廉。至东汉行"试职""累功"之法,一度更有"郡国所举类多办职俗吏"之事。所以孝廉之举"失设科之本意",原不始于左雄改制。而左雄改制，也并非不及德行。《后汉纪·顺帝纪》："诏郡国孝廉年四十已上，考德行，试其经奏。"是阳嘉新制原本也把"考德行"作为前提。但经奏之试考察的是一项具体知识的水平，那么这一环节的制度化所导致的自身分量加重，就必然使德行要求的重要性为之减轻。

所以，东汉又别有"至孝"一科。据《后汉书·安帝纪》，永初五年举"至孝与众卓异者"；《桓帝纪》建和元年"诏大将军、公、卿、郡、国举至孝笃行之士各一人"，延熹九年"诏公、卿、校尉、郡国举至孝"；《献帝纪》建安五年"诏三公举至孝二人，九卿校尉郡国守相各一人"。显然，这与孝廉一科渐失"设科之本意"有关，否则便无别设"至孝"科之必要。

阳嘉孝廉改制之后，胡广等人还从另一方面对之提出了非议。《后汉书·胡广传》：

> 盖选举因才，无拘定制。六奇之策，不出经学，郑、阿之政，非必章奏。甘、奇显用，年乖强仕；终、贾扬声，亦在弱冠。汉承周秦，兼览殷夏，祖德师经，参杂霸轨，圣主贤臣，世以致理，贡举之制，莫或回革。今以一臣之言，划戾旧章，便利未明，众心不厌……

阳嘉新制实行之后胡广曾坐谬举免黜，所以他对之加以全面抨击，或不无挟嫌之动机，但他之立论本身，却并非没有道理。例如所谓"选举因才，无拘定制"，反对过分"硬化"的程序压制人才，这一出发点原有其切中肯綮之处。由于人的能力的复杂性，考试确实只能检验其相当有限的方面。但是，此前孝廉之举依赖举主的了解与观察，这种方法固然有着考试所不具备的优点，为贤明的长官慧眼识英才、破格用人才提供了更大天地；然而仅仅依赖于此却有更大弊端。不但举主之识鉴好恶因人而异，而且是否徇私舞弊亦难以检防。政治清明之时，举主之了解观察尚可维持选官之正常实施，但这并不是长久之计。《后汉书·左周黄传论》曰：

> 汉初诏举贤良、方正，州郡察孝廉、秀才，斯亦贡士之方也。中兴以后，复增敦朴、有道、贤能、直言、独行、高节、质直、清白、敦厚之属。荣路既广，觖望难裁，自是窃名伪服，浸以流竞，权门贵仕，请谒繁兴。自左雄任事，限年试才，虽颇有不密，固亦因识时宜。而黄琼、胡广、张衡、崔瑗①之徒，泥滞旧方，互相诡驳。循名者屈其短，算实者挺其效。故雄在尚书，天下不敢妄选，十余年间，称为得人，斯亦效实之征乎？

足见严格的考试程序，确实是保障选举公正的有效措施；阳嘉新制不是"便利末明"，而是"便利甚明"。马端临亦称：

> 按此后汉初之事，当时之所谓孝廉必取其实行，稽诸乡评，誉望著者入选抡，而声称损者遭摈弃，故所举大概皆得其人。中叶以来，此意不存，往往多庸妄之流，以干请而得之，于是只得假试文之事以为革谬之法矣。

是马端临亦承认，"试文之事"是一种应时的"革谬之法"。"选举因才，无拘定制"之原则的适用性是有限度的，在政治腐败之时尤其无法贯彻。就是现代文官制度的产生，也是以腐败现象为直接刺激原因，以抑制腐败为直接目的的。

从胡广对汉家政治"祖德师经，参杂霸轨"的强调，可知他是"霸王道杂之"方针的维护者。他把"六奇之策""郑、阿之政"视为选官目的，偏重的是功能的标准。这在阳嘉以前，已有"试职""累功"之法加以保证。一般来说，"试职"也是一种文官考核方法，并且确实具有考试所不具备的优点。但是这就要给候选人以职位、工作、时间甚至报酬，这种方法的代价显然大于考试制；而且，选择候选人中的哪一些参与"试职"，依然

---

① 《北堂书钞》卷七九引《崔氏家传》："崔瑗上疏曰：孝廉皆限年三十乃得察举，恐失贤才速成之士也。""崔瑗"本或作"崔琼"，误。"限年三十"，当作"限年四十"。由此知崔瑗之攻击，在于阳嘉新制之"限年"一法。

构成了一个悬而未决的问题。所以，现代文官制度一般都把考试作为录用程序的第一环节。官僚制的理性行政是以知识为基础的专家行政，这就决定了与教育培训体制相结合的考试制度的必不可少。汉代的"试职"制，是以郡吏与朝官有别为基础的。但与学校体制直接结合的科举制的最终形成，也确实有其必然性。阳嘉新制的意义恰好在于，它在此前各种考试选官之法的基础之上，使此前以郡国举荐为中心环节的孝廉察举之中，出现了一个考试的新环节，从而构成了察举制向科举制演进的初阶。最终是"以文取人"而不是"以能取人"，在入仕环节上占据了主导地位。

阳嘉新制与科举制当然还有重大不同。阳嘉以前，孝廉举至中央即拜官，是"举士"即等于"举官"，举荐为中心环节；而科举制下士子自由报名应试，无赖于地方长官举荐。阳嘉新制下，孝廉之举有了两个环节，一为守相举荐，一为中央考试。郡国举荐并不能保证得官，如不能通过中央考试仍将黜落；但士人如不得举荐，则仍无考试之机会。此阳嘉新制与科举制区别之一。阳嘉新制下，郡国举荐对象主要来自州郡掾属；而科举制下，参试士子主要来自学校生员。此阳嘉新制与科举制区别之二。阳嘉新制是非竞争性的等额考试，如被举者都达到了标准，原则上一律录取；而科举制是竞争性的差额考试，初始之参试者远远超过最终录取者。此阳嘉新制与科举制区别之三。科举制程式严密复杂，而阳嘉新制则简单粗糙得多了。此阳嘉新制与科举制区别之四。就以上区别而言，徐天麟"无异于后世科举之法"的说法并不确切。我们可以将之视为察举制到科举制之间的过渡形态。

汉代察举发展到顺帝阳嘉年间，并存于其内的"以德取人""以能取人"和"以文取人"这三种因素，都获得了制度化的发展。就支配帝国政府选官的"四科"而言，德行科"以德取人"，理论上兼取孝子廉吏而实际偏重孝子，依赖于举主对被举者道德行为与道德声望的了解；政略科"以能取人"，依赖于"授试以职"和"必累功劳"的实践检验；明经与明法科则一取儒生，一取文吏，依赖于"诸生试家法，文吏课笺奏"的"试文"考试。

同时从体制看察举又区分为不同层次或环节。士人在仕郡仕州之时，德行、经术、文法和政略都可能构成候选资格；举至中央后则以"试文"为主。这反映了一个多层次、多标准的选官格局，多种因素在其中发挥着作用。黄琼奏增"孝悌"及"能从政"为"四科"，也反映了这种多元性传统的影响。阳嘉新制实施之初，考试尚未成为决定环节，它在开始大致近乎一种辅助性检验，所以当时史籍很少涉及孝廉之考试、等第等情况，这说明它在时人心目中并不特别重要。但阳嘉新制，毕竟标志着一个重大变迁的开始。魏晋以下至南北朝，有关孝廉"射策甲科""策试上第"之类的记载就越来越多了。

察举制原以举荐为中心环节，举主遂由此获得了颇大的选官权力。牧守常常与被举者结成恩主与故吏的深厚关系，故吏要承担许多封建性义务。《文选》卷二五卢子谅《赠刘琨诗》注引《傅子》："汉武元光初，郡国举孝廉，元封五年举秀才，历世相承，皆向郡国称故吏。"这种依附关系常常发展为政治离心势力。如袁绍利用家族"门生故吏遍天下"的条件，转眼就成了当时最大的军阀。而科举制下，地方官丧失了察举之权，海内一命之官皆归吏部，士人自由报名逐级考试由中央任命，他们遂由牧守故吏，一变而为"天子门生"了。中央集权也由之得到了强化。就此而言，中央考试制度的采用，还有加强中央集权的意义。

第四章　汉末的选官危机

就上述以明经、明法取士，"授试以职"与"必累功劳"之法，以及考试、覆试等发展来看，汉代察举制在制度程式上的那些变化，是沿着强化中央集权的官僚行政的方向发展的。但任一行政制度本身的功能发挥，都受制于相应的政治文化背景；影响选官过程的，还有更为广泛的因素。东汉后期，王朝与社会日益陷入深刻矛盾之中，由之察举的实施也遇到了深刻危机。这至少表现为三种现象，对之我们分别概括为选官腐败现象、"以名取人"现象，以及"以族取人"现象。下面我们就开始分析它们的真实内容及症结所在。

一、选官的腐败

东汉后期，主昏政谬，国事日非，外戚、宦官擅权舞弊，都加剧了选官的腐败。如《后汉书·梁冀传》称，"冀一门前后七封侯，三皇后，六贵人，二大将军，夫人、女食邑称君者七人，尚公主者三人，其余卿、将、尹、校五十七人"，梁冀败，"其它所连及公卿列校刺史二千石死者数十人，故吏宾客免黜者三百余人，朝廷为空"。此外戚擅权对选官之破坏。又同书《曹节传》，记宦官"割裂城社，自相封赏，父子兄弟被蒙尊荣，素所亲厚布在州郡，或登九列，或据三司"。此宦官擅权对选官之破坏。又同书《灵帝纪》："初开西邸卖官，自关内侯、虎贲、羽林，入钱各有差。私令左右卖公卿，公千万，卿五百万。"此专制昏君对选官的公然破坏。《抱朴子·审举》："灵、献之世……台阁失选用于上，州郡轻贡举于下。夫选用失于上，则牧守非其人矣；贡举轻于下，则秀孝不得贤矣。故时人语曰：'举秀才，不知书；察孝廉，父别居；寒素轻白浊如泥，高第良将怯如鸡。'"

东汉前期，选官尚可大致维持清平。时人对选官的批评，多着眼于"儒者寂于空室，文吏哗于朝堂"与"郡国所举类多办职俗吏"之上，抨击政府重文吏而轻儒生。东汉后期，各种官僚集团对特权的占有和对权力的滥用造成了选官的腐败，遂出现了大量对选官"清浊不分"的谴责。腐败现象固然也能刺激完善选官制度的努力，左雄所定"限年""试文"之法，便是一种应时的对策；但总的说来，腐败将严重阻碍选官的公正实施。在东汉后期的选官中，儒生文吏的矛盾渐趋消解，而腐败现象日益严重，并对应着整个社会之中清流与浊流的对立。清流士大夫与腐败的专制权势进行了激烈的抗争。

二、"以名取人"

选官腐败在历代王朝中是经常现象，并非汉末所特有；它可能刺激选官体系寻求制度上的对策，但仅仅如此却不一定造成选官格局的实质性的变迁。然而在汉末，我们却确实看到了这种实质性变迁的前兆。下面我们就从"以名取人"开始，分析相关的社会变动。

东汉日渐兴起的"清流"名士，一方面对选官之"清浊不分"力加抨击，以维护选官的公正清平；但是他们的另外一些活动，却又从另一些方面，冲击着汉代察举由长期传统而形成的那些规范和原则。他们主观上维护着官僚政府的选官，客观上却也破坏着它，从而使东汉选官陷入了另一个更为深刻的危机之中。

战国兴起的知识阶层入秦而衰，在汉代又依附于皇权而再度发展起来，并逐渐部分地冲破皇权的束缚，从而形成了一个文化雄厚、影响深广、以大小名士为主体的社会集团。在政治上他们日益要求着更大的发言权，遂有导致了"党锢"惨祸的"清议"风潮；同时他们也要求在社会上更为充分地扩张与表现自身,这也迫使王朝选官发生相应变化。这些变化可以归结为以下几点:王朝选士应依据士人之名望大小;这种名望不是来自王朝的赐予,而是在士人群体的舆论评价中形成的;这种舆论所据以评价的标准,不仅仅是一个称职文官的标准,而是更要看其是否在某一方面表现了当时士人所崇尚的独特素质与人格。当然,这绝不是说名士集团有如此明确的要求,而是说其行为客观上表现了这一倾向;也不是说这是支配选官的唯一倾向,而是说它已经成为影响选官的诸多重要因素之一。

我们业已指出,察举制的成立一方面以此前的官吏推荐制度为基础,同时也是知识群体参政的结果。在儒家意识形态的影响之下,汉代的察举制度也不仅仅表现为单纯的行政雇员录用制度,同时它还有鲜明的"虚己求贤"以礼纳知识分子的色彩。在这一制度之下,士人与政府的关系十分微妙。《论衡·答佞》:

> 假令甲有高行奇知,名声显闻,(佞人)将恐人君召问,扶而胜己,欲故废不言,常腾誉之。荐之者众,将议欲用,问佞人,必对曰①:甲贤而宜召也。何则?甲意不欲留县,前闻其语矣。声望欲入府,在郡则望欲入州,志高则操与人异,望远则意不顾近。屈而用之,其心不满,不则卧病;贱而命之,则伤贤,不则损威。故人君所以失名损誉者,好臣所当臣也。自耐下之,用之可也;自度不能下之,用之不便。夫用之不两相益,舍之不两相损。人君畏其志,信佞人之言。遂置不用。

此段叙述颇能反映察举辟召制下士人与政府的微妙关系。"人君"泛指州牧、郡守一类地方长官。如果士人因"高行奇知"而"名声显闻",长官便有了察举辟召之义务。士人依自己名声大小,待价而沽,择高而就;长

---

① 原作"问人,人必不对曰",此据北京大学历史系《论衡》注释小组之《论衡注释》(北京,中华书局,1979)改。

官亦依自身之威望大小做谨慎选择。这样便出现了"屈而用之，其心不满，不则卧病；贱而命之则伤贤，不则损威"的微妙关系。这也是察举征辟制下士人与朝廷之关系的缩影。在法家指导下的秦代官僚体制之中，吏员只能是单纯的文官，"夙兴夜寐，卑身贱体，竦心白意，明刑辟，治官职，以事其君"，君臣间只是"主卖官爵、臣卖智力"的关系，绝无标榜个性炫耀名誉之余地。在科举制下，士人"十年寒窗无人问，一举成名天下知"。"成名"取决于中举与否，此前其人格声望一般无人问津，故求职之士人当务者并不在此。而察举征辟制度与上述两种情况都不相同。长官不能仅仅把士人视为一位求职者，而是还要当成一位具有独立人格与社会声望的知识分子。于是，知识分子也就保持了某种程度的独立性。这就是"人君畏其志"的真实含义。

长官辟举要考虑士人名望，士人也着意培养这种名望，于是所谓"士名"便贵重于时。《风俗通义·十反》："太尉沛国刘矩叔方，父字叔辽，累祖卿尹，好学敦整，士名[①]不休扬，又无力援，仕进陵迟。而叔方雅有高问，远近伟之，州郡辟请，未尝答命。"文中"父"为刘矩叔父，古叔父亦可称"父"。其叔父尽管有"累祖卿尹，好学敦整"的条件，然"士名不休扬"，故"仕进陵迟"；而刘矩"雅有高问，远近伟之"，获得了"士名"，于是便有"州郡辟请"。又《三国志·王粲传》注引《魏略》："始质为单家，少游遨贵戚间，盖不与乡里相沉浮。故虽已出官，本国犹不与之士名。"吴质未得"士名"，出官后仍居心怏怏——在时人看来，未得"士名"纵令为官，也是不光彩的。又如"邓飏少得士名于京师"，濮阳兴"少有士名"之类，分见《三国志·曹爽传》注引《魏略》及《濮阳兴传》。

欲得"士名"，必须使他人了解自己，在士人中建立名望。汉末士林交游谈论、清议品题蔚成时风，形成了一种具有"穷是非、定臧否"之权威的社会交际圈，人物评价生乎其中。甚至还出现了一批品题人物的权威人士，如许劭、许靖、郭泰、荀淑、李膺等，据说士人经其所名，人

[①] "士名"本或作"土名"，疑误，不从。

品乃定，先言后验，众皆服之，甚至韦褐刍牧、执案刀笔亦可因之而成英彦。《太平广记》卷一六四引殷芸《小说》："（李）膺同县聂季宝，小家子，不敢见膺。杜周甫知季宝，不能定名，以语膺。呼见，坐置砌下牛衣上。一与言，即决曰：此人当作国士。卒如其言。"时人以列身李膺座上为"登龙门"，经其品题者，自然身价十倍。被品题者后来终成英彦国士，或可证明那些名士确有识鉴，但也不妨说是这种非官方的名士品题，才造就了被品题者的声誉和日后命运。

从当时体现了人物评价标准的品题风谣来看，如"五经无双许叔重""解经不穷戴将军"之类，着眼于经学的淹贯；"道德彬彬冯仲文""德行恂恂召伯春"等，则着眼于德行之清悙。这与王朝选士"经明行修"之原则，形式上尚可沟通。但王朝之所取，偏重于文官之素质；士人之所重，则在于个体人生之完成、社会士林之声誉。故仍有大量可以得名之由，与文官规范无关。赵翼《廿二史札记》卷五"东汉尚名节"条，称"盖当时荐举征辟，必采名誉，故凡可以得名者，必全力赴之。好为苟难，遂成风俗"；而如郡吏效忠太守、让爵、报仇一类矫厉苟难之举，对王朝吏治政务并无佐助，也未必就有助于风俗教化，故赵翼文云："故志节之士好为苟难，务欲绝出流辈，以成卓特之行，而不自知其非也！"并不加以肯定。至于"天下楷模李元礼，不畏强御陈仲举"，"车如鸡栖马如狗，疾恶如风朱伯厚"一类，以及"三君""八俊"等党人领袖之"士名"，已大有向专制权势挑战之意味。而如"黄叔度汪汪若千顷陂"，"李元礼谡谡如劲松下风"，"荀君清识难尚，钟君至德可师"，郭泰"恺悌玄淡，格量高俊，含宏博怒，忠粹笃诚"之类，则纯粹表达了当时士人注重人格境界的文化风尚，一种在精神生活中自由表现自我的追求，这与吏治政务，相去更远了。固然勤政爱民、公正不阿的优秀官吏，也同样会得到士林称许，但总的来说，"士名"的给予，是以知识角色为参照点的；无论学识、才智、德行、节操、风度、政绩乃至政治抗争，只要某一方面有特立卓异之表现，即有望获得"士名"。

这种非官方的士林舆论，居然深刻地影响了王朝选官；获得"士名"

者，往往是州郡并辟、三府交征，趋之唯恐不及。如隐士樊英虽言行无缺然而并无异能，征至后"朝廷设坛席，犹待神明"；向栩性卓诡不伦，状如狂生，竟被征拜赵相，到官略不视文书，又拜侍中；黄宪为人"浅深莫臻其分，清浊未议其方"，被举孝廉，又辟公府。《后汉书·方术传论》范晔曰："汉世之所谓名士者，其风流可知矣。虽弛张趣舍，时有未纯，于刻情修容，依倚道艺，以就其声价，非所能通物方，弘时务也。及征樊英、杨厚，朝廷若待神明，至竟无它异。英名最高，毁最甚。李固、朱穆等以为处士纯盗虚名，无益于用，故其所以然也。"①对那些并不能"通物方、弘时务"，"无益于用"的名士，朝廷反而"若待神明"，那么汉廷传统的"以能取人"方针，就必然受到严重挑战。

发展下去，许多士人索性三察不起、九辟不就。在士林交游得名，似乎比王朝禄位更能保证社会地位。越是不应征辟，身价越高，王朝选官过程成了士人标榜名声之机会。而把入仕称为"屈身降志"，遂成了汉末士林之习语，屡见于碑传。据《后汉书·姜肱传》注引谢承《后汉书》，顺帝手诏征隐士姜肱，有"肱抗陵云之志，养浩然之气，以朕德薄，未肯降志"之语。据《后汉书·法真传》，扶风太守征法真，有"昔鲁哀公虽为不肖，而仲尼称臣。太守虚薄，欲以功曹相屈，光赞本朝"之语。据《后汉纪·灵帝纪》，黄忠劝申屠蟠应何进征，有"先生抗志弥高，所执益固，将军于是怃然失望，面有愧色，自以德薄，深用咎悔"之语。士人高自标置不肯"屈身降志"，王朝政府却须反躬自责为德薄不能致贤。较之汉高求贤诏"贤士大夫有肯从我游者，吾能尊显之"，汉武求贤诏"泛驾之马、跅弛之士，亦在御之而已"那种居高临下的傲慢口吻，真不可同日而语！

这表明了士林舆论影响之大，以及士人独立地位之高。在这种情况下，士人既不需"试职"，亦不需"累功"，只要"坐作声价"，则官爵自来。

---

① 据《后汉书·黄琼传》载李固《与黄琼书》："是故俗论皆言处士纯盗虚声，愿先生弘此远谟，令众人叹服，一雪此言耳。"是言"处士纯盗虚名"的乃是"俗论"，非李固语。李固反是欲维护处士声望的。范晔似有误会处。

《风俗通义·愆礼》曰："南阳张伯大、邓子敬……俱去乡里，居猴氏城中，亦教授，坐养声价。伯大为议郎、益州太守；子敬辟司徒，公车征。"袁绍亦"爱士养名""坐作声价"（见《后汉书》本传）。王朝选官有时便直接向名士谘议。《后汉书·符融传》记汉中晋文经、梁国黄子艾"并恃其才智，炫曜上京"，"三公所辟召者，辄以询访之，随所臧否，以为与夺"。许多郡守，索性直接聘请名士为功曹领署选事。宗资为南阳太守，以名士范滂为功曹；成缙为南阳太守，以名士岑晊为功曹；扶风太守聘名士法真，"欲以功曹相屈，光赞本朝"；汝南太守王堂以名士陈蕃为功曹，"宪章朝右，简核才职"。《太平御览》卷二六四引《会稽典录》，"魏徽字孔章，仕郡为功曹史，府君贵其名重，徽每拜谒，常跪而待之"；又引《华阳国志》："李业字臣游，广汉梓橦人，少执志清白，太守刘咸慕其名，召为功曹，十命不诣。"可见"以名取人"影响之深。

当时以及稍后的许多论者，已经明确意识到这一严重问题。徐幹《中论·谴交》：

> 世之衰矣，上无明天子，下无贤诸侯，君不识是非，臣不辨黑白，取士不由于乡党，考行不本于闺阈①，多助者为贤才，寡助者为不肖，序爵听无证之论，班禄采方国之谣。

又《太平御览》卷四〇六引阮武《政论》：

> 夫交游者，侔党结于家，威权倾其国，或以利厚而比，或以名高相求。同则誉广，异则毁深，朝有两端之议，家有不协之论，至令父子不同好，兄弟异交友，破和穆之道，长诤讼之源。

又《意林》卷五曹丕《典论》：

----

① "闺阈"本或作"阀阅"。"闺阈"为是。《后汉书·韦彪传》，"士宜以才行为先，不可纯以阀阅"，是说考行不能本于阀阅。《潜夫论·贤难》，"观其论也，非能本闺阁之行迹"，"闺阁"意同"闺阈"，谓家室以内。也是说考行应于家室之内。

> 桓、灵之际，阉寺专命于上，布衣横议于下，干禄者殚货以奉贵，要名者倾身以事势，位成乎私门，名定乎横巷。由是户异议，人殊论，论无常检，事无定价，长爱恶，兴朋党。

上述评论，或兼选官腐败及士林舆论干预选官而言。而二者之相提并论，反映了"以名取人"造成的危机至少和腐败同样严重。徐幹所谓"序爵听无证之论，班禄采方国之谣"，阮武所谓"朝有两端之议，家有不协之论"，曹丕所谓"位成乎私门，名定乎横巷"等语，都见铨衡之机柄，由朝廷独握，一变而分之于名士之手。这对两汉数百年之选官传统，对专制政府的选官权威，无疑构成了重大冲击。选士授官序爵班禄的依准，遂陷入了混乱。

这一问题的产生，关涉着中国古代社会分化的不彻底性或特殊性。士大夫兼有了知识分子与行政文官两种角色，而多角色涉入必然造成交叉压力，同一个人同时要承受两个系统的规则的制约；其中任一系统的变动，同时也就对另一系统形成了直接牵制。同时涉入了政治系统和文化系统，作为帝国官员主要来源的知识群体的动态，由此直接影响着王朝政治与行政。这一群体在汉末的"过度"扩张，伴随着对更大政治权利、居官权利的要求；其文化风尚与思潮的变化，也会导致选官思想和标准的变化。

法家的"法治"仅仅要求官吏候选人的文法吏能，这颇具分化意识和现代意味，而儒家的"人治"，则促成了把贤人君子视为最佳官员候选人的"以德举人"制度。"德"可以指某项具体的德行，但也可以指作为整体的君子人格。而且从一种与社会分化相对应的观念看来，无论道德修养、知识成就还是政治才能，都是完整个性的互相关联而难以割裂的组成部分，如孝于亲者必忠于君，高尚不仕者必有治世之奇才，等等。既然更为注重的是作为整体的人格而不是一项具体的行政技能，这就为"以名取人"提供了可能。因为，难以通过具体方式——如"试职""试文"等——检验的君子人格，要更多地求助于社会评价；而在汉末已由士林所支配的舆论之中，"名士"被认为具有最完美的人格与最高尚的德行。对士人来说，重"德"必然联系着重"名"。司马迁《报任安书》："立名者，行之极也。""名"乃"行"之极致。故《初学记》卷二十引《白虎通》佚文："诸侯贡士，庸者贡其身，盛德者贡其名。"又同书同卷引陈寿《益部耆旧传》："大士贡名，下士贡身。""以名取人"与"以德取人"，原有内在联系。

但是，"以名取人"和"以德取人"却又有着相当的不同。"以德取人"时权在朝廷，而"以名取人"时权在士林。王朝维持"以德取人"，着眼的是吏治与教化。"廉"为文官职业道德；而"孝"的推崇，则有维系亲缘乡土社会秩序及其与官僚体制的整合之功。而士林品题所造成的"以名取人"，却把自身的认同标准与声望标准施及政府行政，从而扩张了民间舆论力量，但同时也损害了官僚行政体制的选官实施。

需要特别指出的是，"以名取人"之下的士林品题，并不仅仅如某些论者所言，只是"乡党宗族的道德舆论"而已。前引徐幹《中论·谴交》，有"取士不由于乡党，考行不本于闾阎"之语，阮武《政论》有"家有不协之论，至令父子不同好，兄弟异交友"之言。荀悦《汉纪》卷十叙士人交游求名，"简父兄之尊而崇宾客之礼，薄骨肉之恩而笃朋友之爱"，其言实亦为汉末而发。又曹操《整齐风俗令》："阿党比周，先圣所疾也。闻冀州俗，父子异部，更相毁誉。"是士林品题，并未被父兄骨肉宗族乡党关系所限；士林活动，有时居然被认为是破坏了宗族乡党关系以及其中的道德秩序。士林活动在形式与性质上已属于文化系统，而士人交际圈与家族共同体、文士行为与家族活动并不能等量齐观。所以这里宁愿更多地把"以名取人"归之于士林，而使之与"以德取人"有所区别，而不是混为一谈。曹魏时王朝企图解决"以名取人"问题，便一方面要求"选举莫取有名"，同时又要求选官"以清修孝悌为首"，恢复"以德取人"旧例，这也有力地证明了上述区别的存在。

三、"以族取人"

汉末选官遇到的第三个严重问题，可以称之为"以族取人"。仲长统《昌言》："天下有三俗，选士而论族姓阀阅，一俗。"大小衣冠世家凭借家族地位权势，优先占有各级官职，也严重破坏着察举征辟的实施。

汉代的大族，有一部分是"身无半通青纶之命，而窃三辰龙章之服；不为编户一伍之长，而有千室名邑之役"的乡曲豪右，他们仅仅凭经济力量扩展宗族于闾里；在朝廷上，则发展出一种衣冠世家。《汉书·杜钦传》颜师古注："衣冠谓士大夫也。"又同书《食货志》注："世家，谓世世有禄秩家也。"他们依附于皇权而强盛，以政治权力攫取财富与声望。如西汉之金、张、许、史，便是著名的世家。儒生知识分子，对子弟依父祖权位居官享禄的现象，是持否定态度的，因为这就意味着对知识才行的排斥，而与知识群体赖以存身的价值标准和行为规则相悖。《潜夫论·论荣》："人之善恶，不必世族。""仁重而势轻，位薎而义荣，今之论者，多此之反，而又以九族，或以所来，则亦远于获真贤矣！"对于有浓厚特权倾向的任子制，儒生也曾给予了严厉抨击。

但东汉以来的一个重要社会变动是，许多衣冠世家日益表现出鲜明的文化色彩，官位、族姓与文化日益紧密地结合起来，以致出现了汝南袁氏、弘农杨氏一类世代公卿、世代传经又世出名士的家族。对于这种家族，在具有权威性的士林舆论之中，不但不被视为异己，反而得到了崇高赞扬。例如弘农杨氏，孔融称赞其"四世清德，海内所瞻"，张超称赞其"我汉杨氏，代作栋梁"（分见《后汉书·杨修传》及《艺文类聚》卷四五）。因为杨氏一门经术传世，忠烈成风，这一族虽然世居高位，海内士林却认为是官得其人。

《潜夫论·论荣》："今观俗士之论也，以族举德，以位命贤，兹可谓得论之一体矣，而未获至论之淑真也。"我们看到，王符并未完全否定"以族举德"，他只是认为这还不够全面而已，仅仅"得论之一体"。事实上，名士为人推重，屡出名士之族自然也将为人推重。如荀淑有子八人，"并有名称，时人谓之八龙"；贾彪兄弟三人"并有高名"，人称"贾氏三虎"；许劭、许虔并称"二龙"；陈寔、陈纪、陈谌父子三人，"并著高名，时号三君"。这些名士家族负海内士林之盛誉，公府州郡礼命不绝。这意味着"士"与"族"的结合，或说知识分子官僚与家族关系的结合，可能形成一种在发展中最少受阻，并在选官中得到最大优遇的政治势力。专制皇权和官僚体制尚无能力克服这一势力，而另一政治力量——知识群体，却对之给予认可而不加抵制。

总之，东汉后期，统治阶级的腐败导致了选官的腐败，"清流"与"浊流"为此发生尖锐冲突。然而"清流"士大夫一方，却又以不断发展起来的社会文化影响，使"以名取人"深刻地影响了王朝选官。"以族取人"本来与"选贤任能"甚不相合，但士人对之的抨击，并非彻底否定家族血缘关系对选官的影响，而是以族姓与名士的结合为历史出路的。因为士人对"以族取人"的批判，在于父祖有势位而子弟未必有才行，但如果衣冠世家的成员也具备了士林称许的名士资格，并使文化风习成为家族传统，那么"以族取人"似乎就也是名正言顺的了。由此我们便可理解魏晋时期的社会变动。此期名士与官族结合而形成的士族迅速发展，高门华族的贵公子们，往往都是当世瞩目的名士，他们对官位的世代占有，就是在士林舆论中也被认为是理所当然。于是，汉代选官的许多基本原则遇到严峻挑战，并将有新的选官制度因之而起。

第二部分

曹魏时期

第五章　曹魏察举之变迁

曹魏以降，两汉传统的选官体制开始发生重大变动。随着士族阶层的兴起，适应于士族政治需要的选官途径发展起来，从而改变了选官格局。但是察举制度依然存在着，虽然其地位、作用已开始下降，但其制度程式却依然依某种规律在向前发展。在这一章中，我们将对此期察举制及相关的考试选官制度加以叙述；至于整个选官格局的变动，则留到下一章加以分析。

一、特科与岁科

曹魏时期之特举，数年一次，较为频繁。据《三国志·魏书·文帝纪》，黄初四年夏五月诏"其博举天下俊德茂才，独行君子"；《明帝纪》太和二年冬十月"诏公卿近臣举良将各一人"；太和四年十二月"诏公卿举贤良"；《管宁传附张臶传》记"太和中，诏求隐学之士能消灾复异者"；《明帝纪》青龙元年三月"诏公卿举贤良笃行之士，各一人"；《王昶传》青龙四年诏"欲得有才智文章、谋虑渊深、料远若近、视昧而察、筹不虚运、策弗徒发、端一小心、清修密静、乾乾不解、志尚在公者，无限年齿，勿拘贵贱，卿校已上各举一人"；又《晋书·景帝纪》齐王芳嘉平四年春正月"命百官举贤才"。以上曹魏特举之例，其中以明帝太和、青龙间最为频繁，这是值得注意的。

至于秀才、孝廉之岁举，在建安时期就在进行。例如吉茂建安中"州举茂才，除临汾令"（见《三国志·魏书·常林传》注引《魏略》）；郭淮"建安中举孝廉，除平原府丞"（见同书《郭淮传》）。

魏文帝曹丕于黄初元年冬十月代汉登极，仅仅两三个月后，就发诏重申了察举制度。《三国志·魏书·文帝纪》黄初二年春正月：

> 初令郡国口满十万者，岁察孝廉一人。其有秀异，无拘户口。

按西汉武帝建立孝廉之举时，是郡国岁举2人。东汉和帝时改变此法，郡国每20万人举1人。黄初二年诏降低了口率，这大约与人口和辖地减少有关。杜恕曾称魏有十州之地，而承丧乱之弊，户口不如往昔一州之民。晋太康灭吴后全国口数约1 616万，而蜀亡时口94万，孙吴口230万，以此计曹魏后期人口约1 292万。以每10万人举一孝廉计，则岁举孝廉约129人，与黄留珠所统计之东汉和帝后年举孝廉228人之数相比，减少90余人。曹魏初期人口更少，所举孝廉数又当较此为少。当然，如上数字只能供大致参考。

又，曹魏时典农中郎将亦可察举孝廉。《三国志·魏书·裴潜传》："出为魏郡、颍川典农中郎将，奏通贡举，比之郡国。由是农官进仕路泰。"其事约在文帝践阼之初。但魏末咸熙中罢屯田官，诸典农皆为太守，则此制不存了。

据《三国志·魏书·文帝纪》，黄初三年春正月又诏：

> 今之计、孝，古之贡士也。十室之邑，必有忠信，若限年然后取士，是吕尚、周晋不显于前世也。其令郡国所选，勿拘老幼，儒通经术，吏达文法，到皆试用。有司纠故不以实者。

由"儒通经术，吏达文法，到皆试用"之语，知孝廉科此时复以儒生、文吏二科取人，回复到了左雄所定之阳嘉之制。

"今之计、孝，古之贡士"语中之"计"，指郡国计吏。汉代郡国岁尽遣吏赴京上计，常得补为郎官。《隶释》卷六《郎中郑固碑》曰："以为储举，先屈计掾"，"忠以自勖，贡计王庭"，知居计掾号称"储举"。《晋书·向秀传》,言向秀以河内郡计入洛,而《世说新语·言语》注引《向秀别传》作"乃应岁举到京师",是计吏可视同"岁举"。曹魏之举计吏者我大略考得11例(不就者在内),占当时秀孝计吏总数的四分之一左右,且较秀才数量为多。这反映了计吏是此期重要的岁举形式。

计吏既是吏职,也是察举,所以又有以计吏应他科察举者。如司马望、魏舒、皇甫谧、山涛、傅玄等均于魏时以郡计吏举孝廉,分见《晋书》各人本传。又《三国志·魏书·邴原传》注引《邴原别传》:"鲁国孔融在郡,教选计当任公卿之才,乃以郑玄为计掾,彭璆为计吏,原为计佐。"("计吏"当作"计史",是计吏有掾、史、佐之分。)而同书《崔琰传》注引《续汉书》记孔融"以彭璆为方正,邴原为有道",是彭璆先为计史又举方正,邴原先为计佐又举有道。《金石录》卷二十《晋彭祈碑阴》跋曰:"题名者凡三百十二人,有故孝廉、计掾、计史、良吏、廉吏、计佐……"知孝廉较计吏规格为高。

黄初三年诏又曰:"令郡国所选,勿拘老幼。"即孝廉之举不必有年龄之限,从而废除了限年之制。东汉顺帝阳嘉年间左雄定制年未四十者不得举孝廉,若有秀异,不拘年齿。至此,这个制度正式废除。但从"勿拘老幼"之"老"字推测,似乎此前还有一个年龄上限,此时也被废除了。黄初三年诏中"若限年然后取士,是吕尚、周晋不显于前世也"一句,"周晋"指年少有才者,"吕尚"则指及老方仕之英贤。《三国志·魏书·高堂隆传》:"犊民西牧,年七十余,有至行,举为计曹掾。帝嘉之,特除郎中以显焉。"年七十余犹举计吏,这大概就是"勿拘老幼"之例。

又东汉左雄定制孝廉限年四十,然陈球"阳嘉中,举孝廉"时年二十余,见《后汉书·陈球传》。又《风俗通义·过誉》:

> (蔡)伯起自乞子瓒尚弱,而弟琰幸以成人,是岁举琰。明年复举瓒。瓒十四,未可见众,常称病,遣诣生。交到十八,乃始出治剧平春长。上书:臣甫弱冠,未任宰御,乞留宿卫。尚书劾奏:增年受选,减年避剧,请免瓒官。

文中"遣诣生"疑作"遣诣诸生"，言付予太学诸生照料也。"诸"与"诣"形近而夺。其事约在桓帝延熹之时。似乎其时"成人""弱冠"即可得举，不必年至四十。又《三国志·魏书·武帝纪》称"年二十，举孝廉为郎"，时约灵帝熹平三年；又同书《吕布传》注引《先贤行状》，陈登"年二十五，举孝廉"，约在灵帝末年。是限年四十之法，原已名存实亡；那么魏文帝之所废，似乎只是一纸空文。

二、"贡士以经学为先"

魏明帝太和二年，又出现了一个有关察举的重要诏令。《三国志·魏书·明帝纪》太和二年六月诏：

> 尊儒贵学，王教之本也。自顷儒官或非其人，将何以宣明圣道？其高选博士，才任侍中、常侍者；申敕郡国，贡士以经学为先。

对于此诏，特别值得注意的是"贡士以经学为先"之制。前述魏文帝黄初三年诏，有"儒通经术，吏达文法，到皆试用"之语，所取乃东汉顺帝左雄奏定之"诸生试家法，文吏课笺奏"两科取人之法。左雄此法，后由黄琼奏增"孝悌"及"能从政"二科而合成四科；至黄初三年诏，复以儒生、文吏两科为称了。这是汉代选官以儒生、文吏两大群体为主要对象的鲜明反映。但到了东汉后期，儒生、文吏这两个群体大致趋于融合；经过名士运动，知识群体的强大社会影响更造成了"以名取人"的现实。单纯的文法之吏，地位已相当低落，他们在选官中，事实上已不占重要地位了。

据《北堂书钞》卷七九引应劭《汉官仪》："孝廉，古之贡士，耆儒甲科之谓也。"可见在汉代后期人之观念之中，孝廉与经术考试是密切相关的。事实上，我们也几乎找不到此期文吏举孝廉试笺奏之实例。所以，虽然黄初三年诏承袭旧例以儒生、文吏并称，但实际上试经之儒生恐怕要占绝大多数；"吏达文法"到亦试用之语，可能只是虚应故事。至魏明帝"贡士以经学为先"之诏,则已明明不及文吏了。汉代儒生、文吏两大群体的融合,至此终于在王朝制度上得到了反映,儒生士大夫成了察举的主要对象。

黄初年间,关于孝廉察举曾经有过一场重要辩论。《三国志·魏书·华歆传》记其时华歆为司徒:

> 三府议:"举孝廉,本以德行,不复限以试经。"歆以为"丧乱以来,六籍堕废,当务存立,以崇王道。夫制法者,所以经盛衰,今听孝廉不以经试,恐学业遂从此而废。若有秀异,可特征用,患于无其人,何患不得哉?"帝从其言。

又《北堂书钞》卷七九:

> 王朗论考试孝廉云:臣闻"试可乃已",谓试之以事,非谓试之以诵而已。

查《三国志·魏书·王朗传》,王朗于文帝一朝为司空,此议又明为"考试孝廉"而发,当即"三府议"之内容。黄初三年察举诏以儒生、文吏分科,而"三府议"却只就"试经"立论,亦可印证以文法举孝廉者必定为数极少。

这次"三府议"的重要意义,在于它将对察举制度的发展方向作出决定。在前面几章的叙述中我们已经看到,汉代孝廉察举到了东汉顺帝阳嘉新制出现之时,已经形成了三种发展因素并存的情况。这三种因素就是,注重道德人格的"以德取人"因素,它依据举主的了解和舆论的评价;注重吏能功次的"以能取人"因素,它依据"授试以职"与"必累功劳"之法;注重知识检验的"以文取人"因素,它依据孝廉的经术笺奏之试。而我们看到,曹魏初年的"三府议"中,恰恰出现了与之相应的三种意见。

"举孝廉本以德行,不复限以试经"的意见,所依本的是"以德取人"的原则,希望取消试经而复孝廉设科之本意。在东汉实行阳嘉制后,张衡等人已有这种意见。王朗则主张"试之以事",反对"试之以诵",并引

《尚书》以助其说。"试可乃已"语出《尧典》："岳曰：异哉，试可乃已。帝曰：往，钦哉。"伪传："未明其所能，而据众言可试，故遂用之。"孔颖达疏："惟鲧一人试之可也，试若无功，乃黜退之。"可知王朗是主张以职事试功能的，其所依本的是"以能取人"原则，反对经术记诵之考试。至于华歆所欲维护的，当然是"以文取人"的试经之法了。

对于德行、功能与经术，大约没有人认为应该独取其一而弃置其余，所争的只是选官时应偏重哪一标准或环节。但这就已经是举足轻重的了，因为这就意味着汉代察举经发展而制度化了的上述三种因素与倾向，至此已经到了一个要决定何去何从的三岔路口。华歆时为司徒，他以为孝廉应以试经为主，"以崇王道"；如有"秀异"，可另行采取"特征"的办法。由于华歆之争，孝廉试经之制得以保存下来并继续发展下去。至明帝太和二年之诏，明确了"贡士以经学为先"，孝廉试经制度遂再次得到肯定；儒生、文吏也正式归于儒生一科。这说明，在察举制的发展之中，"以文取人"的发展方向开始占据优势了。这在察举制的发展线索之中，无疑是又一个关键性的事件。

《北堂书钞》卷七九引应璩诗：

> 京师何缤纷，车马相奔起。
> 借问乃尔为，将欲要其仕。
> 孝廉经术通，谁能应此举？
> 莫言有所为（下阙）

应璩为"建安七子"应玚之弟，齐王曹芳嘉平四年卒。此诗逯钦立《先秦汉魏晋南北朝诗》以为即应璩"百一新诗"之一篇。此诗评述魏时孝廉之举。孝廉皆至京师，将以要仕；"孝廉经术通"，言孝廉以经术得举；而已经举至京师，犹云"谁能应此举"者，乃是设问"谁能通过经术考试"也。又《晋书·魏舒传》：

> 年四十余，郡上计掾察孝廉。宗党以舒无学业，劝令不就，可

以为高耳。舒曰："若试而不中，其负在我，安可虚窃不就之高以为己荣乎？"于是自课，百日习一经，因而对策升第，除浥池长。

此即曹魏孝廉试经之实例。魏舒晋太熙元年卒，时年八十二，"年四十余"应举，时约曹魏齐王芳嘉平年间。由此知其时孝廉试经，并不流于形式，如无学业则有不中之虞。孝廉仅仅得举还不够，还必须能够通过考试一关。

三、"四科"与"明法"

察举既然重经术、行射策，那么徒精文法之文吏，便无从仕进了。《三国志·魏书·卫觊传》记其奏言：

> 九章之律，自古所传，断定刑罪，其意微妙。百里长吏，皆宜知律。刑法者，国家之所贵重，而私议之所轻贱；狱吏者，百姓之所县命，而选用者之所卑下。王政之弊，未必不由此也。请置律博士，转相教授。

奏上，"事遂施行"。由之可见，从秦始皇时之"狱吏得贵幸"，经数百年之发展至此，文法吏地位已发生了重大变化，已经到了"私议之所轻贱""选用者之所卑下"的地步。无论是在社会舆论或王朝选官之中，他们都已让位于"经明行修"之士大夫了。

但帝国官僚行政毕竟不能离开刑政法律。魏明帝"贡士以经学为先"之法，既然已经改变了"吏达文法"到亦试用的旧规，察举之途文吏已无缘涉足，于是便有卫觊之奏，以期能为"明法"之文吏寻找出路。其办法，是专设律博士以培训之。两晋南北朝中，这一办法被断断续续地沿袭下来了。《晋书·职官志》："廷尉，主刑法狱讼，属官有正、监、评，并有律博士员。"又《大唐六典》卷二一："（晋）廷尉官属有律博士员……东晋、宋、齐并同。"知识群体与文吏群体在秦汉间的长久分立与冲突，在知识群体占有了优势之后，遂以律博士及其弟子员的形式，为政府行政所需之"明法"人才保留了一席之地，系一缕于不绝。

　　大致说来，汉代之丞相辟士四科，至东汉阳嘉新制时变为孝廉察举之儒生、文吏二科；后由黄琼之奏，又增孝悌及能从政而复为四科；曹魏文帝黄初中，复以儒生、文吏二科为称；至魏明帝太和中"贡士以经学为先"，最终又归结为经术一科了。选官标准上这种分科的变换，显然反映了儒生、文吏日趋融合，并由士大夫取代单纯的文吏的过程。但必须指出，魏晋以降孝廉之举虽已归于一科，可是这一科目反而又以"四科之贡"为称了。在汉代反而无此说法。

　　试看如下材料。《三国志·魏书·杜恕传》："使州郡考士，必由四科，皆有事效，然后察举。"《初学记》卷二十引《赵穆别传》："元康三年，太守羊伊以为四科之贡，宜尽国美。"《通典·礼六一·周丧察举议(晋)》："乡闾之论，以孝廉四科，德行高妙，清白冠首。"《晋书·孔坦传》记元帝策问台郎语："郡今应举孝廉不？"又曰："乡旧废四科之选，今何所依？"如此等等。《资治通鉴·魏纪》明帝景初元年胡三省注杜恕"必由四科"语："即汉左雄所上，黄琼所增者也。"汉丞相辟士四科与左雄、黄琼四科有别，对此胡三省是清楚的。但据《汉旧仪》，丞相辟士四科之"第一科曰德行高妙，志节清白"，而上述《通典·周丧察举议》曰"孝廉四科，德行高妙清白冠首"，可见魏晋以来所言之"孝廉四科"，其内容乃采自丞相辟士四科。辟士四科与左、黄之四科名异实同。大约此时两种四科已不甚分辨；而辟士四科始于汉初，影响更大，孝廉一科遂采以为称了。对此曹魏王朝很可能有所申明，但史阙有间，无从查考了。魏晋南北朝时凡言"四科"，大抵是指孝廉察举（偶尔亦含秀才）。

　　那么，由四科而一科，由一科而四科，其间变化何在呢？我以为，对这一变化可以从较为宏观的层次上加以理解。汉代无论是丞相辟士四科或是左、黄四科，大致都是四科并列，居四科之一即可得举，以合于儒生、文吏两立并存之现实；而曹魏之时，由于儒生文吏已趋融合，取人标准与选官方针亦因之有所变化，察举中更多地要求一人兼诸科之实，而不是明经明法之判然两立。

不妨引述曹魏士大夫有关论说以为佐证。《群书治要》卷四八杜恕《体论》曰：

> 凡士之结发束脩，立志于家门，欲以事君也。宗族称孝焉，乡党称悌焉。及志乎学，自托于师友，师贵其义而友安其信。孝悌以笃，信义又著，以此立身，以此事君，何待乎法，然后为安。及其为人臣也，称才居位，称能受禄。

此段文字严可均所辑《全魏文》归于《体论》之《臣第二》。其中阐发人臣规范，颇为清晰。欲以事君之士子，首先应于宗族乡党中建立孝悌之行，然后入学接受正统儒学教育，最终入仕而为臣，"称才居位，称能受禄"，根据才能担任行政职务。简言之，即须具备德行、经术、政务之能。又《三国志·魏书·傅嘏传》记其语曰：

> 昔先王之择才，必本行于州闾，讲道于庠序，行具而谓之贤，道修则谓之能。乡老献贤能于王，王拜受之。举其贤者，出使长之；科其能者，入使治之。此先王收才之义也。

据傅嘏所述之"乡举里选"，士人应具备者，亦为德行、道艺以及由之而来的政务之能。他以"先王"为称，是因为这是儒生久已有之的理想，并不始于此时。当儒生文吏的矛盾渐趋消弭之时，这种观念就逐渐支配了选官实施，对孝廉皆责以德行，试以经术，求之以政务之能，所谓"使州郡考士，必由四科，皆有事效，然后察举"。

但我们还须指出，由于试经已成了孝廉必经的环节，经学的发达程度与考试本身的性质，就将使这一环节的分量日益加重。因为，德行与吏能或可由举主夸饰，中央朝廷的射策却难以蒙混过关；为应付考试，就必须经过相当的研习，如魏舒为应付孝廉之举而"百日习一经"之例。

我们观察上述德行、经术、政事三项，较汉之辟召四科或左、黄四科，恰少"明法"或"文法"一科。杜恕、傅嘏都没有提及文法律令之精通。而在汉代以至秦代，文吏是主要以文法为进身之阶的。所谓"吏道以法令为师"，所谓"三尺律令，人事出其中"，"文法"几乎包括了绝大部分行政技术。但是随儒生、文吏的融合与儒法思想的合流，士大夫已可兼有德行、经术和政务之能；在"理解"与"阐释"之中，儒家意识形态与官僚政治行政也日益紧密地交融在一起。"王道"的内容，已将"霸道"的许多因素包括在内了。刑律毕竟是专门的知识，所以有必要专设博士及弟子员加以专门培训。但此时之"律学"，较之此前之"文法"，范围已有相当之缩小，它仅仅限于刑政，而不能用以概括整个"吏道"了。

所以，虽然曹魏以下察举有"孝廉四科""四科之贡"甚至"州郡考士，必由四科"之语，我们却可以相信，这一"四科"虽承自汉代，但实际实施中却已经不包括"明法"一项在内了。兹引《抱朴子·审举》中葛洪之语以为佐证：

> 案四科亦有明解法令之状。今在职之人，官无大小，悉不知法令……亦可令廉良之吏，皆取明律令者试之如试经，高者随才品叙用。如此，天下必少弄法之吏、失理之狱矣。

由葛洪之语，正可见"四科"虚悬而实无"明法"之情。察举中只考察德行、经术与行政才能，却并不检验是否通于文法律令，也无传统的笺奏文案之试。虽称"四科"，实仅三项；且非分类取人，而是要求一人兼有；其中心环节，则是试经，即"贡士以经学为先"。

四、郎吏试经与学校课试

魏明帝之"贡士以经学为先"的明确意向，并不仅仅表现于孝廉察举。曹魏之时以经术培训官吏的制度，还有郎吏试经与学校课试。

据《三国志·魏书·明帝纪》太和四年春二月诏：

世之质文，随教而变。兵乱以来，经学废绝。后生进趣，不由典谟。岂训导未洽，将进用者不以德显乎？其郎吏学通一经，才任牧民，博士课试，擢其高第者，亟用。其浮华不务道本者，皆罢退之。

又同书《高堂隆传》载明帝景初年间诏：

其科郎吏高才解经义者三十人，从光禄勋隆、散骑常侍（苏）林、博士（秦）静，分受四经三礼，主者具为设课试之法。夏侯胜有言："士病不明经术，经术苟明，其取青紫如俯拾地芥耳。"今学者有能究极经道，则爵禄荣宠，不期而至。可不勉哉！

以上虽为一时之制，但也可反映魏明帝对经术取士的积极态度。这与"贡士以经学为先"显然是一致的。

同时，曹魏统治者还在学校诸生的培训上作出了努力。建安八年，曹操令县满五百人置教官教授。魏文帝黄初五年立太学，制五经课试之法。《三国志·魏书·王朗传》注引《魏名臣奏》王朗奏："学官博士〔弟子〕七千余人。"王朗太和二年卒。同书《王肃传》注引《魏略》："太学始开，有弟子数百人。至太和、青龙中……太学诸生有千数。"一曰"七千余"，一曰"千数"，未知孰是。时人抱怨学校粗疏混乱，但其规模也反映了王朝的兴学努力。

《王肃传》注引《魏略》记太学学生之考试：

又虽有精者，而台阁举格太高，加不念统其大义，而问字指墨法点注之间，百人同试，度者未十。

知太学有课试擢用之法。又《通典》卷五三《礼十三》：

魏文帝黄初五年，立大学于洛阳。时慕学者，始诣大学为门人，满二岁，试通一经者，称弟子，不通一经，罢遣。弟子满二岁，试通二经者，补文学掌故；不通经者，听须后辈试，试通二经，亦得补掌故。掌故满二岁，试通三经者，擢高第为太子舍人；不第者，随后辈复试，试通亦为太子舍人。舍人满二岁，试通四经者，擢其高第为郎中；不通者，随后辈复试，试通亦为郎中。郎中满二岁，能通五经者，擢高第，随才叙用；不通者，随后辈复试，试通亦叙用。

依此制度，士子入学自为门人始，即使屡考皆为高第，也须十年方得"随才叙用"；此前所授的文学掌故、太子舍人、郎中，都是散官虚衔。又据《魏略》，台阁擢用之试是百人同试度者未十，由之入仕并不容易。

曹魏太学之入学年龄，与西汉异而与东汉同。《汉书·儒林传序》："太常择民年十八以上，仪状端正者，补博士弟子。"是西汉十八入学。而《四民月令》云："命成童以上入大学，学五经。"本注谓成童是"年十五以上"者。又东汉建初残墓砖云："十五入太学受《礼》。"是东汉十五入学。曹魏承东汉之制。《三国志·魏书·钟会传》注引"钟会母传"："十五，使（钟会）入太学。"又同书《刘靖传》记其疏请"使二千石以上子孙年从十五，皆入太学，明制黜陟荣辱之路。"又《晋书·赵王司马伦传》："太学生年十六以上，及在学二十年，皆署吏。""年十六"，即入学满一年者。《南齐书·礼志》记齐高帝建元四年立学，所取诸生为"年十五以上，二十以还"。是两晋宋齐之入学年龄均承于魏制。又《宋书·范泰传》："议建国学，以泰领国子祭酒。泰上表曰……十五志学，诚有其文。若年降无几而深有志尚者，何必限以一格，而不许其进邪？""十五志学"语出《论语·为政》："吾十有五而志于学。"按《大戴礼记·保傅》"则入于小学"句卢辩注："古者太子八岁入小学，十五岁入太学也。"又《尚书大传》："十五始入小学，见小节、践小义；十八入大学，见大节、践大义。"是十五入学与十八入学，各有所本。

第六章 "名实"问题与"清途"的兴起

曹魏时期，选官体制开始发生新的重大变化。汉末的"以名取人"与"以族取人"现象，至此充分显示了它们的深刻影响。由"名士"因素与"族姓"因素结合而形成的士族，其政治势力在不断扩大，士族政治与官僚政治之间的矛盾日趋尖锐。曹魏统治者在察举、郎吏课试及学校制上的措施，便与之直接相关。下面我们从叙述此期选官中的"名实"问题与"清途"的兴起入手，进一步分析察举制在整个选官体制中的地位与作用的变化。

一、名实本末的对立

对于东汉后期的"以名取人"与"以族取人"，我们业已指出，前者是知识群体的政治影响和人物评价标准的反映，后者则表现为亲缘关系支配政治权力分配的特权因素。时至曹魏，这些问题不但没有淡化，反而在新的形势下更为深刻了。

曹操与文帝曹丕之时，仍有一些身负盛誉的名士，依然热衷于交游结党，品题清议，并形成了一种特殊的政治势力。他们被曹魏统治者称为"浮华交会之徒"，并加以严厉镇压。如孔融、魏讽、曹伟等，皆以"浮华"事败。但魏文帝至魏明帝时，却又出现了一批新的浮华之徒。如何晏、夏侯玄、诸葛诞、邓飏、毕轨、李胜等，以"四聪""八达""三豫"等号相为标榜，合党连群，褒贬人物，交游放诞，倾动一时。魏明帝"以构长浮华,皆免官废锢"①。

　　这批新的浮华之徒,与汉末名士已颇不相同。他们既是"当世俊士",以才华智慧为世瞩目,同时又是当朝高官权门的贵公子,以父祖势位少居清要,煊赫于时。在突破正统官学而探索新的思想价值,以月旦品题建立士林舆论,以及交游清谈的文化风习等方面,他们与汉末名士确实有一脉相承之处,故"浮华"也被视为一连续性的问题。但也应特别看到,他们在政治上已属于权势者一方,已无"以天下名教是非为己任"之信念,不再以清议方式对抗专制皇权,而是利用优越的家族势位分割权势,奢侈享受,清谈玄理,虚无放诞,成为一种新式的文化贵族兼政治贵族。尽管他们也受到了曹魏王朝的打击,但自此以来此类人物却依然源源而生。"名士"因素与"官族"因素的合一,终于形成了"士族"阶层。而魏明帝时那一批高门名士,就是中古士族的最初一批典型代表。故袁宏作《名士论》,以"正始名士"为首。

　　但是,君主—官僚专制政体的典型形态,是专制皇权与官僚政治的结合,而不是与士族政治的结合。就专制皇权而言,其尽量扩展一己权威而趋于无限集权的特性,决定了它将排斥其他任何势力,包括世袭身份性势力对皇帝的权力过分的、过久的分夺。因此只要有可能,皇权就要尽力压抑具有浓厚贵族化倾向的士族势力。同时,官僚体制的理性行政规律,也要求排除门阀因素、名士行为对行政的消极影响。那么,无论从维护皇帝专制权威方面看,还是从维护官僚政治与行政方面看,在此都肯定要发生冲突。

　　曹操与魏文帝曹丕之打击"浮华",还有消灭政治异端之意义。至于魏明帝与"四聪""八达"等为代表的高门名士的矛盾,便已可视为专制皇权、官僚政治与士族名士集团的冲突了。这反映在选官思想与选官实施

---

① 关于"浮华"问题以及下面讨论的"名实"问题,陈寅恪、唐长孺先生均已从不同角度有所论述,可参考其相关论述。本书参考了他们的有关讨论,但某些论点不尽相同。

之中，就形成了本、末、名、实的冲突。

所谓本、末、名、实，在当时皆有其具体的特定内容。《三国志·魏书·董昭传》记其太和中"上疏陈末流之弊曰……窃见当今年少，不复以学问为本，专更以交游为业；国士不以孝悌清修为首，乃以趋势游利为先。合党连群，互相褒叹，以毁誉为罚戮，用党誉为爵赏……"同书《刘廙传》注引《刘廙别传》："今之所以为黜陟者，近颇以州郡之毁誉，听往来之浮言耳。亦皆得其事实而课其能否也？长吏之所以为佳者，奉法也，忧公也，(恤)民也……于治虽得计，其声誉未为美；屈而从人，于治虽失计，其声誉必集也。长吏皆知黜陟之在于此也，亦何能不去本而就末哉！'又同书《王昶传》载其《戒子书》："夫孝敬仁义，百行之首，行之而立，身之本也……人若不笃于至行，而背本逐末，以陷浮华焉，以成朋党焉。"这亦是有感而发。总之，在他们看来，学问为本，治能为本，孝悌为本。曹魏之时，这类崇本抑末的要求颇为不少，然而浮华之风日炽日盛，有务本之实者多默默无闻，而趋末背实者反而有盛名于时。于是又有循名责实的强烈呼声。

《群书治要》刘廙《政论》："故王者必正名以督其实，制物以息其非。名岂可以正之哉？曰：行不美则名不得称，称必实所以然，效其所以成，故实无不称于名，名无不当于实也。"又如刘劭《人物志·效难》："夫名非实，用之不效。故曰：名由口进，而实从事退。中情之人名不副实，用之有效，故名从众退而实从事章。"曹操杀孔融，罪名列有"世人多采其虚名，少于核实"一项，故杀以示儆。又《三国志·魏书·明帝纪》注引《魏书》，魏明帝"即位之后，褒礼大臣，料简功能，真伪不得相贸，务绝浮华谮毁之端"。《明帝纪》记其诏令"其浮华不务道本者，皆罢退之"；又同书《卢毓传》："诸葛诞、邓飏等驰名誉，有四聪八达之诮，帝疾之。时举中书郎，诏曰：得其人与否，在卢生耳。选举莫取有名，名如画地作饼，不可啖也！"

事实上，东汉后期人们已开始讨论本、末、名、实问题了。如徐幹《中论·考伪》："名者所以名实也。实立而名从之，非名立而实从之也……仲尼之所贵者，名实之名也。贵名乃所以贵实也。"又如王符《潜夫论·务本》："教训者，以道义为本，以巧辩为末；辞语者，以信顺为本，以诡丽为末；列士者以孝悌为本，以交游为末；孝悌者，以致养为本，以华观为末；人臣者，以忠正为本，以媚爱为末。五者守本离末则仁义兴，离本守末则道德崩。慎本略末犹可也，舍本务末则恶矣！"

正如分析汉末"以名取人"之时我们所指出的那样，这一问题源于名士集团的人物评价与帝国文官铨选的冲突。有些论者认为，名实问题的产生，是因为不少名士确实是欺世盗名，名不副实。这一论点未必中肯，反而造成了许多缠夹不清。我们认为，知识分子与行政文官，本来各有其本，各有其末，各有其名，各有其实。知识分子追求论说之"巧辩"，文辞之"诡丽"，行止之"华观"，乃至交游清谈、品题月旦、互相褒贬攻诘，都属"百家争鸣"的正常文化现象，本无可非议；但如果帝国政府之选官决于士林，标准采之月旦，问题就可能由之而生。孔融文采粲然，曹丕叹为"班、扬之俦"；何晏与王弼同为玄学大师，其所开"正始之风"数百年为士林宗仰。从知识文化角度看，他们绝非名实不符。然而曹操斥孔融之"虚名"，明帝斥何晏之"浮华"，其着眼之点原大相径庭。曹魏之名实问题，本是汉末"以名取人"的继续，只不过此时士林领袖已为一群士族名士，他们的特点在于以名士资格强化其特权势位，又以特权势位保障其名士生活而已。

曹魏统治者并非完全否定"名"。曹操自己也曾"欲为一郡守，好作政教，以建立名誉，使世士明知之"。但问题是由"本"得名，还是以"末"得名。郭嘉论袁、曹十胜十败，称袁绍"高议揖让以收名誉，士之好言饰外者多归之"；曹操则"不为虚美，以俭率下，与有功者无所吝，士之忠正远见而有实者，皆愿为用"。曹操所用虽亦多"大族名士"，但他之所取非虚名外饰，而是其功能之实。北海名士王修德能兼备，曹操与书曰，"君澡身浴德，流声本州，忠能成绩，为世美谈，名实相副，过人甚远"，并称叹其"士不妄有名"。可见，仅言曹操打击名士或任用名士，都未免以偏概全。

又曹操曾征求"不仁不孝而有治国用兵之术"者，但这也不是要蔑弃仁义，对"至德之人放在民间"者他同样举用。曹操颇有法术思想，但也依然尊崇儒术。他自己"昼则讲武策，夜则思经传"，建安八年特令兴学，还曾表彰名儒卢植"名著海内，学为儒宗，士之楷模，乃国之桢干也"。其选官思想为"治平尚德行，有事赏功能"，"士有偏短，庸可废乎"。这近乎汉代四科分类取人之法，取士以德行、经术或功能，但不必一一相兼。

曹魏之时要求崇本抑末、循名责实之人，在不同程度上都可以看成汉代选官传统的继承者，这一传统要求对士人之德行、经术与功能做严格考核。如魏明帝斥责"进用者不以德显"，命令"贡士以经学为先"，"料简功能，真伪不得相贸"，态度尤为鲜明。

儒生在参政之初曾被认为不能"优事理乱"，但在儒生与文吏、儒术与法治日趋交融合流之后，"明经"就不仅意味着精通信奉经典之中的儒家政治思想，甚至还意味着应该有能力在行政中贯彻它。在汉末名士那里已有"儒者之风盖衰"之事，其活动有许多已与帝国政治传统相冲突——如"以名取人"，但其形式上仍是以儒术为标榜的。在对儒术的理解纷纭莫明之时，欲矫其弊者往往就求助于法术。不仅曹操"术兼名法"，此前此后的许多政论也有这种倾向。但魏明帝所打击的那批浮华之徒，思想上已由儒入玄，行为上不遵礼法。由此，致力于恢复官僚行政秩序者就反过来强调官学经术了。一方面是经术与官僚政治事实上的结合，另一方面是儒法矛盾变成了儒玄冲突，二者的共同作用就造成了这一情况：曹魏以降，倡导经术者一般就是官僚政治的积极维护者；相应地，热衷玄学者一般也就是官僚政治的消极损害者。所以，选官中"贡士以经学为先"的方针，针对的并不是文吏，而是"浮华交会之徒"，即士族名士。

德行的要求也与之相近。"以名取人"固然是从"以德取人"发展而来的，但我们也已讨论过二者的差别。"德"的含义颇为宽泛复杂，可以是人格美德，也可以是家族道德、社会公德或职业道德。儒法合流后，士人孝悌恭顺于家而廉法忠恪于朝，一以维系家族社会秩序，一以维系朝廷行政秩序，就成了王朝对文官德行的业已一体化了的要求。而名士品题中对"德"的理解，却大大超出了这一范围。例如汉末"谜一样的人物"①名士黄宪，范晔《后汉书·黄宪传论》称其"道周性全，无德而称"，李贤注曰"无德而称，言其德大无能名焉"，取《老子》三十八章"上德不德，是以有德"之意。但这种士林盛赞的玄学意味的"上德"，与王朝认可的文官道德规范，相去不可以道里计矣。曹魏以来要求循名责实、崇本抑末者所赞扬的"德"，乃是就"实"就"本"而言的。而名士交游清谈、浮华放诞之行，均被斥为"伤俗败化"。许多讨论汉魏间"德""才"问题的论者，未能对"德"深入辨析，其重"德"就是优遇士族一类简单化的说法，使问题复杂化了。

总之，曹魏之时关于本、末、名、实的讨论，是专制皇权、官僚政治与正在兴起的士族名士阶层冲突的反映。《三国志·魏书·王凌传》注引《汉晋春秋》："何平叔虚而不治。"《晋书·裴頠传》："何晏、阮籍素有高名于世，口谈浮虚，不遵礼法，尸禄耽宠，仕不事事。""不遵礼法"是就其背离正统道德规范而言，"口谈浮虚"是就其转崇玄学而言，"虚而不治""仕不事事"是就其身居高位而不以政务为意而言。所以欲矫时弊而崇本责实者，便不能不在讲求功能的同时，也讲求德行与经术。这三者，都成了"本""实"的内容。

二、崇本责实之对策

由上述背景，我们进一步讨论察举制在选官体制中的地位变化。魏明帝深恶"浮华"，命令察举实施"以经学为先"，使郎吏试经及从名儒受经，宣称"今学者有能究极经道，则爵禄荣宠，不期而致"，这些措施的目的，都为了抑黜"浮华不务道本者"。察举制在汉末曾受到了"以名取人"的冲击，但其制度本身却曾经长期而有效地服务于帝国行政。所以王朝希望以整饬察举来保证对官员之德行、经术和功能的要求，以抑止逐末求名者。至于太学之崇立，亦有同样意义。《三国志·魏书·刘靖传》

---

① 侯外庐等：《中国思想通史》，第二卷，407页，北京，人民出版社，1960。

载正始年间刘靖请振兴太学，称"使二千石以上子孙年从十五皆入太学，明制黜陟荣辱之路。其经明行修者，则进之以崇德，荒教废业者，则退之以惩恶"，如此则"浮华交游，不禁自息矣"。又同书《王昶传》记其嘉平中请"崇道笃学，抑绝浮华，使国子入太学而修庠序"。他们都把兴学作为抑止浮华交游的良好办法。

但自东汉左雄改制以来，孝廉已渐成"耆儒甲科之谓"；魏明帝"贡士以经学为先"之诏，更有使试经成为察举之中心环节之势。习经应试需要大量时日与精力；考试一趋严密，对德行与功能的要求不免就难以兼顾了。

为加强对功能的考察，魏廷的对策是严密考课。刘廙在批评选举以毁誉不以治绩后，又建议岁课长吏，《三国志·魏书·刘廙传》注引《刘廙别传》："课之皆当以事，不得依名。"又同书《卢毓传》，记魏明帝斥"名如画地作饼"，教"选举莫取有名"，卢毓对曰："名不足以致异人，而可以得常士。常士畏教慕善，然后有名，非所当疾也，愚臣既不足以识异人，又主者正以循名案常为职，但当有以验其后。故古者敷奏以言，明试以功。今考绩之法废，而以毁誉相进退，故真伪浑杂，虚实相蒙。"其言为帝所纳。明帝与卢毓在反对"以毁誉相进退"上，并无不同。但明帝初对"名"作绝对否定，而卢毓以为虽有名实不副者，却也不乏"畏教慕善，然后有名"之名实相兼之人；如果"有以验其后"，便可保证名实一致。"验其后"之法就是"明试以功"，实行考绩。明帝自然会赞成其说。景初中，刘劭作《都官考课》七十二条，并《说略》一篇。后来反对浮华的王昶也曾奏上考课之法，《太平御览》《艺文类聚》等史籍中存其片断。

值得注意的是考课与察举互相配合的思想。《三国志·魏书·杜恕传》记其评议考课之法：

> 今奏考功者，陈周汉之法为，缀京房之本旨，可谓明考课之要矣；于以崇揖让之风，兴济济之治，臣以为未尽善也。其欲使州郡考士，必由四科，皆有事效，然后察举，试辟公府①，为亲民长吏，

---

① 《通典·选举三》作"或辟公府"，疑是。

转以功次补郡守者，或就增秩赐爵，此最考课之急务也……

这就是说，考课应与州郡察举衔接配合。又同书《傅嘏传》亦记其评议考课之法：

本纲未举而造制未呈，国略不崇而考课是先，惧不足以料贤愚之分，精幽明之理也。昔先王之择才，必本行于州闾，讲道于庠序，行具而谓之贤，道修则谓之能。乡老献贤能于王，王拜受之。举其贤者，出使长之；科其能者，入使治之。此先王收才之义也。方今九州之民，爰及京城，未有六乡之举，其选才之职，专任吏部。案品状则实才未必当，任薄伐则德行未为叙。如此则殿最之课，未尽人才。

语中"本纲未举而造制未呈"一句不甚可解。查《资治通鉴·魏纪》景初元年，作"本纲未举而造制末程"，则语意豁然。今本《三国志》应据之校改。傅嘏认为乡举里选为育才择才之始，故"殿最之课"应以察举为本。所谓"未有六乡之举"并不是说当时未行察举，而是说察举不盛。这是当时的一种修辞方法。如《晋书·傅玄传》："今圣明之政资始，而汉魏之失未改，散官众而学校未设。"晋初并非没有学校，说"学校未设"，是极言学校之不盛。傅嘏与杜恕意见相近：乡里庠序育才而州郡贡士，然后继之以考课，方不致有缺略环节。

傅嘏语中又有"案品状则实才未必当，任薄伐则德行未为叙"句。"品状"指曹魏九品中正制下中正提供之品状。"薄伐"义同于簿伐、阀阅，指功次。傅嘏之语上下句互文见义，言考课法于检校功次为长而褒叙德行为短，而中正提供之品状则恰好相反，由朝官兼任之本乡中正，无法详知内外官吏的才能功次，但可提供士人在乡里宗党中之德行声望。又《三国志·魏书·夏侯玄传》记其进于司马懿之语曰：

官长则各以其属能否献之台阁，台阁则据官长能否之第，参以乡间德行之次，拟其伦比，勿使偏颇。中正则唯考其行迹，别其高下，审定辈类，勿使升降。台阁总之。

夏侯玄虽名列"浮华"，此语却不为无根之辞。他的意思是，中正之品第与长官之课第互相配合，一考"德行之次"，一考"能否之第"。司马懿答书亦曰："礼，乡间本行，朝廷考事，大指如所示。"

对九品中正制与察举的关系，后面还将有讨论。此处说明的是，结合当时参与选官讨论之诸人意见，可以看到一种倾向，即这种讨论最终将归结到这一点，就是中正考德行，长官课功能；至于孝廉察举，自然以经术策试为主，三者各有针对，互相配合，从不同方面，保证王朝对文官之德行、功能和经术的要求。九品中正制、考课制和察举制环环相应，以使本、末、名、实归于一致。

三、从"黄散"看"清途"的兴起

士族势力的兴起，毕竟是不可逆转的趋势，那么，前述旨在保障皇帝专制权威和官僚政治行政的那些选官措施，就不可能彻底贯彻或有效地发挥作用；而与之同时，另一种适应于士族名士的选官途径——"清途"，却迅速发展了起来。在第一章第四节中我们业已论及，在汉代，原本就有任子与内侍起家等法，构成了高官权门子弟的特权性入仕途径；但随着察举制的兴盛，这种仕途的重要性便相对下降了。可是自曹魏以降，随社会政治文化背景之变动，选官体制的入仕诸途又发生了新的变化。高门子弟，多已不屑由州郡掾吏之低职入仕迁转。朝廷中的一些郎官、内侍、东宫官之类官职，再次形成了高门子弟习惯性的起家晋升之阶，并被视为所谓"清途"。本来就存身于帝国选官体制之中的"以族取人"因素，由此大为强化。

曹魏时期，所谓"黄散"之官，就已表现出明显的面向高门子弟的倾向。我们以此为例，来分析"清途"的兴起。《初学记》卷十二："自魏及晋，置给事黄门侍郎四人，与侍中俱管门下众事，与散骑常侍并清华，世谓之黄散焉。""黄散"指黄门侍郎与散骑常侍，但散骑侍郎实际也包括在内。黄门侍郎之官名承汉之旧；散骑常侍、散骑侍郎则为魏文帝曹丕于延康中新设，采汉之散骑、常侍、侍郎等名目合之而成。"黄散"并称"清华"。

《三国志·魏书·崔林传》注引《魏名臣奏》：

> 诏曰：昔萧何荐韩信，邓禹进吴汉，惟贤知贤也。（王）雄有胆智技能、文武之姿，吾宿知之，今便以参散骑之选，方使少在吾门下知指归，便大用之矣。天下之士，欲使皆先历散骑，然后出据州郡，是吾本意也。

可知这一"清华"之职，最初是为了优宠才士而设。汉代孝廉宿卫为郎，便有使之"观大臣之能"的目的，然后出为令长丞尉。散骑之设亦有同样目的。但使之居而"知指归"的，已是门下，所出据的已是"州郡"了。很快，权贵子弟便纷纷拥入此途。《三国志·魏书·杜恕传》注引《魏略》：

> 黄初中，（孟康）以于郭后有外属，并受九亲赐拜，遂转为散骑侍郎。是时，散骑皆以高才英儒充其选，而康独缘妃嫔杂在其间，故于时皆共轻之，号为"阿九"。

按《北堂书钞》卷五八引"《魏志》云"中一句作：

> 是时，散骑侍郎多贵戚子弟，或以高才英儒充其选。

较今本《魏书》所注引《魏略》，多"多贵戚子弟"一句。《书钞》原系此段文字于"皆贵子弟"条下，知编者摘引此文，正为"多贵戚子弟"五字。那么，误衍的可能性就很小，正可补今本《魏书》所引《魏略》之不足。散骑"以高才英儒充其选"应是文帝本意，但不久就出现了"贵戚子弟"充斥其间之局。

"黄散"之官，大致没有具体职事。《初学记》卷十二："自魏至晋，散骑常侍、散骑侍郎与侍中、黄门侍郎共平章尚书奏事，江左乃罢之。"查《三国志·魏书·华歆传》注引华峤《谱叙》："（华）表字伟容，年二十余为散骑侍郎，时同僚诸郎共平尚书事。"是散骑侍郎一度确有"平尚书事"之事，然而这实非固定的、明确的职事，乃因时因人而异。故《初学记》卷十二引《魏略》又称散骑常侍"出入侍从，与上谈议，不典事"。《晋书·职官志》及《通典·职官三》亦均言其"掌规谏，不典事"。《晋书·武帝纪》记泰始二年二月诏称侍中、常侍以谏诤为职，应择能正色弼违者为之；然同年九月散骑常侍皇甫陶、傅玄上书谏诤，又被有司奏寝。《北堂书钞》卷五八引《华峤集》："诏曰：散骑以从容侍从，承答顾问为职，又掌赞诏命，平处文籍。"则其职司又变成侍从顾问、诏命文籍了。可见其并无固定职掌。至于黄门侍郎，据《通典·职官三》称其为"侍卫之官"，实亦无非"从容侍从"而已。

正因为这些门下内侍之官并无固定职掌，所以便被看成"冗散"。《三国志·魏书·杜恕传》注引《魏略》，记孟康为散骑侍郎，"因在冗官，博读书传"。是散骑为"冗官"。又同书《王肃传》注引《魏略》，记董遇于建安二十二年"被录诣邺，转为冗散"；查同书《文帝纪》，延康中劝进者有"魏王……给事黄门侍郎王毖、董遇等"，知董遇至邺后所转之"冗散"为魏国黄门侍郎。是黄门侍郎亦为"冗散"。

"黄散"既无明确职事，不必烦神劳形，又号为"清华"，故颇为贵势所乐为。后来散骑常侍、侍郎于正员之外又陆续增设员外、通直之名目；常侍、侍郎遂各有正员、员外、通直三种，"凡六散骑焉"。其员额在不断膨胀。《北堂书钞》卷五八引《晋诸公赞》云："任恺、王俊、齐王攸皆为魏员外散骑常侍。于时公族务在闲任，故置外位。"又《太平御览》卷二二一引《束晳集》："员外侍郎及给事冗从，皆是帝室茂亲，或贵游子弟。""黄散"等官鲜明地表现了面向"公族""帝室茂亲""贵游子弟"的色彩。

下面我们利用统计分析，进一步说明问题。清人洪饴孙《三国职官表》列曹魏散骑侍郎23人，除去史传明记或估计黄初前已入仕居官者6人不计在内，余17人。这17人，绝大多数为权贵高门子弟。如钟毓，太尉钟繇子；王肃，司徒王朗子；曹爽，大将军曹真子；何曾，太仆何夔子；夏侯惠，征西将军夏侯渊子；杜恕，尚书仆射杜畿子；夏侯玄，征南将军、荆州刺史夏侯尚子；陈泰，司空、录尚书事陈群子；荀顗，曹操谋臣侍中荀彧之子；桓纂，尚书令桓阶之弟；华表，太尉华歆子；王浑，司空王昶子；司马亮，太傅、大将军司马懿子。又以贵戚拜者：孟康，郭后外属；毛曾，明皇后弟；何晏，尚金乡公主。只有王象一人，是于建安中为曹丕礼遇，黄初中擢拜散骑侍郎的。特别是，这17人中，有12人是起家便居此官，占十分之七。华表年二十、钟毓年十四便直接由之入仕。可见散骑侍郎是权贵子弟重要的起家之阶。

还可指出，得为散骑侍郎者，颇多身有爵位之人。如王肃，嗣父爵兰陵侯；曹爽，嗣父爵邵陵侯；何曾，嗣父爵阳武亭侯；杜恕，嗣父爵丰乐亭侯；夏侯玄，嗣父爵昌陵乡侯；陈泰，嗣父爵颍阴侯；华表，嗣父爵博平侯；桓纂，赐爵关内侯；司马亮，万岁亭侯。据《宋书·谢弘微传》："晋世名家身有国封者，起家多拜员外散骑侍郎。"就是说，晋代侯门子弟凭嗣爵、赐爵，便有起家为散骑侍郎的优先资格。这一制度，在曹魏就已相当明显了。

黄门侍郎，《三国职官表》列43人，内重出1人，史传明记或估计黄初前已居官者13人，又仅知其为黄门侍郎而前后居职迁转不明者5人，以及孙吴降人孙彧一人为特例均除在外，余23人。其中，起家便拜此官者5人：袁侃，郎中令袁涣子；臧艾，镇东将军、执金吾臧霸子，嗣父爵武安乡侯；程晓，卫尉程昱子，少封列侯；司马晃，太尉司马孚子，封武始亭侯；只有王黎，高邑人，家世不明。由此可见，由之起家者大部分仍为权贵子弟。

又王肃、钟毓、杜恕、夏侯玄、夏侯惠、王浑、华表7人，均由散骑侍郎迁至此官；又李丰、荀闳、傅嘏、贾充、王沈、钟会、羊祜、裴秀等，分别由太子文学、尚书郎、中书郎、大将军掾等迁至；又毕轨、何曾、司马珪、向雄等，分别由长史、典农中郎将、县令、司隶都官从事等迁至。从这些人之家世背景看，大多数仍为权贵高门。《初学记》卷十二引《桓阶别传》："阶为尚书令，文帝幸见诸子。少子元禅上搏手曰：长者子元禅。是日，拜二子为黄门侍郎。"桓阶二子为黄门侍郎，《三国职官表》未录。可见黄门侍郎之得官，亦多依父兄家门之势位恩宠，这一点与汉代之诏除郎相近。

散骑常侍品秩已相当之高，但权贵子弟仍有起家便拜者，且多为身有爵位之人。如荀岂，荀彧孙、虎贲中郎将荀恽子，"嗣为散骑常侍，进爵广阳乡侯"；曹肇，征东大将军曹休子，嗣父爵长平侯；曹彦，大将军曹爽弟，少封列侯；司马师，司马懿子，嗣舞阳侯；司马骏，亦司马懿子，"魏景初中，封平阳亭侯，齐王芳立，骏年八岁，为散骑常侍、侍讲焉"；司马攸，司马昭子，少嗣爵舞阳侯，年未十八，为散骑常侍；司马瓖，太尉司马孚子，封长乐亭侯；孔乂，孔子后裔，父祖皆二千石。由荀岂"嗣为散骑常侍"之"嗣"字，知此官之授与门第爵位，仍有密切关系。

从上面所叙述的"黄散"与父祖官位、爵位之关系看，不能不说这是汉代权贵子弟由任子及内侍入仕之途的复兴与发展。

四、"清途"与选官格局的变迁

"黄散"之位既然表现出浓厚的"以族取人"倾向，那么由"黄散"起家这种特权性仕途的发展，就必然使选官格局发生重大变动。

据《通典》卷三六《职官十八》所载之《魏官品》，散骑侍郎、黄门侍郎列在第五品，且居同品之郡国守相内史之前。而以任子为之、以孝廉为之或经太学试经而为之的郎中一官，在汉仅仅秩比三百石，在魏官品为八品。可见"黄散"入仕之途，既远远优于汉之任子诏除郎，也远远优于孝廉与太学试经入仕。且孝廉须先仕州郡为掾吏，而魏之"黄散"，至有年在幼童便无功而拜者。

再从"黄散"之迁转看，前述曹魏散骑侍郎之17例，除桓纂一人迁转不明之外，余16例。其中7人迁为黄门侍郎，3人迁为散骑常侍，1人迁为侍中，合计迁为门下内侍者多达11人，竟占到三分之二。余者，则为典农中郎将、太守、刺史、东中郎将、城门校尉等。黄门侍郎前所考察之23例，除1人终于此官外，余22例。其中，迁为散骑常侍者4人，侍中1人，迁为内侍之比例仍达四五分之一之多。而由之所迁之其他官员，出为守相典农的达8人，刺史2人，合计为州郡长官者共10人，占46%，几近半数。又散骑侍郎亦有3人为刺史、郡守和典农中郎将。可见，散骑侍郎、黄门侍郎还是郡守、刺史的重要来源。此即魏文帝使天下士人先"少在门下知指归"，"然后出据州郡"之意。至于散骑常侍，在魏官品列在第三，且居同品之尚书令仆、中书监令与九卿之前；由此，已可直接进入高级官僚的行列了。其所迁转者，大多为郡守、刺史、中领军、中护军、尚书、尚书仆射、中郎将、将军、秘书监、大司农、光禄勋等重要官位；此外还有相当一批转为侍中。

我们知道，汉代士人多由州郡掾吏察举为郎中，出为令长丞尉，或为中都府丞、长史、尚书郎等，然后再以功次继续升迁。而在曹魏，权贵子弟则往往由门下之散骑侍郎、黄门侍郎直接入仕，出为实职后再入门下，不须几出几入，便至高位。又据前面之统计，由散骑侍郎、黄门侍郎直接迁为散骑常侍者7人，经他职又迁至者7人，起家即拜散骑常侍者8人，合计达22人。王肃、王浑、钟毓等，都是连经散骑侍郎、黄门侍郎和散骑常侍三职；钟毓后又为侍中，更连历门下四职。由"黄散"迁为侍中者亦达8人。在士人仕途中，如有一次或数次为门下内侍的经历，那么跻身高级官僚的机会就大大增加了。

以上仅仅是把"黄散"作为"清途"的典型例证之一而加以讨论的，而权贵子弟的起家之官并不止此。例如五品之中书侍郎，六品之尚书郎、秘书郎等，也常常是其起家之选。如凉州刺史张既子张缉，太常任昊子任恺，左将军邹轨子邹湛，皆以中书侍郎起家；典农校尉、太守许据子许允，大鸿胪刘晔华子刘陶，典军校尉丁斐子丁谧，谒者仆射王业子王弼，豫州刺史贾逵子贾充，尚书卫觊子卫瓘，尚书令陈矫子陈骞，幽州刺史杜恕子杜预，皆以尚书郎起家；太傅钟繇子钟会，太常郑袤子郑默，皆以秘书郎起家。中书郎、尚书郎、秘书郎等皆有所司之职，因而与"黄散"有所不同。这些官职同样较孝廉所例拜之八品郎中为高，迁转上也更为优越。《北堂书钞》卷五七引王肃《论秘书表》，"秘书丞、郎俱秩四百石，迁比尚书郎，出亦宜为郡"，是秘书郎与尚书郎外补均为郡守二千石。同书又记，"武皇帝初置秘书，仪依御史台，文帝屡有优诏，丞郎之选，位次比黄门郎"，是秘书郎与黄门郎资望相同，那么黄门郎外补亦应为郡守，这一点也已经由前面的统计所证明了。而孝廉郎外补仅为令长，是又明低一等。又如东宫太子庶子、舍人、文学等，也是位望清华的重要起家官位，多为权贵子弟所居。

自魏以降，士人对"起家官"日益重视，它逐渐成了身份高下的重要标志之一。以至于有起家官品，高于所迁官品之事，如袁侃由五品之黄门侍郎迁为六品之尚书郎。但如起家为尚书郎，则觉逊黄门侍郎一等。《三国志·魏书·王弼传》注引《王弼传》："正始中，黄门侍郎累缺。（何）晏……议用弼。时丁谧与晏争衡，致高邑王黎于曹爽，爽用黎。于是以弼补台郎。""然弼为人浅而不识物情，初与王黎、荀融善，黎夺其黄门郎，于是恨黎。"而《北堂书钞》卷五八引《傅子》："王黎为黄门郎，轩轩然乃得志，喧喧然乃自乐。"是由黄门郎转尚书郎则可，如径为台郎，则觉逊"黄散"一筹。

总之，曹魏时王朝选官格局开始发生深刻变动，权贵高门子弟通过一些五六品内侍、郎官、东宫官等直接入仕，由此获得了占有要职优位的优越途径。较之孝廉察举，这种仕途的特点是，第一，凭借父祖官爵权势便可轻易猎得，既无"试职""累功"之法，又无经术笺奏之试，亦不须仕郡仕县为"乡部亲民之吏"；第二，入仕起点高，起家便为五六品官僚，而孝廉举前已先仕郡县，举后所拜亦不过八品之郎中；第三，资望清华，升迁便捷，孝廉郎中一般不过补令长，而"黄散"等却可依制"出据州郡"。

那么，这种清官入仕迁转之途的兴起，就必然对察举作为士人入仕正途的旧日地位构成挑战，使之作用和重要性为之下降。而王朝企图以察举之"贡士以经学为先"遏止浮华玄虚之风，从而使本、末、名、实归于一致的努力，当然也就不能成功。同理，曹魏时太学始终不能崇隆，考课在事实上亦无法贯彻。这与"清途"的发展，有着直接的关系。

清官入仕迁转之途或"清途"，是士族政治的组成部分，是随士族阶层的发展而发展起来的。士族的形成与特征，既然在于"名士"因素与"官族"因素的合一，那么相应地，也必然有同时体现了"以名取人"与"以族取人"的选官途径出现与之相适应。"清途"最初是为了优遇名士，不久又为权贵子弟垄断；而我们观察那些由"黄散"等入仕的贵公子们，如何晏、夏侯玄、钟毓、王肃、杜恕等，大抵都是以才华智慧显名于时的名流。

而且，"清途"之所以名之为"清"，这也不是偶然的。在汉代，"清"就已渐成为称述名士群体之独特素质的常用语词了：其同类称"清流"，其节操称"清节"，其谈辩称"清谈"，其政治批评称"清议"；李膺赞荀淑"清识难尚"；孔融赞杨彪"四世清德"；周兴"清厉之志，闻于州里"；"范滂清裁，犹以利刃齿腐朽"。世入魏晋，名士与官族有合一之势，于是，"清"就既可用以称述名士之品格素质，如阮咸之"清真寡欲"，王导之"识量清远"，王羲之之"清贵有鉴裁"；又可用以赞美士族之门第，如《魏书·咸阳王禧传》称"时王国舍人应取八族及清修之门"，"清修之门"即士族高门。那么，用"清"以区别士族习惯的起家迁转之官位，就是顺理成章的了。又如"清华"，既可指文采，如《晋书·左贵嫔传》中之"言及文义，辞对清华"；又可指士族高门，如《南史·到㧑传》中之"此二职，清华所不为"；同时又可指士族依例迁转之官职，如《北齐书·袁聿修传》中之"以名家子历任清华"，又前引《初学记》卷十二称黄门侍郎与散骑常侍"并清华，世谓之黄散焉"。"清"这一语词的作用，同时标示出了士族在文化、门第与仕官上的独特性。

当然，曹魏时期"清途"之类说法尚不普遍；前述那些"清途"诸职，尚未成为权贵高门的垄断之位，只是说他们有更为优越的条件由之入仕，但一些普通士人凭借才学有时也可以厕身其间；也不是说贵公子们必定要由之入仕，其他官职只要品秩不低，他们也乐于由之起家。但自晋以下，"清官""清位""清职""清选""清贯"之类词语使用渐多，官位清浊有异、起家方式有别的观念日益发达。原其所始，曹魏时期的上述变化，为其滥觞。

第三部分

两晋时期

第七章　晋代察举之变迁

由魏入晋，士族门阀势力扶摇直上。经济上，先后出现了品官占田荫客制、士人免役制和品官封锢山泽制，保障士族官僚存身和发展的经济条件。文化上，士族名士清谈玄理、虚无放诞，并形成了独特的礼法门风和生活方式，以这种意识形态维护其高贵的社会地位。政治上，少数权贵高门世据要津，执掌权柄，成为皇权以外的最大亲缘身份性政治势力。与之相适应，王朝选官上九品中正制与清官入仕迁转之途的配合，成为士族成员获取官职与权力的康庄大道。"以名取人"和"以族取人"的结合，取士面向士族名士，成了王朝选官的主导倾向。由之，承汉而来的察举选官制度，其地位与作用继续下降。但是，专制皇权和官僚政治的维护者，仍然在努力挽救察举的颓势；察举制度本身，仍然有一些引人注目的发展。下面，我们首先对晋代察举以及相关的太学试经制度的有关变迁加以叙述。

一、察举特科

西晋初年，社会由三国鼎立状态进入了暂时的统一。这种统一的努力及其结果，多少带来了一点向上的气象。王朝对恢复汉式的官僚政治秩序颇为关注。在选官方面我们看到，此期王朝对振兴察举曾经给予了相当的重视。

这种重视首先就表现于频繁的特诏察举之上。例如据《晋书·武帝纪》，咸熙二年十一月，"令诸郡中正以六条举淹滞，一曰忠恪匪躬，二曰孝敬尽礼,三曰友于兄弟,四曰洁身劳谦,五曰信义可复,六曰学以为己";泰始四年十一月,"诏王公卿尹及郡国守相,举贤良方正直言之士";泰始五年十二月,"诏州郡举勇猛秀异之才";泰始七年六月,"诏公卿以下举将帅各一人";泰始八年二月,"诏内外群官举任边郡者各三人";太康九年正月,"令内外群官举清能,拔寒素";太康九年五月,"诏内外群官举守令之才"。又《晋书·范粲传》:"元康中,诏求廉让冲退履道寒素者,不计资,以参选叙……时张华领司徒,天下所举凡十七人。"《晋书·任旭传》:"永康初,惠帝博求清节俊异之士,太守仇馥荐旭清贞洁素、学识通博,诏下州郡,以礼发遣。"《晋书·杜夷传》:"怀帝诏王公举贤良方正,刺史王敦以贺循为贤良,夷为方正。"

以上为西晋时期特诏察举之例。这种察举,第一是为军事需要而举,如"勇猛秀异""将帅"之科;第二是为政事需要而举,如"贤良方正""任边郡者""守令之才"之科;第三是为擢拔寒门俊才而举,如"淹滞""寒素"之举。特举与岁举本是互相配合的,岁举以取常规人才,特举以取特种人才,以补常科之不足。

晋初之屡诏特举,并非例行公事。《晋书·马隆传》:"泰始中,将兴伐吴之役。下诏曰:'吴会未平,宜得猛士以济武功。虽旧有荐举之法,未足以尽殊才。其普告州郡,有壮勇秀异才力杰出者,皆以名闻,将简其尤异,擢而用之。苟有其人,勿限所取。'"晋武帝兴特举,其意正在"以尽殊才",满足王朝对各种特殊人才之需要。

贤良对策制度,兴于汉代。曹魏明帝之时,于太和四年十二月和青龙元年三月两次诏举贤良,但均未见对策之事。晋武帝则恢复了贤良对策之法。《晋书·阮种传》:"是时西虏内侵,灾害屡见,百姓饥馑。诏三公、卿尹、常伯、牧守各举贤良方正直言之士。"据《晋书》之《阮种传》《郤诜传》《挚虞传》等,对策时武帝所问有"王道之本""戎蛮猾夏""文质因革""咎征见作""刑政不宣""经化之务""移风易俗"等重大问题。据《郤诜传》,武帝策问时有言:"朕获承祖宗之休烈,于兹七载,而人未服训,政道罔述。以古况今,何不相逮之远也?虽明之弗及,犹思与群贤虑之,将何以辨所闻之疑昧,获至论于谠言乎?"这颇能反映晋武帝忧患图治之情,以及对贤良对策的殷切期望。

而且贤良对策之时,一策之后又加再策。《晋书·挚虞传》:"举贤良,与夏侯湛等十七人策为下第,拜中郎。武帝诏曰:'省诸贤良答策,虽所言殊途,皆明于王义,有益政道。欲详览其对,究观贤士大夫用心。'因诏诸贤良方正直言,会东堂策问。"在《文献通考·选举六》中,马端临加以赞扬说:"按,试贤良而至于再策,始于汉武帝之待仲舒,而晋武之时亦有之,盖于对者数百人之中,特拔之,而且再策之,可见二帝于策士之事,究心如此!后世亦不过付之有司,视以具文耳。"

至于武帝之令内外群官"拔寒素",惠帝之"诏求廉让冲退、履道寒素者,不计资",更具有在士族占据要津之时,为寒门士人打通进身之阶的意义了。《晋书·李重传》记"时燕国中正刘沈举霍原为寒素,司徒府不从",李重称"如诏书之旨,以二品系资,或失廉退之士,故开寒素以明尚德之举"。二品为中正品第,是士族才能得到的上品,在选官中待遇优越。唐长孺解释说,"当时下诏求贤,本来限于二品,如果低于二品者可以由中正以寒素资格提升为二品,始能被举","霍原是寒门本非二品",所以司徒府不从。① 说不及二品者可由寒素升为二品,合于史料本意;但说这次"下诏求贤,本来限于二品"则甚不准确。恰恰相反,这次察举名目是"寒素",所面向的,正是不及二品之人,举后则给予二品资格。"不计资",就是不"以二品系资"之意。《李重传》又记司徒左长史荀组语:"寒素者,当谓门寒身素,无世祚之资。原为列侯,显佩金紫……"可知司徒府不通过霍原的寒素之举,是因为霍原已身居列侯、"显佩金紫",不能算"寒门"了。由此又知"寒素"这一科目,面向的乃是"门寒身素,无世祚之资"者,乃是为了补救士族政治的弊端,容纳寒门贤士才设立的。

可以说,特举频繁,是察举选官方式受到重视的标志。这在九品中

---

① 参见唐长孺:《魏晋南北朝史论丛》,110～111页,北京,生活·读书·新知三联书店,1978。

正制与清官入仕迁转之途互相配合，而保障着士族入仕特权之时，有着特别的意义。察举制发挥着选拔军事政治人才、容纳寒门士人、补救士族政治弊端的作用，对此我们在以后的章节之中还要专门论及。

二、秀才对策制度

西晋初期，察举制的一个重要变迁，是秀才对策制度的成立。

秀才一科始于西汉武帝，最初大约为特举。据《汉书·元帝纪》，初元二年因地震下诏命"丞相、御史、中二千石举茂材异等直言极谏之士，朕将亲览焉"。这次察举"茂材异等"与"直言极谏"同科，又曰"朕将亲览"，显然有对策之事。又记永光二年因日食"令内郡国举茂材异等贤良直言之士，各一人"。准以前例，这次"茂材异等"也应有对策。这大约是秀才对策最早之见于史籍者。但这两次秀才之举为特举，非岁科。约在西汉后期出现了秀才岁举，但终汉之世，岁举之秀才略无对策之事，举后皆直接拜官。曹魏之时，秀才举后仍无对策。

直到晋代，才出现了秀才对策制度。这一制度著之于《晋令》。《北堂书钞》卷七九：

> 《晋令》：举秀才必五策皆通，拜为郎中，一策不通，不得选。

关于秀才察举的《晋令》，《北堂书钞》还录有其他两条，后面在有关之处将予以引证。看来晋廷曾经对秀才察举制度专门做过一次改革，并以令之形式使之固定下来了。

《晋书》所记西晋秀才之对策者，有纪瞻、华谭二人。《纪瞻传》："吴平，徙家历阳郡，察孝廉，不行。后举秀才，尚书郎陆机策之。"查同书《陆机传》，陆机太康末入洛，其任尚书郎则在吴王司马晏出镇淮南之后，赵王司马伦辅政之前，其时约为惠帝永熙之后、永康之前。则陆机以尚书郎策试纪瞻，即当在此期间。又《华谭传》："太康中，刺史嵇绍举谭秀才。""同郡刘颂时为廷尉，见之叹息曰：'不悟乡里乃有如此才也！'"查同书《刘颂传》，刘颂为廷尉，"会灭吴，诸将争功，遣颂校其事，以王浑为上功，王濬为中功。帝以颂持法失理，左迁京兆太守"；又《王濬传》记其"太康六年卒"。刘颂在平吴后因检校诸将争功事失廷尉之官；而华谭以秀才对策为廷尉刘颂所叹赏，亦可推测在太康前期。这是岁举秀才对策见于史籍之最早一例。

察举制度在发展中渐重考试，乃是一历史趋势。汉代察举之岁科以秀才、孝廉最为重要。孝廉科于东汉顺帝阳嘉年间始行家法、笺奏之试；至西晋太康年间，秀才一科也采用对策考试之法了。据《晋书·赵王司马伦传》，司马伦篡位，"是岁，贤良方正直言、秀才、孝廉、良将皆不试"；又同书《王接传》："三王义举，惠帝复阼，以国有大庆，天下秀孝一皆不试，接以为恨。"可知正常情况之下，秀才是必须策试的。

从制度渊源看，秀才对策当然是来源于贤良对策制度。就《纪瞻传》《华谭传》所载之策试内容看，有文德武功问题，法令教化问题，贡士举贤问题，经义礼制问题，绥抚吴蜀问题，等等，仍以"陈政"为中心内容。《晋书·王接传》载，王接举秀才，或劝其不应，他说："今世道交丧，将遂剥乱，而识智之士钳口韬笔，祸败日深，如火之燎原，其可救乎？非荣斯行，欲极陈所见，冀有觉悟耳。"可见，秀才对策原可以"极陈所见"，为进言之一途径。

贤良科盛于两汉，至曹魏已不甚重要。西晋时一度重要，但所取人数有限；而秀才自此却成了主要的以对策取人之途了。直到唐初，秀才科才被进士科取代。秀才科初行对策之时，虽仍然兼有以此"求言"之意图，但发展中却日重文辞，成了一种按文辞高下取人的科目了。以文辞考试取士，初始于东汉灵帝。灵帝好文，设鸿都门学，引诸能为书画、辞赋、尺牍者居之；又令于盛化门加以考试，"差次录第"，授以官职。但这仅为一时之制，且为其时之士人所不齿。而晋代以下之秀才对策，与中古文学之繁荣正相合拍，乃是文士瞩目的显示文采之机会。汉代察举之考试，有贤良之对策、孝廉之试经术、试笺奏三种形式，曹魏时中止了孝廉笺奏之试。晋代以降，又形成了孝廉射策试经术、秀才对策试文辞的二科并立之格局。对这一演变过程，后面还要加以叙述。

三、察举考试之等第和任用

下面讨论西晋秀才、贤良、孝廉之考试任用情况。

依前引之《晋令》，秀才对策须"五策皆通"，"一策不通，不得选"。对策之策数为"五策"，自此遂成经制。又等第的确定，不是依所"通"之策的多少，而是在五策皆通的前提下，才依内容高下而确定的。由"一策不通，不得选"的规定，知考试有制度化的黜落之法。汉代贤良对策，大致没有黜落，对策之数也未见定制。西晋之秀才对策，比较起来已更为程式化了。

据《晋书·华谭传》，秀才华谭所对正为五策；而同书《纪瞻传》记其以秀才对策六策，较《晋令》之规定多一策。又，贤良对策之制或同于秀才，然《晋书·阮种传》记其以贤良对六策；同书《郤诜传》记其以贤良对三策，疑有二策未录。是对策之多少，时或有所变通。

西晋之贤良，我就史传大略考得 16 例。其中 10 人不行不就，余 6 人均有对策之事。王康策在上第，任用不明；索靖策在高第，拜驸马都尉。其余数人之等第任官的记载，颇有矛盾牴牾之处。《晋书·阮种传》："时种与郤诜及东平王康俱居上第，即除尚书郎。"三人既然俱居上第，任官似应相同，皆为尚书郎。但同书《郤诜传》记曰："以对策上第，拜议郎，母忧去职……未毕，召为征东参军，徙尚书郎。"又《太平御览》卷四一二引王隐《晋书》："郤诜对策上第，拜朝议郎，母忧去职。"是郤诜所拜原为议郎。《郤诜传》记其语有"臣举贤良对策，为天下第一"，知其等第必不低于阮种，然二人授官却不相同。又《晋书·挚虞传》："举贤良，与夏侯湛等十七人策为下第，拜中郎。"而同书《夏侯湛传》曰："泰始中举贤良，对策中第，拜郎中。"二处所记夏侯湛之等第及任官互不相同，未知孰是。上第、下第，郎中、中郎等，极易混淆，这只有再结合其他材料加以分析。

秀才一科的任官，《晋令》明确规定"拜为郎中"，这便与汉制有很大不同。汉代孝廉例入郎署为郎中，而秀才以拜县令长者为多。据黄留珠统计，西汉秀才拜县令者占64%，东汉又上升到83.5%。两汉秀才无一例拜为郎中者。① 郎中秩比三百石，而县令长秩六百石至千石，故秀才高于孝廉。曹魏之秀才我考得8例，其中3例不行不就，余5人。其中傅玄及山涛2人，皆除为郎中，见《晋书》本传。是曹魏后期，秀才已有拜为郎中之事。至晋代，秀才拜郎遂著之于《晋令》，成为经制。是秀才之任用，已等同于孝廉，较之汉代，显然有所降格。

《晋书·石勒载记》中有一条颇有价值的旁证材料：

> 又下书令公卿百僚岁荐贤良、方正、直言、秀异、至孝、廉清各一人，答策上第者拜议郎，中第中郎，下第郎中。其举人得递相荐引，广招贤之路。

此令约在东晋成帝咸和年间。按石赵政权汉化诸制，如清定九品、计吏拜郎、太学试经等，大抵承自魏晋之法，察举制亦当如此。"秀异"当即秀才或"秀才异等"，"至孝、廉清"当即孝廉。其所令岁荐之科目与西晋通行之科相同，特别是"秀异"科亦行策试，同于西晋而异于汉魏。估计其贤良秀孝之策试，并依上、中、下三等区别等第，分别拜授议郎、中郎、郎中之法，恐怕不是凭空产生，颇有可能是直接沿用了晋朝成规。

汉代之贤良、方正、直言以及敦朴、有道等，在初期对策后所授之官因时而异，尚未定型。有得除议郎、郎中者，其高者亦有博士、县令、谏大夫、中大夫等。但在东汉，除拜议郎、郎中之情况日渐增多。《后汉书·鲁丕传》："建初元年，肃宗诏举贤良方正，大司农刘宽举丕。时对策者百有余人，唯丕在高第，除为议郎。"高第者除拜议郎，那么下第者就应较此为低。《后汉书·皇甫规传》记其举贤良方正对策，"梁冀忿其刺己，以规为下第，拜郎中"。是下第所拜为郎中。谢弼、陈敦、公孙度以

---

① 参见黄留珠：《秦汉仕进制度》，172页。

有道对策拜郎中，大约是策在下第；又苏章、刘淑、张奂、李固等皆以对策第一或高第拜议郎，那么马融、刘瑜等对策拜议郎，大约也是试在高第。（以上参见《后汉书》诸人本传。）总之，东汉特举对策诸科的任用，已有以高第拜议郎、下第拜郎中的大致趋势。这是一种趋于程式化的表现。这大约就影响了西晋贤良秀才对策的分等授用之法。

西晋贤良除授之官，有议郎、郎中，还有中郎，已如前述。秀才亦是如此。除拜议郎者，如《晋书·周玘传》："举秀才，除议郎。"除拜中郎者，如《晋书·王接传》记其"永宁初，举秀才……除中郎"；《甘卓传》记"举桂阳谷俭为秀才……俭耻其州少士，乃表求试，以高第除中郎"。至于除郎中者其例更多，如嵇含、文立、华谭、索琳、张寔等。史传对等第及各种郎官记载十分混乱，但存在着议郎、中郎、郎中三种任官，则是没有疑问的。据《通典》之《职官十八》《职官十九》，魏晋议郎在第七品，中郎、郎中在第八品。又《续汉书·百官志》曰，"议郎，六百石"，"中郎，比六百石"，"郎中，比三百石"。是中郎又较郎中为高，秩禄有较大差别。又《晋书·武帝纪》："封孙皓为归命侯，拜其太子为中郎，诸子为郎中。"亦见西晋时中郎、郎中有明确区别。既然晋代贤良秀才之任官有议郎、中郎和郎中三种，同时对策大致也有上第、中第和下第三个等级，那么，石赵政权察举实施中之上第拜议郎、中第拜中郎、下第拜郎中的制度，大约就是有所参照借鉴的。两相印证，西晋之贤良秀才策试分等任用之制，反过来说也当近于石赵之法。

至于孝廉一科，在晋代未见有拜议郎、中郎者。《世说新语·文学》注引宋明帝《文章志》，记东晋张凭"以才选举孝廉，试策高第，为（刘）惔所举，补太常博士"，是其时孝廉试策有等第分别。如果晋代秀才有分等授用之制的话，那么孝廉科似乎应与之相同。但是必须指出，晋代有关察举分等授用的材料，仍欠明确，尚有待深入考察。以上之叙述，仅仅为推测而已。

晋代秀才是依制"五策皆通，拜为郎中"，孝廉则是在汉代就以除拜郎中为经制的。但据我统计，曹魏与两晋之孝廉和晋代之秀才，史传明记拜为郎官者,在三分之一上下,其余或为公府、军府、州府所辟,或拜为博士、黄门郎、吏部郎、著作郎、太子洗马、吏部令史、谒者、县令长等。但总的看来,在此期秀孝所拜之官中,议郎、中郎、郎中数量最大,远多于其他任何一种官职。虽然统计比例在三分之一左右,但我颇怀疑,可能有许多秀孝曾拜郎官,而为史传省略不计了。

史传省略的情况在汉代就有先例了。据黄留珠统计,汉代孝廉明记拜为三署郎者,也仅占49.1%,其间史传对拜郎情节多加省略。他举例说,《后汉书·雷义传》记其"举孝廉,拜尚书侍郎",而《陈重传》却称陈重、雷义举孝廉后"俱在郎署",是二人都曾为三署郎中,《雷义传》却省略了这一情节。因此黄留珠说:"大凡史书、碑刻中关于孝廉直接除拜郎以外的官职的记载,都不尽然完全可靠,其间多有省文。"又劳榦亦曾有过类似看法。① 这一论点颇有道理。如《后汉书·左雄传》记阳嘉二年孝廉考试后,"唯汝南陈蕃、颍川李膺、下邳陈球等三十余人得拜郎中",而《李膺传》记为"初举孝廉,为司徒胡广所辟",《陈球传》记为"举孝廉,稍迁繁阳令",如非《左雄传》,李、陈二人拜郎事就无从得知了。甚至王朝法令中对此亦加省略。如《太平御览》卷二二九引《汉官仪》:"(太官)丞四人,郡孝廉年五十,清修聪明者,光禄上名,乃召拜。"三署属光禄勋,由"光禄上名",知太官丞选自孝廉郎中,然仪制上只言"郡孝廉"而已。又如《续汉书·百官志》注引《决录注》:"故事,尚书郎以令史久缺补之,世祖始改用孝廉为郎。"尚书郎本自三署孝廉郎选试,这里却也是只言"改用孝廉",不言选自郎中。

可见,由于孝廉拜郎已成通例,不言自明,故汉代史籍多予省略不记。在魏晋史籍之中,在记载秀孝任官时也很可能有类似现象。例如《晋书·纪瞻传》记其举秀才对策,不言拜为何官,遂又述其"永康初,州又举寒素"。然《北堂书钞》卷七九引王隐《晋书》:"纪瞻与秀才至历阳,除

---

① 分见黄留珠:《秦汉仕进制度》,144页;劳榦:《汉代察举制度考》,载《中央研究院历史语言研究所集刊》,第十七本。

郎中。"按"与"当作"举","历"当作"洛",一形近致误,一音近致误。是《晋书》省略了拜郎情节。又《晋书·潘岳传》记其"早辟司空、太尉府,举秀才",后"出为河阳令",不言为郎;然《传》又录其《闲居赋》,其序曰:"仆少窃乡曲之誉,忝司空太尉之命……举秀才为郎,逮事世祖武皇帝,为河阳、怀令。"是《传》文省略了拜郎一事,如非《赋》序,则又将被遗略。由此来看,晋代秀孝之拜郎者,很可能较史传所能见到的为多。

魏晋时期的议郎、中郎、郎中,较之汉代已发生了很大变化。议郎实际已无进言议政之责,中郎、郎中已经没有了宫廷宿卫之职。它们都已完全成了所谓的"散郎",有俸禄而无职事,甚至可以家居而不在朝,属冗散之列。所以"散郎"当时又漫称为"王官",表示士人是王朝领俸官员,不同于平民而已。"散郎"之位,一是用为官僚子弟之赐官,二是用以优遇老迈废疾官员,三是士人仕进之一阶,用以任用通过了察举策试者,使之居此领俸以待迁调。关于"散郎"的详细考辨,可参看本章之后的附录《魏晋的散郎》。

又,晋代秀才如除为太学博士或太常博士,可能不须先经郎职,《北堂书钞》卷七九引《晋令》:

> 举秀才明经传者,简以众典才茂。

上文引自《北堂书钞》孙星衍、严可均七家校影宋本。明陈禹谟、俞羡长万历校本,无"简以众典才茂"句而多"以入学宫"四字。其实二者可以并存互补,即作:

> 举秀才明经传者,简以众典才茂,以入学宫。

"以入学宫"者,入学校以为博士也。这是对明习儒家众典的秀才的特别任用。《晋书·潘尼传》记其"太康中举秀才,为太常博士";《高崧传》记其"举州秀才,除太学博士"。他们或许未经郎官,而是于策试后直接拜为博士的。汉代本有自秀才之明经者中选补博士之制,事见《汉旧仪》:

"刺史举民有茂材，移名丞相，丞相考召，取明经一科，明律令一科，能治剧一科，各一人。诏选谏大夫、议郎、博士、诸侯王傅、仆射、郎中令，取明经。"可知这是一个渊源久远的制度。

四、其他科目

晋代察举科目须经考试者，还有"良将"一科。前引《晋书·赵王司马伦传》："是岁，贤良方正直言、秀才、孝廉、良将皆不试。"是"良将"一科也须考试。又《晋书·陈頵传》记其在东晋太兴初陈时务，有语"又马隆、孟观虽出贫贱，勋济甚大，（今）以所不习，而统戎事，鲜能以济。宜开举武略任将率者，言问核试，尽其所能，然后随才授任"。马隆于泰始中由兖州举"才堪良将"，后讨羌立功。陈頵"宜开举武略任将率者，言问核试"之请，当是援依西晋旧制。是西晋"良将"科原有"言问核试"之事。晋代应"良将"科者，还有刘聪和李庠。《晋书·刘聪载记》："新兴太守郭颐辟为主簿，举良将，入为骁骑别部司马。"又《李流载记》："（李庠）后以善骑射，举良将，亦不就。州以庠才兼文武，举秀异，固以疾辞。州郡不听，以其名上闻，中护军切征，不得已而应之，拜中军骑督。"①

晋代察举之常科，还有计吏、良吏、廉吏。计吏、廉吏二科承自汉代，良吏则似为西晋新设。《金石录》卷二十《晋彭祈碑阴跋》："题名者凡三百十二人，有故孝廉、计掾、计史、良吏、廉吏、计佐……"由排列次序看，孝廉最高，次为计掾、计史，次为良吏，次为廉吏。《华阳国志·大同志》："（太康）五年罢宁州，诸郡还益州，置南夷校尉，持节如西夷，皆举秀才、廉、良。""廉、良"当指廉吏、良吏。《抱朴子·审举》："亦可令廉良之吏，皆取明律令者试之如试经，高者随才品叙用。"是东晋仍有廉吏、良吏之举。《晋书·赵王司马伦传》："郡纲纪并为孝廉，县纲纪为

---

① 由李庠自"中护军切征"，最后拜为"中军骑督"一点，知其最后所应之科应为"良将"，而非"秀异"。"秀异"即"秀才"。

廉吏。"是孝廉例以郡纲纪为之，廉吏例以县纲纪为之。晋代廉吏可考者二人。一为陈敏，《晋书·陈敏传》载其"少有干能，以郡廉吏补尚书仓部令史"；一为仇勃，《晋书·刘弘传》载其为"南郡廉吏"。晋之良吏，考得赵至一人，《晋书·赵至传》载其以幽州从事"太康中，以良吏赴洛"。廉吏、良吏不知区别何在，但性质都是面向下级吏员的。二科得举者史传所见甚少，就其身份看亦属下层士人。这种科目，在士族兴盛之时，看来并没有得到社会重视。

晋代还有"四行"科。"四行"科在汉代由光禄勋负责察举，举自三署郎中。《通典》卷二五《职官七》："汉东京三署郎有德应四科者，岁举茂才二人，四行二人。及三署郎罢省，光禄勋犹依旧举四行衣冠子弟以充之。"《宋书·百官志》："魏无三署郎。"但"四行"科目却承袭下来了。《晋书·钟雅传》："举四行，除汝阳令。"是为一例。

岁举诸科，大约是年终得举，岁尽入都，次年初参加策试或接受审查，然后加以除拜。《三国志·魏书·常林传》注引《魏略》，记司隶校尉钟繇举吉茂为秀才事，是"至岁终，繇举茂"；又同书《管辂传》注引《管辂别传》记"至十月，举为秀才"；又《通典·礼六一》记天水孝廉杨旌"十二月应举"：是举在岁终。《晋书·五行志》记"成帝咸和六年正月丁巳，会州郡秀孝于乐贤堂"；《宋书·武帝纪》记"（永初二年）二月己丑，车驾幸延贤堂策试诸州郡秀才、孝廉"，是策试在次年年初。此亦两汉旧制。

五、学校试经入仕制度

西晋还继承了汉魏的学校试经入仕制度。《晋书·嵇康传》记魏末"太学生三千人请以（嵇康）为师"；《宋书·礼志》则曰晋泰始八年"太学生七千余人"；《南齐书·礼志》记"晋初太学生三千人"。对学生员额诸说不一，但规模尚属不小。

晋代学校制度的一个重要变化，是太学之外又专设了面向官僚权贵子弟的"国子学"。《宋书·礼志》："咸宁二年，起国子学，盖《周礼》国之贵游子弟所谓国子，受教于师氏者也。"《南齐书·礼志》："晋初太学生三千人，既多猥杂，惠帝时欲辨其泾渭，故元康三年始立国子学，官品第五以上得入国学。"国学之所成或非一年之事，或始于咸宁二年，至元康三年始成也。别立国学，既反映了士族高门与寒门士子对立两分之现实，也反映了王朝欲使耻与寒门诸生齿列，又热衷玄学不屑儒术之贵游子弟，亦入学接受正统儒术教育之意，遂成太学、国学之双轨教育制度。

学校试经入仕之法，据《艺文类聚》卷四六引《晋令》：

> 博士皆取履行清通、淳明典义，若散骑、中书侍郎、太子中庶子以上，乃得召试。诸生有法度者及白衣，试在高第，拜郎中。

此《晋令》又见《太平御览》卷二三六及《北堂书钞》卷六七。可见诸生试经拜官之制，是"试在高第，拜郎中"。曹魏学校有五经课试之法，至晋似又另立新制。拜郎的待遇，与秀孝察举略近。

还可注意的是"诸生有法度者及白衣"一句，"白衣"亦可参加试经。古未仕者着白衣，故"白衣"指未仕无官之人。但诸生亦不得谓已仕居官者。这里"诸生"与"白衣"为对称，"白衣"应特指不在学籍者。

《太平御览》卷二三六引《齐职仪》："《晋令》：博士祭酒，掌国子学。而国子生师事祭酒，执经，葛巾，单衣，终身致敬。"是晋之国子生着单衣。又《宋书·礼志》："巾以葛为之，形如帢，而横著之，古尊卑共服也……今国子太学生冠之，服单衣以为朝服，执一卷经以代手板。"是南朝之国子太学生亦着葛巾单衣，而单衣是用以代替朝服的，表示将欲居官而已不同于平民，是单衣为诸生之制服。①《晋令》只说国子生着单衣，但太学生可能也与之相同。"诸生"与"白衣"为对称，似乎就暗示了诸生都是穿着制服的。《隋书·礼仪志》七："委貌冠，未冠则双童髻，空顶黑

---

① 周一良先生《魏晋南北朝史札记》（北京，中华书局，1985）236 页"单衣"条，言"单衣"有四种，一为单夹衣之单衣，二为士大夫便服，三为吊服，四为官吏服装之一种，分辨精密。诸生之单衣或又为一种，形制或有异于官吏之服装和日常之便服。记此以俟方家详考。

介帻，皆深衣，青领，乌皮履，国子太学四门生服之。""深衣"即单衣。又《通典·礼七七·开元礼纂类十二》："学生仍青衿服。"是隋唐学生仍着制服，承五朝制度。

学人有特殊服装，起源颇早。《诗·郑风·子衿》："青青子衿，悠悠我心。"毛传："青衿，青领也，学子之所服。"但古之民间就学者亦可儒服，非仅官学制服。如陆贾原服儒服，投刘邦后改楚服以迎合之。《续汉书·舆服志》："进贤冠，古缁布冠也，文儒者之服也……自博士以下至小史私学弟子，皆一梁。"推知官私学弟子冠服并无差异。而晋、宋、齐之诸生是"服单衣以为朝服"的，如非官学诸生，大约就没有资格服制服，只能服"白衣"了。又官学诸生可以免役，而平民则不能，那么对二者在服饰上加以区别，就更为必要了。

给予不在学籍之"白衣"以试经入仕机会，这一制度颇有意义。汉之太学有试经入仕之法，但未见扩大到不隶学籍之自学者；察举一途之明经、文学以及阳嘉新制后的孝廉有经术考试，但这均由长官举荐，不能自由报名。曹魏明帝下令"郎吏学通一经，才任牧民，博士课试，擢其高第亟用"，郎吏如欲参试，大约是个人报名申请赴学官就考。至晋代，遂把学官试经之范围扩大到了"白衣"，学业成于学校之外者，亦有参试之机会了。欲参试者，或许是由个人申请，地方官保送至学官应试。在唐代科举制度之下，投考之"乡贡"与学校之诸生同应省试。从一个长过程看，察举考试和学校考试都构成了科举制的渊源。而科举制的特点是允许士人自由报名投考。从曹魏之郎吏赴博士试经，到晋代"白衣"赴学官策试，已隐含投考形式之萌芽了。

晋代由学校试经入仕者，史传颇少明确的实例。唯刘卞之例较为明确。《晋书·刘卞传》记其为兵家子，为祖秀才推荐于县令：

令即召为门下史，百事疏简，不能周密。令问卞："能学不？"答曰："愿之。"即使就学。无几，卞兄为太子长兵，既死，兵例须代，功曹请以卞代兄役。令曰："祖秀才有言。"遂不听。卞后从令至洛，

>得入太学，试经为台四品吏。

刘卞是先入太学为诸生，还是以"白衣"身份于太学试经的，不甚清楚。①总之他是由太学试经为吏的。

但刘卞试经后所拜之官为"台四品吏"，而不是《晋令》所规定的郎中。试经拜郎的制度，后来似有所变化。《晋书·赵王司马伦传》记其篡位后为笼络人心计，下令"太学生年十六以上及在学二十年，皆署吏"。太学生后来似以署吏为惯例。《宋书·礼志》："晋武帝泰始八年，有司奏：'太学生七千余人，才任四品，听留。'诏：'已试经者留之，其余遣还郡国。'""署吏""才任四品"，均与刘卞之"台四品吏"相合。

"台四品吏"之"四品"，为中正之乡品；"台吏"大约是尚书令史。晋尚书令史有二等。据《通典·职官十九》之《晋官品》，尚书省治书、主书、主图、主谱令史官品第八，尚书令史官品第九。《晋书·刘卞传》记其为"台四品吏"后，"访问令写黄纸一鹿车。卞曰：'刘卞非为人写黄纸者也。'访问知怒，言于中正，退为尚书令史"。刘卞原任，大约是官品八品之主谱令史，方与"写黄纸"之职掌相合。"谱"指谱牒，中古重门第，选官须稽之于"谱"；"黄纸"为士人乡品之册，与谱牒性质相近，故以主谱令史掌之。刘卞后降为官品九品之尚书令史，是降官品一等。那么"才任四品"，就是堪任乡品四品人士所居的官品八品之吏，如令史之类。这就是太学试经之后一般所得之乡品、官品与官职。

附录　魏晋的散郎

晋代贤良秀孝之授官，与议郎、中郎、郎中有关。在后面考察察举与中正乡品关系等问题之时，仍然要涉及这些郎官。因此，我们有必要

---

① 刘卞虽为郡门下史，但此类小史仍属"白衣"。《汉书·龚胜传》："闻之白衣，戒君勿言也。"颜师古注："白衣，给官府趋走贱人，若今诸司亭长掌固之属。"又《宋书·吴喜传》："初出身为领军府白衣吏。"

弄清此期这些官称的性质。

清人洪饴孙《三国职官表》曰，曹魏"中郎可考者九人，郎中可考者二十五人，皆未知何署，附列于此"；又加按语曰："《初学记》《通典》皆云魏晋以来无三署郎，而本书（按指《三国志》）中有中郎、郎中，《官品》（按指《通典》之《魏官品》）中复载之，则不应无三署郎也。或自晋以来始无之耳。"洪氏对"魏晋无三署郎"之说表示怀疑，理由是曹魏史传中仍有不少中郎、郎中，《通典》之《魏官品》又明列于八品之中，所以他推测至晋始无三署郎。但问题是，晋代史传中同样有不少中郎、郎中，《通典》《晋官品》第八品中同样有中郎、郎中。洪氏未能详考史料，其推测是不严密的。

《初学记》及《通典》"魏晋以来无三署郎"的说法，或本于《宋书·百官志》，兹引述如下：

> 魏、晋以来，光禄勋不复居禁中，又无复三署郎，唯外官朝会，则以名到焉。
>
> 汉东京三署郎有行应四科者，岁举茂才二人，四行二人。及三署郎罢省，光禄勋犹依旧举四行，衣冠子弟充之。
>
> 左中郎将、右中郎将，秦官，汉因之，与五官中郎将领三署郎。魏无三署郎，犹置其职。晋武帝省，宋世祖大明中，又置。

由此可知，魏晋间确实有"三署郎罢省"之事，而且这与"光禄勋不复居禁中"及三署中郎将罢省有关。自建安以来，陆续设置了武卫营、中领军、中护军、左右二卫、三部司马等，接替了宫禁宿卫之职。于是原掌宿卫的光禄勋失其职掌，不复居禁中了；三署中郎将因而也成为闲职，故为晋武帝一并罢省。

三署中郎将在晋初已不存在，那么"三署"似乎也不应复存。《通典》卷二三《职官五》引《华谭集》"尚书二曹论"记刘道贞语曰：

> 今吏部非为能刊虚名、举沈朴者，故录以成人，位处三署，选曹①

---

① 万有文库十通本《通典》"选曹"作"听曹"。严可均辑《全晋文》引作"选曹"。

探乡论而用之耳，无烦乎聪明。

其时约在西晋太康年间或稍后，其时三署中郎将已经罢省，然刘道贞仍以"三署"为称。但这一问题原不复杂。《通典》卷二九《职官十一》"三署郎官叙"记三署郎：

> 无员，多至千人，皆掌门户，出充车骑。其散郎谓之外郎。

是三署郎原有两部分，一为"掌门户，出充车骑"之郎，一为"外郎"，即"散郎"。《汉书·惠帝纪》：

> 中郎、郎中满六岁爵三级，四岁二级。外郎满六岁二级。中郎不满一岁一级。外郎不满二岁赐钱万。宦官尚食比郎中；谒者、执楯、执戟、武士、驺比外郎。

注引曹魏苏林语曰：

> 外郎，散郎也。

可见，所谓"三署郎罢省"，应该是指"掌门户，出充车骑"的那部分三署郎，因为自魏以来他们已无宿卫之责了。至于"散郎"或"外郎"，却仍然被保留下来了。《晋书·夏侯湛传》：

> 泰始中，举贤良，对策中第，拜郎中，累年不调。乃作《抵疑》以自广，其辞曰："……而官不过散郎，举不过贤良。"

可见晋代察举所拜之郎中，正为"散郎"。前引"尚书二曹论"刘道贞所称之"三署"，实际是就"散郎"而言的。称吏部"录以成人，位处三署，选曹探乡论而用之"，言就察举所拜之"散郎"，依中正品第——"乡论"而选补也。因此，简单地说魏晋有三署郎或无三署郎，都欠确切。

在汉代后期，议郎、郎中等已渐被视作冗散。据《后汉书·蔡邕传》：

"墨绶长吏……而今在任无复能省，及其还者，多召拜议郎、郎中；若器用优美，不宜处之冗散。"又同书《杨秉传》延熹五年"秉上言三署见郎七百余人，帑藏空虚，浮食者众"。是议郎、郎中已被视为"冗散""浮食者"了。学友陈苏镇认为，"魏晋的中郎、郎中，与汉代的三署郎一脉相承，很可能是汉代三署郎制度的遗存"，"这些中郎、郎中显然不再是宫廷宿卫军的一部分，亦不见有其他职掌，拜此官者多拱手待调，或就家养疾"①。这一概括是很准确的。

据《三国志》，隗禧"以病还，拜郎中，年八十余，以老处家"，郑小同"为郎中，长假在家"，杨沛"以议郎冗散里巷"。《晋书·应詹传》："议郎韦泓……躬耕陇亩，不烦人役，静默居常，不豫政事。"又同书《张寔传》："以秀才为郎中，永嘉初，固辞骁骑将军〔辟〕②，请还凉州，许之，改授议郎。"是散郎可以居老迈废疾之人，可以常居乡里，不豫政事，因其本无职事可言。

散郎的拜授，是在不承担行政职事的情况下，给予地位、身份与俸禄的一种方式。它们一方面用以安排老迈闲冗人员，同时又是入仕与迁转的一阶。察举者经过考核，便居此领俸以待迁调；此外，它又用为官僚子弟之"赐官"。《太平御览》卷二三三引《魏志》："钟会……正始中以赐官郎中为秘书郎。"《晋书·荀颉传》："魏时以父勋除中郎。"又有以父祖死事而赐拜者，如张范子张参、管宁子管邈、郑浑子郑崇、典韦子典满等。《晋书·张轨传》："泰始初，受叔父锡官五品。""五品"为乡品，"锡官"即中郎、郎中之类。又同书《邓攸传》："初，祖父殷有赐官，敕攸受之。后太守劝攸去王官，欲举为孝廉。攸曰：先人所赐，不可改也！"邓攸之"赐官"，也当是郎中之职。因举孝廉后仍然只能除为"散郎"，所以邓攸认为"去王官"、举孝廉，乃是多此一举，故托辞不受。

---

① 陈苏镇：《魏晋的散官》，硕士论文，1986年，藏北京大学图书馆。这里参考了他的部分结论。

② 按骁骑将军在第四品，决无以郎中径迁此官之可能，此处当夺一"辟"字，作"固辞骁骑将军辟"，因补。

由《邓攸传》前曰"有赐官",后曰"去王官",知"赐官"与"王官"所指必为一事,"王官"亦当为散郎。"王官"语先秦已有。《左传》定公元年:"若复旧职,将承王官。"指天子之官,与诸侯之官相对。魏晋时代,"王官"可指朝官,特别是出使州郡者,与地方官府属相对①;同时又常特指中郎、郎中等。《通典》卷一〇一《礼六一·周丧察举议》:

> 今诸王官司徒吏未尝在职者,其高足成,有一举便登黄散,其次中尚书郎,被召有周丧,正假一月耳。何至孝廉独不可耳!为孝廉之举美于黄散邪?如所论以责孝廉之举,则至朝臣复何以恕之?宜依据经礼,分别州国之吏与散官不同。又议曰,震以王官司徒吏,皆先由州郡之贡……至于州郡之吏,未与王官同体……

原议关乎察举是否应避周丧,这里不必管它。由上可知,"王官司徒吏皆先由州郡之贡",就是说察举贡士为"王官"之一来源。又议中先称"分别州国之吏与散官不同",又称"州郡之吏,未与王官同体",是"散官"即是"王官"。又称"诸王官司徒吏未尝在职者",而散郎正是可以拜赐而不在职的。又《南齐书·王僧虔传》:

> 高平檀珪罢沅南令,僧虔以为征北板行参军,诉僧虔求禄不得……又书曰:"……本希小禄,无意阶荣。自古以来有沐食侯,近代有王官,府佐非沐食之职,参军非王官之谓……若使日得五升禄,则不耻执鞭。"僧虔乃用为安城郡丞。

---

① 《晋书·王济传》:"出为河南尹,未拜,坐鞭王官吏免官。""王官"指出使州郡之朝官。又《王敦传》:"当陛下践阼之始,投刺王官。"亦指朝官,引申为投效朝廷。北朝之"王官"又指王国官属。《魏书·恩倖传》:"(太和)四年,迁尚书令,封爵中山王,加镇东大将军,置王官二十二人。"但南朝王国官属则称"国官"不称"王官"。《宋书·自序》记沈璞"除南平王左常侍,太祖引见,谓曰:'……王家之事,一以相委,勿以国官乖清途为罔罔也'"。关于"王官",学友杨光辉提供了数条材料,特此致谢。

汉代之列侯有汤沐邑以给奉养，"自古以来"乃是就汉而言，故"近代"必是指汉以后。那么这里的"王官"显然就不是指朝官，因为历代皆有朝官——"王官"，不得谓"近代有王官"。所以此处之"王官"乃是就魏晋之散郎而言的。"王官"有俸禄而无职事，与沐食侯有相似之处，故檀珪得引而对举。板行参军亦居位待调之职，但在当时却没有俸禄，所以檀珪希望得到一个类似"王官"那样的"沐食之职"。

又《通典·选举六》"杂议论"载唐人"选举杂议"七条，其二有语曰：

> 汉代所贡，乃王官耳。凡汉郡国每岁贡士，皆拜为郎，分居三署，储才待诏，无有常职。

可见，唐人对察举所拜之郎称"王官"，其性质为"储才待诏，无有常职"，尚有清晰了解。

《晋书·杨骏传》："少以王官为高陆令。"此"王官"当即赐官郎中。又《通典·职官十八·魏官品》有"王官舍人"一官，在第九品。《晋书·崔游传》记"魏末察孝廉，除相府舍人"，或即其职。亦因为此种舍人有俸无事，故称为"王官"。又《晋书·傅玄传》：

> 王人赐官，冗散无事者，不督使学，则当使耕，无缘放之使坐食百姓也。今文武之官既众，而拜赐不在职者又多……

傅玄所言之"冗散无事"之"王人赐官"，即包括"散郎"在内。"王人"见《春秋》庄公六年："春，王正月，王人子突救卫。"杜注："王人，王之微官也。"可见"王人"也义通于"王官"。[①] 由于散郎等官，不管由察举而得或由赐拜而得，均无具体职掌，只是表明士人已成朝廷命官，可以享受俸禄"坐食百姓"，所以漫称为"王官"或"王人"。傅玄建议使"拜赐"之"王人赐官"就学或躬耕，却不言使之励职勤事，也反映了"王人赐官"本无职事。

[①] 《晋书·荀勖传》："魏太和中，遣王人四出，减天下吏员。"此"王人"指朝廷官员。知"王人"泛称指朝官，特称指"散官"，义同于"王官"。

第八章　察举制与九品中正制

从前一章的叙述可知，西晋时代的察举在制度上还是相当完备的，君主对察举给予了重视，甚至还出现了秀才对策和白衣试经这样颇有意义的发展。但从整个选官格局来看，九品中正制已经表现出明确的优遇士族的倾向并成了选官的主导因素，仕进诸途，遂不能超脱中正制度的制约。所谓"台阁选举，徒塞耳目，九品访人，唯问中正"。由察举一途入仕者，自然不能不经过中正品第，于是在形式上，察举也被纳入了中正制度的支配范围之内。但在事实上，察举制仍然具有与中正制度不同的意义、作用和倾向性。在这一章中，我们对察举制和九品中正制的关系的有关方面加以叙述。

一、九品中正制与"清途"的配合

在曹魏时期，人们曾有使中正考德行、察举试经术、考课考功能这种意向。但随着政治文化的发展，中正制度最终变成了一种保障士族门阀入仕特权的制度。

正如学者以往的研究所指出的那样，中正制与汉末士林品题清议之风有着直接的关系。我们可以说，它起源于"以名取人"。汉末之士林舆论，大致上是"非官方"的，所以也被视作"乡论秀士升之司徒"的那种"乡论"。在这种"乡论"之中，原已有以高下先后次序评定士人之风了。如许劭评樊子昭为"汝南第三士"；士林共论陈蕃、李膺之先后而不能决，蔡邕一言以定之；甚至桓帝也曾询问过陈蕃："徐稚、袁闳、韦著，谁为先后?"曹魏时陈群定九品官人之法,由中正提供士人品状,"品"以叙德行高下,"状"兼叙材行所任。这样,"乡论""清议"便因之而正式化、"官方化"了。

中正以品第高下为未仕者确定入仕资格,对已仕者则要根据其德行表现升降其品,但并不直接参与铨选迁黜,它好像一个专门的审核推荐组织和监察组织;中正又非专职,而是由本籍朝官兼任的;中正品评,特别地被称为"付之清议""付之乡论"。这正反映了既要使"乡论""清议"官方化,又企图保持其某些本来特点的意图。

汉末的"以名取人",曾经造成了"位成乎私门、名定乎横巷","序爵听无证之论,班禄采方国之谣"之局。中正制既然要体现"乡论",就必定面临着同样问题。曹魏时夏侯玄讨论中正制,就曾提出"孝行存乎闾巷,优劣任之乡人"这种形式,如过度发展就可能造成"天爵下通""庶人议柄"与"机权多门","奚必使中正干铨衡之机于下",希望使中正权责只限于德行品评,不要干预过多。卫瓘等亦称"其始造也,乡邑清议,不拘爵位,褒贬所加,足为劝励,犹有乡论遗风"。似乎最初中正定品结状时还能尽其努力征诸"乡论",体现了"庶人议柄"。但更为重要的是,在发展中,中正最终既背离了民间舆论,也未通过"乡论"的官方化而加强了皇权官僚政治;其所分割的选官权威,最终是落入了士族门阀之手。

中正既然已由朝官兼任,那么最终便不可能等同于民间舆论。刘毅《请废九品疏》称:"置州都者,取州里清议,咸所归服,将以镇异同,一言议。不谓一人之身,了一州之才。"是"了一州之才"事实上已成为中正官僚之个人权力。傅咸以司徒左长史"会定九品",自称"处褒贬之任";潘岳亦称"此职执天下清议,宰割百国"。民间之"清议",已由朝廷专设之中正们"宰割"了。而在这一朝廷之中,士族门阀已高据要津,权势煊赫。中正多由士族官僚兼任,品第确定最终也只能是以门第权势为归依的。刘毅所谓"上品无寒门,下品无势族",卫瓘、段灼所谓"计资定品①，使天下观望，唯以居位为贵"，"据上品者，非公侯之子孙，则当涂之昆弟也"。

汉末之士林舆论，固然也有以非文官规范的评价干预选官的方面，可也有大量"品核公卿、裁量执政"的、有激浊扬清之效的政治评论。如能合理地利用其制约监督作用，那是颇有积极意义的。而晋代之中正则已不同。时人已指出，中正已远离乡里，并不能真正了解本乡士人才行，只能"采誉于台府，纳毁于流言"；同时中正已为官场中人，其品第遂"随世兴衰，不顾才实，衰则削下，兴则扶上"，大抵以势位权衡为转移。所以力斥中正之法的刘毅说它并非"乡老纪行之誉"，而李重又有"贡士任之乡议"之要求，卫瓘又有"使举善进才，各由乡论"之要求。尽管为了维持"乡论""清议"形式上的存在，中正不时对士人之礼法末节加以挑剔吹求，可是其"乡论""清议"实际已非汉代之旧，所以上述欲废九品官人法者，反而又有崇隆"乡论"的要求。

刘毅《请废九品疏》又指出，中正"品不料能"，"无绩于官，而获高叙，是为抑功实而隆虚名也。上夺天朝考绩之分，下长浮华朋党之士"。中正以含糊不明、暧昧空洞的"上上"至"下下"之"九品"，而不是以确实的功实评定士人，并且"状"也是"徒结白论，以为虚誉"，这就特别地适合于士族名士的口味。干宝《晋纪·总论》记晋时士族浮华之风："风俗淫僻，耻尚失所。学者以庄老为宗而黜六经，谈者以虚薄为辨而贱名检，

---

① 语见《晋书·卫瓘传》。"资"指任官之资格、资历。魏晋时所言之"资"略有三种。其一为一般所言之资格、资历。如《文选》卷四九干宝《晋纪·总论》记"世族贵戚之子弟，陵迈超越，不拘资次"；《晋书·刘寔传》曰，"观在官之人，政绩无闻，自非势家之子，率多因资次而进也"。这种"资"与门阀无关。其二为中正之品第。《晋书·范乔传》："元康中诏求廉让冲退、履道寒素者，不计资。"又《李重传》："如诏书之旨，以二品系资，或失廉退之士。"知"不计资"指不拘于乡品二品，是乡品成为"资"之一种。其三谓士人之门阀。《三国志·吴书·孙皓传》注引《会稽邵氏家传》曰，"畴生长边陲，不闲教道，得以门资，厕身本郡"；《晋书·李重传》："寒素者，当谓门寒身素，无世祚乏资。"卫瓘所谓"计资定品，使天下观望，唯以居位为贵"，乃是就第三义而言的。谓中正以父祖势位定子弟品第，计门阀而定品也。

行身者以放浊为通而狭节信，进仕者以苟得为贵而鄙居正，当官者以望空为高而笑勤恪……其倚杖虚旷、依阿无心者皆名重海内。"这"名重海内"之"名"，也便是刘毅所斥的中正所"隆"之"虚名"。中正采舆论之名誉而定品第，正好为那些无功实而负虚名之士族名士的入仕，大开了方便之门。可既然形式上中正是"乡论"的代表，恪守"选士本行于乡里"的朝廷便不能不尊重这种名不副实的"乡论"。以州郡各设中正一人计，大小中正二百余人，这支庞大的中正队伍，大多为士族权贵占据，他们"高下任意，荣辱在手，操人主之威福，夺天朝之权势"，从专制皇权手中，分割了相当一部分选官权力，并破坏了官僚行政的功绩择优原则。

刘毅称中正品第"既无乡老纪行之誉，又非朝廷考绩之课"，正中其弊。它既不能代表"乡论"叙德行，又干扰了有司褒功能。汉末士林清议可能形成对王朝选官的民间监督这一积极因素，并没有被中正制度继承下来；而汉末"以名取人"的以非文官评价标准干预选官的方面，在中正制这里却变本加厉了。"以名取人"造成的"天爵下通""机权多门"，在晋代并未使选官受制于民间，而是使选官机柄分之于士族了，因为士族名士，至此已成了士林的主导。

九品中正制与清官入仕迁转之途，是互相配合的。时至晋代，"清途"面向士族权贵的色彩更为鲜明，诸官职中别有"清官"，诸仕途中别有"清途"的观念，也日益明确。据《三国志·魏书·何夔传》注引《晋诸公赞》，言何遵"少经清职"；同书《邢颙传》注引《晋诸公赞》，记邢乔"历清职，元康中与刘涣俱为尚书吏部郎"；同书《韩暨传》注引《晋诸公赞》，记韩寿"早历清职，惠帝践阼，为散骑常侍"；又《晋书·何曾传》，记何嵩"少历清官，领著作郎"；同书《温峤传》，记温放之"少历清官，累至给事黄门侍郎"；又《太平御览》卷二一五引《太康起居注》，记王冲为"尚书郎中，虽在清途"；《北堂书钞》卷六六引《齐王司马攸与山涛书》，"（太子）洗马，今之清选"，"（太子）舍人，今之清选也"。西晋虽然仍未完全形成严格的官职清浊分途之制，士族门阀也仍然未把"清途"诸官完全垄断，但散骑侍郎、黄门侍郎、散骑常侍、给事中、给事冗从、尚书郎、秘书郎、著作郎、东宫官等官职，毕竟已经形成了高门权贵习惯经由的入仕荣途。《太平御览》卷二二一《束皙集》："员外侍郎及给事冗从，皆是帝室茂亲，或贵游子弟。若悉从高品，则非本意；若精乡议，则必有降损。"从"若悉从高品，则非本意"一语可知，"员外侍郎及给事冗从"一类"清官"要求以中正之高品作为资格，而"帝室茂亲""贵游子弟"，却大抵才行无可称述却可"悉从高品"，由此步入"清途"。九品中正制与"清途"的配合，成了士族门阀入仕的康庄大道。

可以这样概括，九品中正制是"以名取人"与"以族取人"的结合与制度化。必须指出，九品中正制优遇士族门阀，可是它与任子制、门荫制、恩荫制等绝不相同。前者形式上中正必须征诸"乡论""清议"，考校士人"功德材行所任"，而后者入仕资格的确认则仅仅在于父祖的官位品阶。我们已经指出，可以把"士族"视为名士与官族的合一，他们并不同于汉世金、张、许、史一类世族贵戚。后者纯是权势与亲缘的结合，前者却有鲜明的文化性质。九品中正制恰恰反映了士族的这一特征。我们也已经指出，"清途"也有同样特征。士族所习居之"清官"，大抵是那些侍从顾问、文翰著述性的、需要以具有高度文化修养的文人担任的官职，这"清"原是从文化素质与文化素养上引申而来的。

所以中古之高门名士，每以"才地""人门"并称自矜。王珣欲得西镇，"自计才地，并应在己"；王僧达"自负才地"，"一二年间便望宰相"；王融"自恃人地，三十内望为公辅"。王朝选官，亦核之"才地""人门"。吏部郎张绪"以（王）俭人地兼美，宜转秘书丞"；蔡凝称"黄散之职，故须人门兼美"；王蕴为吏部郎，"一官缺，求者十辈，蕴连状呈宰录曰：某人有地，某人有才，不得者甘心无怨"。又北齐阳休之"多识故事，谙悉氏族，凡所选用，莫不才地俱允"。"才"言其文化之优越，"地"称其门第之崇高。"才地俱允""人门兼美"，遂成选官之通例。中古士族以其独特文化素质强化其家族对官位的垄断，因而其文化的一面，又使选官在某种程度上，保持了一部分"择优"形式；当然这"优"又是根据士族特有的标准来衡量的。

在入仕居官特权有充分保障的情况之下，业已成为知识群体主体的士族名士，遂可在精神文化生活方面自由发展。士族名士，大多为士林领袖，其言论风标足以主导一世之士风；在哲学、文学与艺术上，他们也留下了灿烂的遗产。但其由士族政治所保证的精神贵族的生活方式，却严重损害着官僚政治与行政。"才地"之"才"，所择之"优"，未必是就行政才能而言的。《文选》卷四九注引王隐《晋书》："论经礼者，谓之俗生；说法理者，名为俗吏。"汉代文吏儒生共同构成行政骨干；而由魏入晋，不仅"说法理"之文吏被视为"俗吏"，就连"论经礼"之儒生也被看成"俗生"了。名士王衍"口不论世事，唯雅咏玄虚而已"，然"朝野翕然；谓之'一世龙门'矣。累居显职，后进之士莫不景慕放效。选举登朝，皆以为称首。矜高浮诞，遂成风俗焉"。甚至居选官之职者，亦多此类人物。名士毕卓，终日裸裎酣饮，自称"右手持酒杯，左手持蟹螯，拍浮酒船中，便足了一生矣"，然却得任吏部郎；名士阮咸，任达不拘，而山涛举之居"官人之职"；名士阮放，"常说老庄，不及军国"，得拜吏部郎；名士殷融，"饮酒善舞，终日啸咏，未尝以世务自婴，累迁吏部尚书"；名士张绪，号称有"正始遗风"，"都令史谘详郡县米事，绪萧然直视，不以经怀"，后"迁吏部郎，参掌大选"。领选者尚且如此，其取人亦必同类相求可知。

于是，儒门冷落，玄学昌炽，鄙薄世务、矜高浮诞成为一世之风，魏晋王朝振兴经术的努力终难成功。同时汉末曹魏本、末、名、实之相悖，其弊日深。《晋书·殷浩传》载庾翼语："王夷甫，先朝风流士也，然吾薄其立名非真……而乃高谈庄、老，说空终日，虽云谈道，实长华竞……而世皆然之，益知名实之未定，弊风之未革也！"陈寅恪先生曰："而清谈之误国，正在庙堂执政负有最大之责任之达官崇尚虚无，口谈玄远，不屑综理世务之故，否则林泉隐逸清谈玄理，乃其分内应有之事，纵无益国计民生，亦必不致使'神州陆沉、百年丘墟'也！"①其论极为公

---

① 陈寅恪：《金明馆丛稿初编》，188页，上海，上海古籍出版社，1980。

允精当。由此正见"庙堂执政综理世务"与"林泉隐逸清谈玄理"之间难以协调，士族名士与行政官僚二重角色之间难以协调。

二、两种选官倾向的冲突

在西晋前期，王朝官僚对选官问题有过一番讨论。在讨论之中，九品中正制遭到了激烈批评，所谓"朝野之论，佥谓驱动风俗，为弊已甚"。其部分论点，在前一节我们已经作了引述；此外我们还注意到，这些论者，几乎一致赞扬与推重"乡举里选"，即察举制度。试述如下：

刘毅，奏上了著名的《请废九品疏》，斥责九品中正制"虽职名中正，实为奸府，事名九品，而有八损"；同时又对前古贡士之法予以盛赞："昔在前圣之世，欲敦风俗，镇静百姓，隆乡党之义，崇六亲之行，礼教庠序以相率，贤不肖干是见矣。然乡老书其善以献天子，司马论其能以官于职，有司考绩以明黜陟，故天下之人退而修本，州党有德义，朝廷有公正，浮华邪佞无所容厝。"（见《晋书·刘毅传》）

李重，上疏力斥"九品始于丧乱，军中之政，诚非经国不刊之法也"；同时又称颂汉代"牧司必各举贤，贡士任之乡议，事合圣典，比踪三代"，请废九品中正制而"明贡举之法"。（见《晋书·李重传》）

卫瓘、司马亮等，称"魏立九品，是权时之制，非经通之道，宜复古乡举里选"，"乡举里选者，先王之令典也"，因请"尽除中正九品之制，使举善进才，各由乡论。然则下敬其上，人安其教，俗与政俱清，化与法并济，人知善否之教，不在交游，即华竞自息，各求于己矣"。（见《晋书·卫瓘传》）

段灼，上疏谴责"台阁选举，涂塞耳目，九品访人，唯问中正，故据上品者，非公侯之子孙，则当涂之昆弟也。二者苟然，则筚门蓬户之俊，安得不有陆沉者哉"！遂力请"宜畴咨博采，广开贡士之路，荐岩穴，举贤才，征命考试，匪俊莫用"。（见《晋书·段灼传》）

潘岳，作《九品议》曰："中正之身，优劣悬殊，苟知人者智，则不知者谬矣。莫如达官各举其属，万岳①九列，朝所取信，郡守虽轻，有刺史存，举之当否，实司其事，考绩累名，施黜陟焉。进贤受赏，不进贤甘戮，沮劝既明，为人自为谋，庶公道大行，而私谒息矣。"(见《艺文类聚》卷五二)

孙楚，上奏称"九品汉氏本无，班固著《汉书》，序先往代贤智，以为九条，此盖记鬼录次第耳，而陈群依之以品生人。又魏武拔奇决于胸臆，收才不问阶次，岂赖九品而后得人。今可令长守为小大中正，各自品其编户也"(见《太平御览》卷二六五引《孙楚集》)。以长守为中正品其编户，是欲存中正之名，行长官贡荐之实，为一折中办法。

西晋事功派官僚在九品中正制与察举制如上的激烈言论，其抑前者而扬后者的鲜明意见，反映了这两种制度间确实存在着不同倾向性。九品中正制在设制之初，也采用了"择优"的形式，要考察士人"功德材行所任"；而且中正的职责具有推荐的性质，这一点也与察举相似。但是只看其形式规定是不够的，一种制度总是在投注于具体实施之中，在与具体的政治文化背景结合之后，它的全部意义、作用与倾向性才能真正得以形成与显现。九品中正制诞生不久，在实施中就被塑造成为一种"以名取人"与"以族取人"相结合的、有利于士族门阀的制度。而察举制曾经有过几百年成功地服务于官僚政治的传统，这种传统由于历史的惯性，是一时难以改变的。在九品中正制与"清途"配合而为士族高门提供了更为便捷的入仕华途之时，传统的仕途——察举，相对地反而保留了较多的服务于官僚政治的倾向性。

就是从制度本身看，察举制在服务于官僚政治上也有较为完善的保障。东汉察举有"试职""累功"之法，原则上应以地方政府之属吏为主要察举对象。《三国志·吴书·陆逊传》注引《吴书》，"(孙)权嘉(陆)逊功德，欲殊显之，虽为上将军列侯，犹欲令历本州举命，乃使扬州牧吕范就辟别驾从事，举茂才"；《晋书·索纨传》记，"司徒王戎书属太守使举

---

① "万岳"当作"四岳"，参见《尚书·尧典》。

(索)充，太守先署充功曹，而举孝廉"；又如《晋书·赵王司马伦传》曰，"郡纲纪并为孝廉，县纲纪为廉吏"。先为州郡县邑之吏职然后察举，是三国西晋仍沿袭东汉旧例。从有基层行政经验之地方吏员中选拔人才，这本是汉代察举的成功之处。

同时，无论是贤良、方正还是秀才、孝廉，都已经采用了策试之法。从考试之形式看，这本是一种最为充分地体现了择优原则，最为有效地保障了公正要求的选官手段，它迫使任何人只能依才学在考试之前做公平竞争，"一策不通，不得选"。从考试之内容看，孝廉要策试经术，而我们已经指出，在曹魏以来弘扬经术就已经成了王朝维护官僚政治、抑止浮华玄虚的手段；贤良、秀才之对策，既须以经义为本，又须表达军国政见，亦非鄙薄世务、谈玄说空者之所能为。

察举也自未仕之布衣取人。但无论举自吏职者或取自布衣者，由于制度特点与悠久传统，一般仍须以经明行修、才优能殊者为察举对象。"贡士"的形式，也使州郡把德才卓异之士贡于王廷，视为本土的光荣。《北堂书钞》卷七九引荀爽《让孝廉记》："伏惟孝廉，古之贡士，贤则光君，愚则亏政。""君"指地方长官。又引《邴原别传》："夫孝廉，国之俊选者。"至晋仍是如此。又引《晋令》："举秀才皆行仪典，为一州之俊。"又《通典·礼六一·周丧察举议（晋）》："孝举，古之名贡，寻名责实，模格宜高。夫以宜高之资，必以迈俗为称，动拟清流，行顾礼典。"故《孝友》《儒林》《文苑》《隐逸》《良吏》诸传，所载贤良秀孝尤多。牧守一般亦能尽心搜求，不敢滥举使州郡蒙耻。《晋书·甘卓传》记湘州刺史甘卓"精加隐括，备礼举桂阳谷俭为秀才。俭辞不获命，州厚礼遣之。诸州秀才闻当考试，皆惮不行，惟俭一人到台，遂不复策试。俭耻其州少士，乃求试，以高第除中郎"。甘卓、谷俭之意，都在为湘州争光。

尽管中正形式上也承担着考校士人"功德材行"之责，但如前所述，早已出官、远离乡里的中正，事实上已难以真正征诸乡论了解士人的德行。《太平御览》卷二六五引《荀勖集》，荀勖即以"臣与州闾乡党初不相接"为不受其职之理由；又引应璩《新论》："百郡立中正，九州置都士，州间与郡县,希疎如马齿,生不相识面,何缘别义理!"同时,就才能而言,中正虽为朝官,却非其所品评者,特别是州郡士人的直接长官,如夏侯玄所言:"且台阁临下,考功校否,众职之属,各有官长,旦夕相考,莫究于此。间阎之议,以意裁处,而使匠宰失位,众人驱骇。"(见《三国志·魏书·夏侯玄传》)可见"旦夕相考"之官长对下属才能功实最为了解,而中正之"乡论"却妄下品评。刘毅所谓中正品评"既非乡老纪行之誉,又非朝廷考绩之课",确实一针见血。而有"试职""累功"与试经、对策之法以及悠久的服务于官僚政治之传统的察举制,显然比中正暖昧空洞的"品第",更为切实、周密与可靠。

那么,九品中正制能够轻易地被士族权贵塑造成适合其口味的特权性制度,而事功派官僚希望以振兴察举来维护遭到损害的官僚政治,就都是可以理解的了。《文献通考·选举一》马端临评述中正制度之弊时亦称,"固不若采之于无心之乡评以询其履行,试之以可见之职业而验其才能,一如两汉之法也"。亦以为两汉之察举旧法,较九品中正制为优。

晋武帝未能废止被指为"奸府""弊政"的中正制度,但他却是赞成刘毅等人意见的。据《晋书》,刘毅疏上,晋武帝"优诏答之";段灼疏上,"帝览而异焉,擢为明威将军、魏兴太守";卫瓘、司马亮疏上,"武帝善之,而卒不能改"。这说明,皇权对九品中正制并不满意,虽然他无法将之废除。

事实上,重事功是司马氏的一贯传统。《太平御览》卷九五引虞预《晋书》,称司马懿"知人拔善,显用仄陋[①],王基、邓艾、周秦、贾越之徒,皆起自寒门,而著绩于朝"。同书卷二六五引晋宣帝《除九品、州置大中正议》:"案九品之状,诸中正既未能料究人才,以为可除九制,州置大中正。"是司马懿已曾试图解决其制之弊了。如废除含糊空洞的"九品",则中正就只不过是一个以状叙功的搜荐之官了。《三国志·魏书·王凌传》注引《汉晋春秋》,记王广评论曹爽、何晏等人"虚而不治",且"变易

---

① "显用仄陋"原作"显外反陋",误,径改。

朝典，政令数改"，而司马懿则"擢用贤能，广树胜己，修先朝之政令，副众心之所求，爽之所以为恶者，彼莫不必改"。是司马氏与曹氏虽为政敌，但政治方针却有相通之处。司马懿恢复了为曹爽、何晏"变易"的"朝典"，也就意味着继承了曹氏统治者抑止浮华、重视事功的传统。

又《晋书·景帝纪》记，曹魏嘉平四年司马师以大将军都督中外军事、录尚书事，有人请改易制度，司马师曰："三祖典制，所宜遵奉，自非军事，不得妄有改革。""三祖"当即曹操、曹丕、曹叡，是司马师亦继承了曹氏三祖之典制。又《石苞传》记司马师信用石苞，"宣帝闻苞好色薄行，以让景帝。帝答曰：'苞虽细行不足，而有经国才略。夫贞廉之士，未必能经济世务，是以齐桓忘管仲之奢僭，而录其匡合之大谋；汉高舍陈平之污行，而取其六奇之妙算。苞虽未可以上俦二子，亦今日之选也。'意乃释"。司马氏父子，在"经济世务"一点上达成一致。而司马师之答语，与曹操《求贤令》"有行之士未必能进取，进取之士未必能有行"语，真如出一辙。《晋书·景帝纪》："累迁中护军，为选用之法，举不越功，吏无私焉。"是司马师亦信奉"以能取人"者。

晋武帝司马炎，同样继承了这种重事功的思想。他屡诏"举淹滞""举寒素"；《晋书·山涛传》还记其曾手诏告诫领选的山涛："夫用人惟才，不遗疏远单贱，天下便化矣！"又《阮种传》记晋武帝策试贤良语："又政在得人，而知之至难，唯有因人视听耳。若有文武隐逸之士，各举所知，虽幽贱负俗，勿有所限。""幽贱"指寒门士人；而"负俗"语，与汉武《求贤诏》"士或有负俗之累而立功名"，曹操《求贤令》"负污辱之名，见笑之行，或不仁不孝而有治国用兵之术"之意，合若符契。至于上章所述晋武帝在利用察举制上的种种努力，以及本章所述他对谴责中正制者的优慰之举，都可以看成是这种思想的反映。

一般认为，司马氏政权是士族阶级的代表，那上述事实岂不与之矛盾吗？我认为，这恰恰反映了晋武帝政策的二重性。一方面，司马氏本身就是当时最大的士族，门阀势力乃其统治的主要基础，因此他不能不屈从现实，在诸多方面确保士族权益，以换取其拥戴支持。但在另一方面，司马氏毕竟已经上升为皇族，已成了官僚帝国的代表，那么扩大统治基础，尽其可能地举用贤材以保证吏员素质和官僚机器的正常运转，维护君主的专制权威并防止士族对之的过分分夺，也就不能不成为其政策的另一个基本出发之点。所以晋武帝不能不保存九品中正制使入仕之途向士族大开，又尽力采取种种措施——例如利用察举制发挥擢取贤材的作用——以资弥补其诸多弊端。魏晋之际，是多种社会矛盾交织纠结之时，王朝政策不可能不表现出这种复杂性、多向性。又如曹操、曹丕、曹叡都曾致力于打击浮华，然而清官入仕迁转之途以及九品中正制的主要特征，也是在此期渐次形成的。曹操、曹丕的某些作风，对士人尚通脱、贱守节而趋于虚无放诞之风，又何尝没有起了推波助澜的作用。这都反映了士族政治、官僚政治与专制皇权之间矛盾关系的复杂性。

当时的事功派官僚，以及在某些时候还能站在事功派立场上思考问题的官僚，也在致力于补救士族权势过度发展对官僚行政和君主权威造成的损害。即使士族阶层，最终也不能脱离官僚政治以生存；而官僚政治的维持，又是必须以理性行政的贯彻为条件的。因此甚至某些士族分子，也能采取接近于事功派的态度，而超出了士族私利的狭隘眼界。

在选官方面，对九品中正制的谴责和对振兴察举的呼吁，就是这种维护官僚政治的努力的一部分。此外又如山涛"甄拔隐屈，搜访贤材"，居选职十余年号称得人；司徒张华"性好人物，诱进不倦，至于穷贱侯门之士有一介之善者，便咨嗟称咏，为之延誉"，寒门俊士多得其奖拔者；李重"迁尚书吏部郎，务抑华竞，不通私谒，特留心隐逸，由是群才毕举"（均见《晋书》本传）。为了整饬选政强化吏治，事功派官僚还试图加强考课以明黜陟。如石苞请考课州郡，"均其土宜，举其殿最，然后黜陟焉"；杜预受诏为黜陟之课，"委任达官各考所统"，六载叙优而黜劣；又刘颂亦"思立吏课而肃清议"，为吏部尚书时"建九班之制，欲令百官居职希迁，考课能否，明其赏罚"（均见《晋书》各人本传）。

但在士族势力蒸蒸日上之时，这些措施的效果必然是相当有限的。九品中正制无法废除，"清途"亦日见其盛。察举制的作用遂大受限制，因为朝中清官入仕迁转之途，完全可以绕开仕郡"试职"与试经对策。甚至考课对之也无可奈何，因为这些"职闲廪重"的清华之官多冗散无事，本无事可考；甚至本有职事之官，往往亦因其为士族习居，亦趋于闲散化了。[①] 贵公子于诸清官间入仕迁转，略无政绩即可轻至高官。《通典》卷十六《选举四》引李重奏议，指责"汉魏以来，内官之贵，于今最崇，而百官等级遂多，迁补转徙如流，能否无以著，黜陟不得彰，此为理之大弊也"。内官之贵，官额之冗，显然是士族权贵子弟不乐为郡邑亲民之职，而要求于朝中诸职，特别是"清途"诸官中直接入仕迁转所造成的。

针对畸形膨胀的清官冗职问题，皇甫陶建议"赐拜散官皆课使亲耕"，傅玄亦建议"王人赐官冗散无事者，不督使学，则当使耕，无缘放之使坐食百姓也"（见《晋书·傅玄传》）。李重则请"大并群官等级"，见前引李重奏议。可是他们的建议无法实施，于是太康八年，由师袭、向凯之倡议，晋武帝又令吏部尚书王戎定"甲午制"，针对不乐宰牧而好内官的现象，下令士人必须先为县之令长；治民著绩，方能入补尚书郎、侍中、散骑常侍、典兵宿卫、黄门郎、散骑郎、中书郎。这一制度还是给了士族权贵子弟相当优惠，因为我们知道，已经出仕郡邑的秀才孝廉，是在策试拜郎之后才得除县令的；可它毕竟还是有相当积极意义。然而到了惠帝元康中，这一制度便为王戎所破坏，遂成一纸空文了。（对"甲午制"的详细考述，参见本章附录《甲午制始末》。）

总之，察举制和九品中正制，在当时分别代表着不同的选官倾向，二者的关系之中包含着士族政治与皇权—官僚政治的冲突。由于士族政治的发展已不可逆转，所以振兴察举以及其他旨在从选官上维护官僚政治的努力，就无法取得成功。

[①] 例如尚书郎本为行政要职，魏晋之间"选极清美，号为大臣之副"，多为士族权贵觊觎与占有。而《晋书·荀勖传》："又顷言论者皆云省官减事，而求益吏者相寻矣。多云尚书郎、太令史不亲文书，乃委付书令史及幹，诚吏多则相倚也。"尚书郎居然可以不亲文书，正为其例。

三、察举科目与乡品评定

在这一节中，我们讨论察举诸科与中正乡品评定在制度上的关系。

在九品中正制度之下，士人入仕皆须中正品第，而且官位之除授，一般必须与乡品相称。《世说新语·尤悔》记温峤被中正清议，"迄于崇贵，乡品犹不过也，每爵皆发诏"。是如乡品与官位不称，则须待特诏方能除署。又《北堂书钞》卷六八"山简不拘品位"条引《镇东大将军司马伷表》："从事中郎缺，用第二品。中散大夫河南山简，清粹履正，才职通济，品仪第三。"①这里所言之"品"，皆中正之乡品。山简之乡品本为三品，只能任官品七品之中散大夫；而大将军从事中郎官品第六，例用乡品二品之人，故司马伷必须上表特请，以待特诏批准。

由察举入仕者，当然也必须接受中正品第。日人宫崎市定氏认为，乡品与官品相差约四品，并以此为前提，推定贤良秀孝之考试等第、拜授之官与乡品存在着对应关系，并把这种关系列表说明。在其表中，察举策试之上、中、下第，分别与乡品二、三、四品，起家官品六、七、八品一一对应。得乡品二品者可拜驸马都尉、太学博士、太常博士、佐著作郎等；得乡品三品者可拜公府掾、县令、议郎等；得乡品四品者可拜中郎、郎中、县长等。②毛汉光亦云："秀才、孝廉、贤良成绩上等者，中正评为第二品；成绩中等者，中正评为第三品；成绩下等者，中

---

① 学人引此材料时，第一句多作"从事中郎缺，用第三品"。这里所据为南海孔氏三十有三万卷堂校注重刊之孙星衍、严可均等七家旧校影宋本，又有光绪中林国赓等新校。此条后有案语曰："今案，陈、俞本伷误袖，二品作三品，粹作精，第三作第二。"其校勘是正确的。因为《书钞》系此条材料于"山简不拘品位"条下，司马伷欲使山简以乡品三品之资格任二品人士之官，故曰"不拘品位"。"陈、俞本"指明海虞陈禹谟万历校本，及东吴俞羡长万历校本，二本多增删改窜。

② 参见［日］宫崎市定：《九品官人法の研究》，144页，京都，同朋舍，1977。

正评为第四品。所谓上等、中等、下等者，以策问中第为标准。"①其说法或曾参考了宫崎市定氏的观点。但是我认为，他们的上述观点，证据并不充分。

首先，虽然乡品较高者起家官品也相应较高，二者在某些品级上也确实以相差四品者居多，可是这种关系并不严格。例如《宋书·范泰传》曰："昔中朝助教，亦用二品。"助教在魏为官品八品，诸博士在第六品，入晋助教于官品无载，而诸博士仍在官品六品，可以推定助教仍为八品，同之于魏。是官品八品之助教一官，以乡品二品人士为之，二者相差达六品之多。乡品官品相差三品、五品者，亦可找到。可见墨守"相差四品"说，未免胶柱鼓瑟。对宫崎氏之观点，学友胡宝国已辨其非，他认为乡品是与具体官职直接联系，而不是与官品直接联系的。② 即如"中朝助教，亦用二品"，"从事中郎缺，用第三品"之类。因此，宫崎氏据以推断察举任官、等第与乡品关系的前提，就已经是不可靠的了。

其次，关于考试等第与任官的关系，我以为这大致是依上、中、下第三等分别拜为议郎、中郎和郎中，原则上都应先为散郎，只不过有时史传略去了拜郎之情节。宫崎氏表列之驸马都尉、佐著作郎、公府掾、县令长等，我认为都是先居郎职待调之后迁转所至，并非对策射策后直接除授之官。在这一点上，宫崎氏之表也有问题。

最后，议郎、中郎与郎中乃冗散之职，被称为"散郎"或"王官"，其来源复杂，或自察举，或为赐官，所以我认为，此职没有与之对应的乡品。张轨受叔父赐官五品；邓攸亦受祖父邓殷之赐官，后得举"灼然二品"，是邓攸原为二品。他们二人之赐官都应是散郎，乡品却一为五品，一为二品。又曹魏时贵公子钟会、荀𫖮皆以父勋赐官郎中，前者后转秘书郎、尚书郎、中书郎，后者后转散骑侍郎，累迁侍中，他们的乡品肯

---

① 毛汉光：《两晋南朝士族政治之研究》，上册，80页，台北，台湾商务印书馆，1966。

② 参见胡宝国：《魏晋南朝的九品中正制》，硕士论文，1984，藏北京大学图书馆。

定是二品，然亦以郎中起家。又《荀岳墓志》记其太康元年举秀才除中郎，三年除太子舍人，六年除尚书郎，七年以疾去职，诏除中郎。由荀岳曾为太子舍人、尚书郎，知其乡品必为二品，然而其始除与终除之官，却均为中郎。这更有力地证明了，散郎的除授无须确定的乡品作为资格，与乡品高下没有关系。对以父祖勋位或老迈废疾赐拜此官者，目的在于使之居"王官"而享俸禄、免征役，用为优恤褒奖，所考虑的并非才德，故不计乡品。对于由察举拜此官者，是使之先居"王官"以待迁调，故在此散郎之拜亦与乡品无关。宫崎氏认为议郎乡品第三；中郎、郎中乡品第四，并无材料足资印证。

能够反映察举与乡品关系的直接材料，并不是很多，但如果对有关材料细加绎求，可以发现乡品高下与察举科目类别有一定关系，但与考试等第绝无联系。

首先我们来看"灼然"一科。此科汉末已见。《北堂书钞》卷六八："陈寔字仲躬，举灼然，为司徒属，迁大丘长。"原注曰："灼然应是当时选举名目"。至晋之"灼然"则不甚相同。唐长孺说，"灼然二品这一科目，乃是从二品中选择优异者应举"，"以表示其非一般的二品"①。晋代举"灼然"者略有三人。《晋书·邓攸传》记"(贾)混奇之，以女妻焉，举灼然二品，为吴王文学"；《温峤传》记其"后举秀才、灼然，司徒辟东阁祭酒"；《阮瞻传》记其"举为灼然，见司徒王戎……即命辟之"("为"原作"止"，据唐长孺说改)。这三人在举为"灼然"之前乡品已为二品，举后则获得了较一般二品更高的资格。

晋代又有"寒素"一科。《晋书·李重传》："如诏书之旨，以二品系资，或失廉退之士，故开寒素以明尚德之举。"晋代举"寒素"者略有四人姓名可知。《李重传》："时燕国中正刘沈举霍原为寒素。"《纪瞻传》："永康初，州又举寒素，大司马辟东阁祭酒。"《范乔传》："元康中，诏求廉让冲退履道寒素者，不计资，以参选叙。尚书郎王琨乃荐乔。"《世说新语·

---

① 唐长孺：《魏晋南北朝史论丛》，111页。

言语》注引《晋阳秋》："(周顗)举寒素,累迁尚书仆射。""寒素"举自尚无乡品或乡品不及二品之人,举后则给予二品资格。

孝廉之乡品,考得直接材料一条。《北堂书钞》卷三三引《赵穆别传》:

> 汲郡赵君平,年三十七,四荐之宰府不就。元康二年,太守羊伊以为四科之贡,宜尽国美,遂扶舁激喻,以光荣举。君才门寒素,奏充诏书,宜进品三。

查《初学记》卷二十引《赵穆别传》,首句作"汲郡修武赵君","遂扶舁激喻,以光荣举"作"遂扶舆激喻,以光岁贡",无"君才门寒素"以下。《书钞》所引虽有"君才门寒素,奏充诏书"句,但从"四科之贡"及《初学记》所引之"以光岁贡"四字,知赵君平所举,必为孝廉,而非寒素。而从《书钞》所引之"宜进品三"四字,知"品三"与"岁贡"有必然联系。"品三"应为乡品。就是说举为孝廉后,就可以从中正那里得到三品之第。换言之,孝廉一科之乡品,当为三品。由此可知,赵君平此前或是未曾得到过中正品第,或是乡品低于三品。而在察举之时,必须对乡品进行一次确定。而且在羊伊"激喻"赵君平应举之时,就已声称他"宜进品三"了,这可能因为只要举为孝廉,就必然得到三品。就是说,应举者所得到的乡品,不但与所拜之"散郎"无干,而且与考试等第无干。

秀才之乡品,亦考得直接材料一条。《太平御览》卷四一四:

> 黄恭《广记》曰:南吴甫举茂才,累年不迁。甫有老母,年九十有余,乃上书自乞减品为四百石长,庶得其俸以养母。诏听,除补南阳、新蔡长。遂以甫为准率,减交趾茂才皆为四品也。

此条材料《北堂书钞》卷七九引作"黄义恭《交州记》",《古今图书集成·家范典》引作"《广南记》"。交趾在广州以南,《交州记》或《广南记》,皆一书之异名。由此知《御览》所引之"《广记》曰:南吴甫举茂才",当作"《广南记》曰,吴甫举茂才","南"字系抄手误植。《御览》引《广南记》,系于《后汉书》、谢承《后汉书》与《晋书》、《世说新语》之间，大约为晋代之事。东晋有吴甫之，官至顿丘太守，后助桓玄为乱，安帝元兴三年被刘裕斩于江乘(见《晋书·安帝纪》《刘毅传》及《桓玄传》，《宋书·武帝纪》，《南史·宋本纪》)，或即《广南纪》之吴甫。

《广南记》有"减品为四百石长"句，又曰"减交趾茂才皆为四品也"，知"四品"当为乡品，是四百石长乡品为四品。据《通典·职官典》所载之魏、晋、宋《官品》，县之令长有三等：千石令，官品第六；六百石令，官品第七；又有八品之县令长相，其秩当为四百石。这三等县令长相，分别有与之对应的乡品。《太平御览》卷二六九引《宋武帝诏》：

> 百里之任，总归官长，县尉实效甚微，其费不少。二品县可置一尉而已，余悉停省。

可见，二品县当为最高一级之县，当即千石县。是千石县令之乡品应为二品。又《晋书·王彪之传》：

> 转吏部尚书。简文有命，用秣陵令曲安远补句容令，殿中侍御史奚朗补湘东郡。彪之执不从，曰："秣陵令三品县耳，殿下昔用安远，谈者纷然。句容近畿，三品佳邑，岂可处卜术之人无才用者邪！"

文中"句容近畿三品佳邑"之"三品"当作"二品"，方与语气事理相合。王彪之语谓昔不过使曲安远为乡品三品之秣陵县令，尚"谈者纷然"；今又使之居"近畿二品佳邑"，那更其不妥了。"三品县"之秣陵，大约即六百石县。又据前引《广南记》，四百石长乡品四品。由此可得县令长相的秩等、官品与乡品关系如下：

> 千石县令，官品六品，乡品二品；
> 六百石县令，官品七品，乡品三品；
> 四百石县长，官品八品，乡品四品。

由此可见，交趾秀才吴甫之乡品原约三品，应拜授六百石令；由于"累年不迁"，他自请减乡品为四品，为四百石长。经诏准后，以此交趾秀才皆为四品，不能超过吴甫，以示褒彰孝行之意。就是说，交趾秀才过去一般是给予三品之第的。由此可见，秀才之乡品约为三品，但也有四品者。而且，秀才之乡品，与策试等第及散郎拜授亦无关系。

同时，由"交趾茂才皆为四品"句还可看到，秀才之乡品似乎还与地区有关。《晋书·陈顾传》："河北白壤膏粱，何故少人士，每以三品为中正？"是中正例以二、三品人士为之，人士荟萃之地，以二品为中正；人士寡少之地，则以三品者为之。大约被认为"少人士"的地方，应举者的乡品，就也相应定得较低。前述汲郡之赵君平，太守羊伊举之为孝廉时已称"尽国美"，为其地之最优者，然而也只能宣布"宜进品三"，似乎汲郡孝廉的规格只能是三品。因材料不足，难以确证，尚有待于方家详考。

关于廉吏之乡品，有直接材料两条。《晋书·刘弘传》记其奏辞曰：

> 南郡廉吏仇勃，母老疾困，贼至守卫不移，以致拷掠，几至殒命。尚书令史郭贞，张昌以为尚书郎，欲访以朝议，遁逃不出，昌质其妻子，避之弥远。勃孝笃著于临危，贞忠厉于强暴，虽各四品，皆可以训奖臣子，长益风教。臣辄以勃为归乡令，贞为信陵令。

廉吏仇勃之乡品为四品，而归乡令大约是三品县，这里不拘品位，是用为褒奖（参用唐长孺说）。又《晋书·陈敏传》：

> 陈敏字令通，庐江人也。少有干能，以郡廉吏补尚书仓部令史。

后文又记华谭与顾荣等书曰：

> 今以陈敏仓部令史，七第顽冗，六品下才。

是廉吏陈敏之乡品，约在六、七品间。晋尚书令史有八品、九品二等。八品令史以乡品四品者为之；陈敏乡品约六、七品，所任之仓部令史约在官品第九。综合仇勃、陈敏二人情况，廉吏之乡品约在四品至六、七品间。

以上之分析，依据的是能够较为直接地反映察举与乡品关系的材料。但是这种关系，也可以由间接材料加以推测。例如《晋书·温峤传》："后举秀才、灼然。""灼然"一科必举于乡品二品者，知温峤举"灼然"前必已为二品，这二品大约是举秀才时得到的，是秀才亦有二品。又同书《纪瞻传》："后举秀才……永康初，州又举寒素。""寒素"举自乡品不及二品之人，知纪瞻举秀才时没有得到二品，或许只得到了三品，是秀才之乡品有二、三、四品三等。

这种关系，亦可由应举者拜郎后所迁调之官加以推测。因为根据前引《广南记》，吴甫请为四百石长时特请减品，后经诏准予以降品，才补为四百石长，可知不但乡品低者不能逾品任用，而且乡品高者为低品之官，也是不合通制的，必须作为特例处理。散郎的除授虽无乡品限制，但由散郎迁调之官，就必须与乡品一致。例如，贤良一科任用情况较为明确者有5例，如不计举后直接拜授之散郎，其迁调情况是：阮种，尚书郎、中书郎；邰诜，征东参军、尚书郎；索靖，驸马都尉；挚虞，太子舍人；夏侯湛，太子舍人。由之推测，他们举贤良后都得到了乡品二品。

同理，秀才李含、乐广、卢谌、索琳、杜毗等为公府掾，戴邈为太子洗马，华谭、荀岳为太子舍人，虞潭为大司马祭酒，李柔为相国从事中郎，他们大约都得到了乡品二品。又如孝廉陈寿、曹毗为著作郎，孙旗为黄门侍郎，傅咸为太子洗马，他们大约也都得到了乡品二品。又孝廉王逊为吏部令史，虞溥为尚书都令史，这两种令史官品八品，乡品约为四品。又孝廉陶侃拜郎后入伏波将军府为舍人，其所得乡品大约不会超过四品。是秀才、孝廉之乡品，都有二、三、四品三种。又晋代太学生试经，"才任四品"者可署为吏，是其乡品通为四品。

综合以上考察，察举诸科及太学试经之入仕者一般可得之乡品，如表8-1：

表 8-1

科目	乡品
灼然	二品之优者
贤良	二品
寒素	二品
秀才	二、三、四品
孝廉	二、三、四品
廉吏	四至六、七品
太学试经	四品

由此可见，认为应举者之乡品与策试成绩相关的说法，绝难成立。仅由前引之《赵穆别传》之"宜进品三"及《广南记》"交趾茂才皆为四品"语，已足以证明应举者之乡品与科目类别相关，是在策试之前就已确定下来的。至于一科之内是为二品还是为三、四品，则在原则上应与被举者之才德有关，还可能与被举者的出身地区有关。同时这也可以证明散郎除授与乡品无干这一论点。如前所述，秀孝之乡品在二、三、四品之间，但是拜为议郎、中郎还是郎中，却不系乎乡品之高下，而是取决于策试成绩。三种郎官秩禄有别，策试优者可得较高待遇。

由此可见，虽然通过察举，一部分普通士人有了提高自己乡品的较多可能，但特别是在最为主要的秀孝岁科之中，仍有相当一部分人不能得到上品二品，而只能屈居三品或四品，尽管形式上他们仍被称为"一州俊选""古之名贡"。孝廉所得之乡品，从实例来看其平均水平又较秀才为低。而权贵子弟由之起家的"清途"诸官，一般均以乡品二品为资格；他们凭父祖爵位门第便可以轻取高品优状，步入"清途"。即就"散郎"而言，权贵子弟凭赐官就可以得到，而秀孝却须经州郡"试职"、中央策试之后方能获得。就此而言，察举制在此期已不如汉代那样，是士人之入仕荣途了。在九品官人法的制约之下，察举已被置于低于"清途"的地位之上。

附录　甲午制始末

西晋之"甲午制",见于《晋书·王戎传》:

> 迁尚书左仆射,领吏部。戎始为甲午制,凡选举皆先治百姓,然后授用。司隶傅咸奏戎,曰:"《书》称'三载考绩,三考黜陟幽明'。今内外群官,居职未期而戎奏还,既未定其优劣,且送故迎新,相望道路,巧诈由生,伤农害政。戎不仰依尧舜典谟,而驱动浮华,亏败风俗,非徒无益,乃有大损。宜免戎官,以敦风俗。"

据《晋书·惠帝纪》,王戎为尚书仆射在永平元年至元康七年。又同书《傅咸传》亦记此事。二传均系此事在司马亮辅政之后,而傅咸惠帝元康四年卒。是其事约在元康二、三年间。

"甲午制"的内容,是"选举皆先治百姓,然后授用",针对的是"于时公族务在闲任"以及当时"内官最崇"的问题,这一制度显然是不利于权贵高门子弟的。然而这一制度,却是由王戎制定的,他出于琅邪名族,又为当朝权贵,本传言其"自经典选,未尝进寒素,退虚名,但与时浮沉,户调门选而已"。此后劾奏他的,却是以"劲直忠果,劾按惊人"著称的事功派官僚傅咸,所取口实又为"驱动浮华",其间颇有疑点。

下面对"甲午制"始末略加叙述。《太平御览》卷二五九:

> 《晋起居注》太康八年诏曰:昔先王御俗,以兴至治,未有不先成民事者也。汉宣识其如此,是以叹息良二千石。〔今之士大夫,多不乐出宰牧,而好内官。〕今欲皆先外郡,治民著绩,然后入为常伯、纳言及典兵宿卫、黄门、散骑、中书郎。

方括号内之文字,据《太平御览》卷二二〇及《艺文类聚》卷四八补。又"皆先外郡",《御览》卷二二〇引作"皆先经外官"。晋武帝这一诏书的要点,在于使士大夫"皆先外郡"治民,这与王戎所定"甲午制"之"选举皆先治百姓"的内容,完全一致。可以断定,晋武帝太康八年诏,与"甲午制"实为一事,这一诏书的发布,就是为了"甲午制"的公布实施。又《北堂书钞》卷七八:

> 太康八年,吏部郎师袭、向凯上言:欲使舍人、洗马未更长吏不得为台郎,未更吏不得为主尉三官也。

"主尉三官"当作"廷尉三官",即廷尉正监平,"主"为"廷"字偏旁脱落之讹字。"长吏"指地方长官,《书钞》系此条于"县令"条中,知所指为县之长吏。又《北史·元文遥传》:"夫县宰之寄,绵历古今,亲人任功,莫尚于此。汉氏官人,尚书郎出宰百里;晋朝设法,不宰县不得为郎,皆所以贵方城之职,重临人之要。"亦知"长吏"是指县之令长。

由师袭、向凯之奏请特别提出"舍人、洗马"先为长吏方能拜台郎,可知晋之尚书郎台郎例以东宫太子舍人、洗马迁补。又《三国志·魏书·卫臻传》注引傅咸《与晋大司马汝南王司马亮笺》曰:"卫伯舆贵妃兄子,诚有才章,应作台郎,然未得东宫官属。东宫官属,前患杨骏,亲理塞路;今有伯舆,复越某作郎。一犬吠形,群犬吠声,惧于群吠,遂至回听。"时司马亮以卫伯舆为尚书郎。又据《晋书·傅咸传》,傅咸少袭爵,起家太子洗马。由师袭、向凯之奏,我们便可知傅咸此笺的原委。傅咸为洗马未能补选台郎,而卫伯舆未经东宫官属,反而越傅咸为尚书台郎,故傅咸有此笺以鸣不平。此事正可证晋代确有以东宫官属太子舍人、洗马补尚书郎之制。又如《荀岳墓志》记其太康中为太子舍人,转尚书中兵郎,《石尠墓志》记其由太子洗马转尚书三公侍郎,《晋书·李重传》记"迁太子舍人,转尚书郎",均可旁证此制的存在。

《通典》卷二二《职官四》曰:"晋尚书郎选极清美,号为大臣之副。"又《晋书·阎缵传》:"每见选师傅,下至群吏,率取膏粱击钟鼎食之家,希有寒门儒素。"东宫官属补尚书郎之制,显然是高门权贵"清途"之一部分。这与汉代孝廉郎中试笺奏补尚书郎之制,主旨已大不相同。可知师袭、向凯之奏的目的，是要矫"清途"之弊，使由之迁转的贵公子外出治民。

师袭、向凯之奏与晋武帝之诏同在太康八年，其内容主旨又相一致，可以推测二者间必有联系。估计是师袭、向凯之奏在前，晋武帝采纳在后，并把应当外出为治民长吏的任官资格，扩大到了"常伯、纳言及典兵宿卫、黄门、散骑、中书郎"。"常伯"指侍中等近侍之官，"纳言"指尚书台官。因此，"甲午制"并不始于惠帝元康年间。据《王戎传》，他在太康中曾为吏部尚书。"甲午制"应是在太康八年，由师袭、向凯立议，又由晋武帝令吏部尚书王戎详定其法，并于同年发诏公布施行的。

我们看到，"甲午制"的影响颇为重大。依晋武帝太康八年诏，是"士大夫皆先外郡"；依《晋书·王戎传》，是"选举皆先治百姓"。就是说，士人皆须先经郡县之长吏，才能迁补内官，无一例外。这一规定是相当强硬的。

"甲午制"虽为王戎所定，然而他本人并无意于举贤图治，也并不喜欢这一制度。因此惠帝元康中他再领吏部之时，便有"居职未期而戎奏还"之事，使"甲午制"流于形式，如傅咸所劾奏，"既未定其优劣，且送故迎新，相望道路，巧诈由生，伤农害政"。总之，"甲午制"确实实行过，但此制之设，并非王戎本意，所以不久他就开始破坏这一制度。而傅咸之劾奏，并不是攻击"甲午制"；恰好相反，他是在尽其努力维护这一制度。傅咸是被浮华之徒目为"俗吏"的，作为事功派官僚的主要代表人物之一，他对"甲午制"的重视是不足怪的。

维护"甲午制"的努力，对傅咸来说也并非这一次。《晋书·傅咸传》：

> 会丙寅，诏群僚举郡县之职以补内官。咸复上书曰："……内外之任，出处随宜。中间选用，惟内是隆。外举既颓，复多节目。竞内薄外，遂成风俗。此弊诚宜亟革之，当内外通塞无所偏耳。既使通塞无偏，若选用不平，有以深责，责之苟深，无忧不平也。且胶柱不可以调瑟，况乎官人而可以限乎？伏思所限者，以防选用不能出人。不能出人，当随事而制，无须限法。法之有限，其于致远，

无乃泥乎！或谓不制其法，以何为贵？臣闻刑惩小人，义责君子，君子之责，在心不在限也……"

此事在元康中傅咸劾奏王戎事之前。"丙寅诏"内容，《传》中只说是"举郡县之职以补内官"，而傅咸之攻击目标，却全在于"限法"。但因有上面之叙述，我们对这一点就不会奇怪了。依"甲午制"之意，选举皆先出为郡县治民，而治民时间，却因"丙寅诏"而有了一硬性规定，即傅咸所言之"限法"。依此规定，出为外官者到期即可内补。惠帝之"丙寅诏"公布了"限法"，并宣布出为外官合于期限者，可以举而内补了。但依晋武帝太康八年诏，是"治民著绩"方能内补，否则长居外官。傅咸之奏，是以为"限法"与武帝所设之"甲午制"本意不合，应复其原意，"内外之任，出处随宜"。但又如傅咸所言，"所限者，以防选用不能出人"，其意仍是要使士大夫有相当的治民时间——他们本是视外官为苦差的。然而后来又有"居职未期而戎奏还"之事——由此可以推测"限法"至少在期年以上——则连"限法"也被王戎公然破坏，傅咸自然更要据理力争了。

《晋书·王戎传》记傅咸奏上，"戎与贾、郭通亲，竟得不坐"，可见"居职未期而奏还"，确实是违制之举，王戎之"不坐"，乃是因为别有奥援，而不是没有过错。又《傅咸传》："（惠帝）诏曰：'政道之本，诚宜久于其职，咸奏是也。戎职在论道，吾所崇委，其解禁止。'御史中丞解结以咸劾戎为违典制，越局侵官，干非其分，奏免咸官，诏亦不许。"这次冲突使王戎几乎为之坐罪，傅咸也冒了"越局侵官"而遭纠弹的危险。最后，由最高统治者居间调停，息事宁人，不了了之。但用以补救"清途"过分发展对行政造成的损害的"甲午制"，自太康八年到元康二、三年，不过数年时间，便成一纸空文了。

第九章 察举的低落

我们已经看到，由于九品中正制与"清途"的配合而构成的优遇权贵士族的仕途的兴盛，察举在选官体制中已被置于较低地位；这从入仕方式、官职除授和所获乡品上，都已经昭然可见。下面，我们进一步对察举入仕者的社会成分与仕途发展进行分析，并由此观察察举的地位与作用的变动原因与结果。

一、察举入仕者的社会成分

曹魏时期由察举入仕者，我就史传作大略统计，考得孝廉24例，秀才8例，计吏14例，合计46例；一人曾应数科之举者，则作数例计。然后将之大致区分为高官贵戚子弟（从子弟在内，下同）、中级官僚子弟、下级官吏子弟及普通士人4类。高官指四品以上官僚，贵戚指曹氏、司马氏姻族；中级官僚指五、六、七品官僚；下级官吏指八、九品官吏；父祖无当朝官位者，则为普通士人。其统计结果略如表9-1：

表 9-1

	高官贵戚子弟	中级官僚子弟	下级官吏子弟	普通士人
秀才	37.5%	12.5%	25%	25%
孝廉计吏	31.6%	18.4%	13.2%	36.8%
合计	32.6%	17.4%	15.2%	34.8%

由此表可见，曹魏时应察举者之父祖，在朝居高官者、居中下级官者与无当朝官位者，约各占三分之一。考虑到材料阙略造成的误差，可

以认为秀才与计孝在此比例略同。但还须说明,"普通士人"中所列之人虽未见其父祖有当朝权位,但有的其父祖却曾仕于汉朝,或是汉代州郡著姓。为求全面反映情况,再将应察举者之父祖曾仕汉者,或其家族为汉之著姓名族者区分出来,见表9-2:

表9-2

	高官贵戚子弟	中级官僚子弟	下级官吏子弟	普通士人	合计
汉代官僚名族子弟	23.9%	8.7%	13%	10.9%	56.5%
家族在汉无官位族望者	8.7%	8.7%	2.2%	23.9%	43.5%

由表9-2可见,汉代官僚名族子弟,在曹魏时有较多得举机会,但家族在汉代无官位族望者,也依然有相当的得举可能。

综合二表,可以看到在曹魏之时的察举一途,既包括高官世族子弟,也有普通士人,较为广泛地容纳了各个阶层的人士。被举者中,既有司空卢毓子卢钦,尚书、太仆杜畿子杜宽,司空、太尉司马孚子司马望,太守羊耽子羊琇、从子羊祜,司空王昶子王沦,太仆庾嶷子庾峻等名门高官子弟,也有杨丰、王基、杜挚、侯史光、崔游、陈勰、孙该等父祖不详之普通士人。《三国志·魏书·高堂隆传》:"犊民西牧,年七十余,有至行,举为计曹掾,帝嘉之,特除郎中以显焉。""犊民"当指牧牛之民户。又《初学记》卷二十引虞预《晋书》:"何桢字元干,为弘农郡守,有扬器生为县吏,桢一见便待以不臣之礼,遂贡之天朝。"是其时犊民、小吏也有机会与高门同应察举。在汉家族无族望官位可纪,当朝父祖亦不居官者占23.9%,近四分之一。而据黄留珠之统计,汉代察举中平民占15.7%,贫民占8.7%,合计24.4%。[①] 可见曹魏察举在从各阶层广泛取人这一点上,大致承袭了汉代的传统。作为对比,同期发展起来的清官入仕迁转之途,就在相当程度上为高官权贵所占据。两种仕途,已表

---

① 参见黄留珠:《秦汉仕进制度》,142页。

现出了不同的倾向性。

西晋时期，我就史传做大略统计，其家世情况较为清楚、尚可资参考者，约有贤良方正直言等特科29例，秀才47例，孝廉、计吏、良吏、廉吏55例，合计131例。西晋时期，有一批蜀吴士人入仕晋廷，这些"亡国之余"具有特殊的政治身份，故统计时单列一项。另外，《华阳国志》记有蜀亡后其地之一批察举仕晋者，因其专记一地，如一并统计则会使此类人物比例偏大。为使统计中各类人士之比例多少接近事实一些，这些人均未计入（下同）。统计之结果略如表9-3：

表 9-3

	高官贵戚子弟	中级官僚子弟	下层士人	蜀吴士人
特科	31%	20.7%	34.5%	13.8%
秀才	14.9%	23.4%	19.2%	42.5%
孝廉计良	10.9%	18.2%	41.8%	29.1%
合计	16.8%	20.6%	32.1%	30.5%

这里没有列入"下级官吏"一项，因为此项只考得一例。这未必说明八、九品官吏子弟应举者少。其原因，可能因为至晋时高级官位已大为增加，如三公变为八公，散骑常侍、侍郎变成六散骑，还增设了不少高级军职，八、九品官至此已无足轻重，家族成员如仕仅至此，其政治地位已相当低下，故史传常加省略。所考得之一例，并入下层士人计算。

西晋时期一大批蜀吴士人出现于察举之途，这涉及西晋并吞蜀吴后对其地士人的政策，是一种绥抚手段。蜀亡之后随即就有杜轸、陈寿、李密、谯秀等一批蜀士察举入洛。李密《陈情表》记"前太守臣逵察臣孝廉，后刺史臣荣举臣秀才"，促其出仕，"急于星火"。《华阳国志》记有蜀亡之后其地人士应秀孝等科察举者37例。《大同志》称泰始二年春，"武帝弘纳梁、益，引援方彦"。李密、文立都曾表请晋廷优假梁、益人士。《晋书·文立传》记其请故蜀大臣名勋之后五百家不豫厮役，叙用其子孙流徙中畿者，"一以慰巴蜀之心，其次倾吴人之望"，事皆施行。孙吴灭亡后晋廷仍照此办理。华谭父祖皆孙吴高官,太康初华谭举秀才入洛,晋武帝亲加策问曰:"蜀人服化,无携贰之心;而吴人趑雎,屡作妖寇……今将欲绥静新附,何以为先?"华谭对曰,"吴始初附,未改其化","所安之计,当先筹其人士,使云翔阊阖,进其贤才,待以异礼……可以永保无穷,长为人臣者也"。于是武帝特加奖擢,"时九州秀孝策无逮谭者"(事见《晋书·华谭传》)。这次秀才对策绝不止于一次人才考核,其意义几近乎于一次政治谈判。在这一背景之下,一大批东南名士被察举贤良秀孝入洛,在晋廷中占了一席之地。

在"绥静新附"的政策之下进入晋廷的蜀吴人士,其政治地位自然无法与中朝权贵高门比肩。据《晋书·华谭传》,华谭举秀才入洛后,王济"于众中嘲之曰:五府初开,群公辟命,采英奇于仄陋,拔贤俊于岩穴。君吴楚之人,亡国之余,有何秀异而应斯举?"(《世说新语·言语》记为洛人嘲吴人蔡洪事。)除少数人外,这些"亡国之余"大多不能跻身"清途",因此作为一方人士,由察举一途进入政府,便是顺理成章的了。

而且,蜀吴原来相当看重察举。《华阳国志·后贤志·司马胜之传》记蜀国"特重察举,虽位经朝要,还为秀孝",故司马胜之已历官尚书郎、秘书郎等职,然至"景耀末,郡请察孝廉"。《三国志·吴书·陆逊传》注引《吴书》记曰:"(孙)权嘉逊功德,欲殊显之,虽为上将军列侯,犹欲令历本州举命,乃使扬州牧吕范就辟别驾从事,举茂才。"所以蜀吴人士对察举入仕也乐于接受。

晋廷对东吴名族之应举者,还给予了一些特别待遇。《通典》卷一百一《礼六一·周丧察举议(晋)》:"江表初附,未与华夏同,贡士之宜,与中国法异。前举孝廉不避丧孝,亦受行不辞以为宜。访问余郡,多有此比。按天水太守王孔硕举杨少仲为孝廉,有周之丧而行,甚致清议。今欲从旧,则中夏所禁;欲不举,则方士所阙。"知吴人有丧仍可应孝廉之举,而这原是"中夏所禁",将"致清议"的。可见这是一种优待。又《抱朴子·审举》:"昔吴土初附,其贡士见僵以不试,今太平已近四十年矣,犹复不试,所以使东南儒业,衰于在昔也。"是吴土之贡士,可不经策试而任官。① 按吴土秀才华谭、纪瞻等应举后是经过策试的，葛洪所言或是特指孝廉可不试经，故又称东南儒业为之而衰。由之东南名族以察举入仕成为传统。《宋书·郭原平传》："会稽贵重望计及望孝，盛族出身，不减秘、著。"其风可溯至西晋以至孙吴。又东晋之孝廉每岁郡各1人，而丹阳、吴会、会稽、吴兴皆2人，数量加倍，亦当与此风有关。西晋之应察举者蜀吴人士占到30.5%，说明察举是其出仕的主要途径。

由前面的统计又可看到，西晋时察举一途之中，下层士人之比例有较大增加。如不考虑蜀吴人士，则高官贵戚子弟、中级官僚子弟和下层士人比例分别为24.2%、29.7%、46.1%，下层士人几占半数。可见，此期察举一途中容纳了相当一批普通士人。

就史传所记，如光逸为博昌小吏，后得举孝廉；马隆史称其"出贫贱"，州举"才堪良将"，至东羌校尉；易雄"少为县吏，自念卑贱，无由自达，乃脱帻挂县门而去"，后仕郡为主簿，举孝廉；赵至父为士伍，辽西举计吏，后又举良吏；李含为"寒门少年"，陇西、始平两郡并举孝廉，后又举秀才；陈頵身家"孤寒"，元康中郡举孝廉；熊远之祖为石崇苍头，本人仕县为功曹，后举孝廉又举秀才；苏峻为史称"单家"，得举孝廉；陶侃被视为"小人""寒宦"，亦为孝廉；陈敏得举廉吏，被斥为"七第顽冗，六品下才"。又如《太平广记》卷三一八引《异苑》："并州祭酒桓回，以刘聪建元三年，于途遇一老父，问之云，有乐工成凭今何职？我与其人有旧，为致清谈，得察孝廉。"是以乐工之低贱亦得举孝廉。又如秀孝吴甫、杨旌、许孜、赵君平、董养、董联、刘沈等，既非名族，史传中其父祖又默默无闻，都当为下层士人，然而他们都得以察举秀孝。

作为对比，西晋时代那些煊赫无比的高门权贵，其子弟却很少由察举入仕。表9-3中可见西晋应察举者家族有居四品以上官位者，仅占16.8%，约六分之一。而且这其中仍有一部分够不上当朝最大的权贵，

---

① 参见周一良：《魏晋南北朝史札记》，"西晋王朝对待吴人"条，72~74页。周先生以"昔吴土初附"为西晋公元280年平吴事。此取其说。

或一流高门。其家族在当时居于权势中心者，仅司徒温羡从子秀才温峤，中书监卢钦子秀才卢谌，差可拟之。琅邪王衍被举"奇才可以安边"，乃特例，而且他并不接受。那些最大的权势者，例如《晋书》所称晋初"攀云附翼"之八公太宰司马孚、太傅郑冲、太保王祥、太尉司马望、司徒何曾、司空荀𫖮、大司马石苞、大将军陈骞，以及司空裴秀，司徒王浑、王戎，尚书令贾充，录尚书事王沈等，其家族子弟皆不由察举入仕，偶尔得举亦不应不就。

由之可见，西晋时代，高门权贵子弟由察举入仕者，比例有明显减少，下层士人却有相当增加，同时又有一批蜀吴人士由之入仕，后两类人物合计占62.6％，就是说在官僚士族的眼中，察举之地位和吸引力，已颇为下降了。

这种变化之原因，当然是九品中正制与清官入仕迁转之途，为高门权贵子弟别辟了入仕捷径。步入察举一途者虽然也有高官士族，但同时又有大量下层普通士人甚至寒门单贱，以及蜀吴"亡国之余"，品类颇杂，广泛地容纳了各个阶层、各类身份的人物，这就不足以标志高门权贵的高贵身份。同时，岁举员额平均分配到各州各郡，如某郡为权贵之乡里，员额亦不增加；某地非权贵之乡里，员额亦不减少。这就无法满足高门权贵子弟依父祖势位大量出仕的要求。特别是，我们已经指出察举制较"清途"有更为鲜明的功绩择优制的色彩与制度保证，由于悠久传统它一般仍以经明行修、才优能殊者为察举对象，且有"试职"之法、策试之制；同时它又被九品中正制与"清途"压抑在相对较低的地位之上，由秀孝察举所得之乡品一般在二、三、四品之间，并无优遇；策试后只能拜七品之议郎，八品之中郎、郎中，这是权贵子弟凭"赐官"即可轻易获得的。因此，使高门权贵子弟修身励行，务学勤职，自郡县吏职仕起，依才行功次与寒门单贱同应察举，经严格考试任为"散郎"，自然是勉为其难的。如果没有九品中正制与"清途"，他们或许也会使察举制适合其需要；但既然已经别有了入仕华途，他们对察举自然大失兴趣了。

当然，士族中还是有由察举入仕之人的。首先，察举曾为汉代仕进荣途，至晋虽已为贵游公子所轻，但形式上仍有相当荣誉，故士族之中一些有志之士，仍愿由之入仕。但士族分子如应察举，那就要合于察举的传统标准，而不能徒以门阀，至少原则上是如此。如新野庾衮，父兄皆贵盛，他却甘心隐逸躬亲稼穑，故察孝举秀又举清白异行，入《晋书·孝友传》；又如东晋之庐江何琦，祖何龛后将军，父何阜淮南内史，从弟何充为司徒，然而他本人苦孝事母，养志衡门，琴书自娱，耽习典籍，故得举孝廉，屡被征召，亦入《孝友传》。又如温峤，"性聪敏，有识量，博学能属文，少以孝悌称于邦族"，为司隶都官从事时敢于搏击贵势，故得举秀才（见《晋书》本传）。

其次，汉魏以来一些经学世家，至此仍多得察举。庐江杜夷，"世以儒学称，为郡著姓"，三察孝廉；秀才卢谌，为汉代名儒卢植之后，"世以儒业显"；秀才王接，"世修儒史之学"；孔子二十二世孙孔衍，"经学深博"，州举异行直言。孝廉须射策试经，秀才对策亦须以经典为本。至晋高门权贵之贵公子多已鄙薄经术、无意章句而竞于玄谈；而有志经学者，仍以经明行修而应察举为常规性仕途。同时，贤良秀才对策是显示才气文采之机会，故文才出众者，多被秀才之举。如潘岳、潘尼叔侄，皆父祖二千石，家族多居位者，二人"俱以文章见知"，皆得秀才举。

最后，士族亦有高下盛衰之别。高门子弟有优越的机会步入"清途"，官位门第较逊者未必就有同等机会。至于所谓"著姓""豪族"，亦颇复杂，或以世仕州郡，或以宗党强盛，或以屡出名德，或以世传儒术，都可以此称之。早在东汉，就是既有弘农杨氏、汝南袁氏这种官僚世家，也有"身无半通青纶之命，而窃三辰龙章之服；不为编户一伍之长，而有千室名邑之役"的与官僚无干之乡里豪人，还有陈寔这种"贫俭无仆役"、出门使诸子将车的名士家族。《华阳国志》记巴、汉中、蜀、南中等各地郡县均有大姓，如牂柯郡"大姓龙、鲁、雷、兴、仇、递、高、李"之类，然此类"大姓"在当代政治之中有多大影响，就很不相同了。如果仅为一郡一县之望，那与朝廷上贵盛于时的高门华阀相比，显然不能等量齐观。偏于一地的著姓，二三流士族以及门望不够之官僚子弟，如果不能与高门比肩进入"清途",他们就多以察举入仕。察举员额正是按州郡平均分配的。如安乐秀才张寔,其父不过受叔锡官得乡品五品,然史又记其"家世孝廉";敦煌索氏,"累世官族",但在朝廷中并无势力,然而索充为孝廉,索靖、索袭为贤良,索鲠、索绥、索璆、索聿、索琳为秀才,一姓得举者即考得8人。

综上所述,西晋时代由察举入仕者,主要包括以下几类人物:第一,才行功能表现优异之下层士人;第二,蜀吴士人;第三,二三流官僚士族子弟;第四,明经术、有文采之士人。由此看来,察举在当时较多体现了功绩择优制和从各阶层广泛取人的特点。而高门权贵子弟对察举已甚轻视,他们多由"清途"入仕以维持权势和身份。因此察举之地位,已有相当之下降。

二、应察举者之仕途发展

下面,我们对应察举者之仕途发展情况,加以考察。

前面已经指出,秀孝应举者在对策后以除授议郎、中郎、郎中等"散郎"为通例。"散郎"之除授表示士人已经成为王官,因此它们也构成了入仕之一阶。但"散郎"并非实职,居此者是否能够得到及时迁调,那就依个人之背景、家族之势位而有很大不同。无权势奥援者,常常是累年不调。如前引《太平御览》卷四一四引《广南记》,记交趾秀才吴甫"累年不迁",《北堂书钞》卷七九引作"七年不迁","不迁"即指久居郎职而不除授实官。又《晋书·夏侯湛传》:"举贤良对策中第,拜郎中,累年不调。"又同书《潘岳传》记其举秀才为郎后,"为众所疾,遂栖迟十年,出为河阳令"。还有许多秀才,举后以郎家居而不在朝。如《晋书·周玘传》记其举秀才为议郎,后石冰起兵扬州,周玘结众讨平之,又"散众还家";同书《夏方传》记"州举秀才,还家";同书《成帝纪》记"宁州秀才庞遗起义兵,攻李雄将任回、李谦等";同书《陶侃传》记交州秀才刘沈与杜弘等在广州谋反,为陶侃擒杀;同书《苏峻传》记其"年十八,举孝廉,永嘉之乱,百姓流亡，所在屯聚，峻纠合得数千家，结垒于本县"。是周玘、夏方、庞遗、刘沈、苏峻等，皆举秀孝而家居者。大约亦是因为"累年不调"，故以"散郎"还家闲居。

至于能由"散郎"迁调为实职者，所得之官亦因身家背景而颇有差别。下面我们对应秀孝之举者经"散郎"所迁之官加以统计，以资参考。在统计中，如史传明记除拜"散郎"事，则将拜郎后所见之第一官计入；如未记拜郎事，则推定为史传省略，并以应举后所见之第一官职酌情计入。

两晋孝廉之迁调可资参考者26例。其情况略如表9-4：

表9-4

官职	官品	例数	比例
黄门侍郎	五	1	3.8%
太常博士		1	3.8%
著作佐郎	六	3	11.6%
丞相西阁祭酒		1	3.8%
公府掾	七	3	11.6%
太子洗马	七	1	3.8%
大司马参军	七	1	3.8%
谒者	七	1	3.8%
州纲纪		3	11.6%
县令长	六～八	8	30.8%
尚书令史	八	2	7.8%
军府舍人		1	3.8%

从以上统计看，孝廉郎所迁调之职大部分为七、八品官。其中县令长占到30.8%，近于三分之一，可见孝廉为县令长的重要来源。又《华阳国志》别载巴蜀之晋孝廉18例，其任用可考者12例，有2例分别为王国中尉及平西参军，其余10例则均为县令，占83.3%，更可证明上述结论。余者，魏太学博士五品，晋不明，估计晋之太常博士亦五品；公府长史、司马在六品，估计丞相西阁祭酒亦在六品。五、六品官约占23%，其余县令长及其他七、八品官约占77%。

两晋秀才迁调可考者约 31 例，情况略如表 9-5：

表 9-5

官职	官品	例数	比例
太常、太学博士	五	2	6.5%
太守	五	2	6.5%
太子舍人	六	1	3.2%
驸马都尉	六	1	3.2%
公府祭酒		2	6.5%
公府掾	七	4	12.9%
太子洗马	七	1	3.2%
军府参军	七～八	6	19.3%
州纲纪		2	6.5%
县令长	六～八	9	29.0%
王国常侍	八	1	3.2%

其中，如把公府祭酒推定为六品，则调为五、六品官者共 8 例，占 25.9%，略高于孝廉；县令长及其他七、八品官占 74.1%，略低于孝廉。秀才之任用，较孝廉略优。又县之令长占 29.0%，可见秀才与孝廉一样，也是县令长之重要来源。

下面观察秀孝在仕途上所达到的最高官品。前举秀孝合计 57 例；又孝廉苏峻、秀才张髦举后直接迁调之官不明，但此后之官居可知；又秀才谷俭仕止于中郎，孝廉氾腾、任旭仕止于郎中。将这 5 例补入，合计 62 例。其所达到的最高官品分别列如表 9-6：

表 9-6

官品	官职举例	例数	比例
一	太尉，使持节都督八州军事，荆州、江州刺史（陶侃）	1	1.6%
二	镇南大将军，都督荆、梁军事，荆州牧，梁州刺史（甘卓）；征西将军、假节都督六州军事（戴若思）；持节都督凉州军事、凉州刺史（张寔）；骠骑将军，车骑将军	7	11.3%

续表

官品	官职举例	例数	比例
三	尚书令、仆，尚书，中书令，秘书监，侍中，司隶校尉，九卿，河南尹等	19	30.6%
四	御史中丞、领兵刺史等	4	6.5%
五	守相内史、单车刺史、给事中、黄门侍郎、中书侍郎等	16	25.8%
六	治书侍御史、驸马都尉等	2	3.2%
六～八	长史、县令、中郎、郎中等	13	21.0%

由表9-4、表9-5看，由秀孝入仕并非不能迁至清官。表中所列之黄门侍郎、著作佐郎、太子舍人等，皆属清官。但两晋南北朝之士族门阀注重"起家官"，起家方式与起家官职有别，则社会地位大有差别。依倚父祖门资势位而"少历清官"，最能标志个人身份之高。察举一途入仕虽然也能迁至清官，但由这种包容了寒门单贱、"亡国之余"的仕途入仕，并不能显示门胄的清华。

从表9-6看，似乎秀孝迁至高官的比例尚且不小；但这一观察方法并不全面。因为所能迁至之官越高，就有越多的机会进入史传，同时又必定有大量秀孝因不得迁至高官而于史默默无闻。在两晋150余年之久的时间之中，由秀孝出身居于"公"位的一品官僚仅见1人，二品官僚仅见7人，包括尚书令、九卿在内的三品官僚仅见19人，这说明察举入仕者在仕途上，大多数是步履维艰的。

我们可以由一个比较来说明这一点。我根据黄大华《东汉三公年表》、华湛恩《后汉三公年表》，并就《后汉书》做大略翻检，其结果是，东汉三公之由秀孝出身者，多达29人（不包括举而不就者），此外还有8人曾历敦朴、直言、有道、尤异、理剧等科目而为三公。又据万斯同《东汉九卿年表》及《后汉书》，东汉仅尚书令、九卿、司隶校尉、河南尹之由秀孝出身者，就多达47人（不包括举而不就者），此外另有18人历贤良方正、有道、尤异、理剧、明经、至行等科目而至此类高官。尽管东汉统治时间较两晋为长，但即使考虑到这一因素，东汉由察举入仕者之仕途发展较两晋为优这一点，仍然明明可见。(汉之三公至晋已成"八公"，晋一、二、三品官的种类也颇多于上述东汉官员。)前已指出，晋代由察举入仕者有相当一部分为下层普通士人。这就是察举制在门阀社会中地位下降之原因。而大部分高级、中级官员不出此途，就是很自然的了。

但是由上述三表也可发现，察举制度毕竟使得普通士人以及寒门单贱有了入仕升迁的机会，甚至有了迁至高位的可能。例如由察举入仕而居一品官僚之唯一一人，是孝廉陶侃。陶侃家至微贱，得举至洛后被视为"小人"，"伏波将军孙秀以亡国支庶，府望不显，中华人士耻为掾属，以侃寒宦，召为舍人"(见《晋书·陶侃传》)。得居二品官者之甘卓、戴若思，皆孙吴"亡国之余"，戴若思已沦落至劫掠为生，然而他们都由察举而渐渐崭露头角。又张寔，其父张轨初得叔父锡官，乡品仅为五品，可知其家族在中朝毫无地位；然张寔仍得举孝廉，终至二品方镇。由于察举对士人之才行功能之审察相对地较为严格，更多地体现了择优原则，因此就使一些下层士人以至寒门单贱，有可能以才行功能得举，因缘时会发挥才能而迁至中高级职位。如无察举之法，各州各郡大约会有不少下层士人要白首衡门、永无出头之日。在门阀鼎盛之时，察举之途为下层普通士人保留了一小块立足之地。我们说察举在当时有弥补士族政治弊端的作用，也正是为此。

三、察举的低落

西晋前期，由于君主和事功派官僚的努力，察举一度尚称繁荣，并在取才选能、扩大统治基础、绥抚蜀吴士人和崇隆经术抑止浮华之上，多少发挥了某些作用。这是有利于专制皇权与官僚行政的。但是这种形式上的繁荣，并不能掩盖其地位与作用在实际上的下降。随着九品中正制与清官入仕迁转之途的兴盛，进一步说，随着士族政治的发展，察举的低落是不可避免的。

据《晋书·夏侯湛传》："泰始中举贤良，对策中第，拜郎中，累年不调，乃作《抵疑》以自广，其辞曰：……而官不过散郎，举不过贤良。"是以应举后任用不优、升迁不捷而居心怏怏。又同书《王接传》："永宁初，举秀才。友人荥阳潘滔遗接书曰：挚虞、卞玄仁并谓足下应和鼎味，可无以应秀才行。"友人劝其"无以应秀才行"，也反映了应举在时人眼中已非入仕荣途。①

据《晋书·赵王司马伦传》，惠帝永宁元年司马伦"乃僭即帝位，大赦，改元建始。是岁，贤良、方正、直言、秀才、孝廉、良将皆不试"。又《王接传》："是岁，三王义举，惠帝复阼，以国有大庆，天下秀孝一皆不试。""三王义举"事在司马伦篡位之同年三、四月，所免之策试当为次年年初之事，是永宁二年之策试亦未实施。秀孝策试之制遂趋松弛。

东晋偏安之初，庶事草创。《宋书·百官志》叙州秀才，"晋江左扬州岁举二人，诸州举一人，或三岁一人，随州大小，并对策问"。"并对策问"只是制度上的规定，实际上经常荒废。《晋书·陈頵传》记其于元帝太兴中上疏称："昔江外初平，中州荒乱，故贡举不试。宜渐循旧，搜扬隐逸，试以经策。"元帝也有意恢复察举考试。《晋书·孔坦传》：

> 先是，以兵乱之后，务存慰悦，远方秀孝到不策试，普皆除署。至是，帝申明旧制，皆令试经，有不中科，刺史、太守免官。太兴三年，秀孝多不敢行。其有到者，并托疾。帝欲除署孝廉，而秀才如前制。

---

① 潘滔语中有"足下应和鼎味"语。"鼎味"为商代伊尹故事。《韩非子·难言》："（伊尹）身执鼎俎为庖宰，昵近习亲，而汤乃仅知其贤而用之。"后世"和鼎"多指执政居相位，而潘滔之"应和鼎味"语显非此意。《北堂书钞》卷六八"毗佐三台助鼎和味"条："《汉书仪》云，太尉、司徒长史，秩比二千石，号为毗佐三台、助鼎和味。其迁也多据卿校也。"是汉之"和鼎"指公府长史。又《崔敬邕墓志》："起家召为司徒府主簿，纳赞槐衡，能和鼎味。"又《元廞墓志》："寻辟上台，为骑兵参军，助调醹味。"是元魏之"和鼎"指公府之主簿、参军。知潘滔之"应和鼎味"，大约是指就任公府之掾属僚佐。应征辟而为公府掾，在魏晋南北朝亦是士族高门子弟惯性的入仕方式之一。由《晋书·王接传》可知，由此入仕，地位亦较秀孝察举为高。

后孔坦上疏，请"崇修学校，普延五年，以展讲习"，元帝"听孝廉申至七年，秀才如故"。又同书《甘卓传》：

> 中兴初，以边寇未静，学校陵迟，特听不试孝廉，而秀才犹依旧策试。卓上疏以为："答问损益，当须博通古今，明达政体，必求诸坟索，乃堪其举。臣所忝州往遭寇乱，学校久替，人士流播，不得比之余州。策试之由，当借学功，谓宜同孝廉例，申与期限。"疏奏，朝议不许。

知孔坦原请秀孝免加策试五年，元帝令孝廉可七年不试，秀才则照旧策试。但尽管如此，策试之实施依然困难重重。《甘卓传》记朝议不许其奏之后：

> 卓于是精加隐括，备礼举桂阳谷俭为秀才。俭辞不获命，州厚礼遣之。诸州秀才闻当考试，皆惮不行，唯俭一人到台，遂不复策试。俭耻其州少士，乃表求试，以高第除中郎。

是"秀才如故"策试之后，就几乎没有秀才应举了。又《宋书·五行志》：

> 晋成帝咸和六年正月丁巳，会州郡秀孝于乐贤堂，有麇见于前，获之。孙盛曰："夫秀孝，天下之彦士。乐贤堂，所以乐养贤也。晋自丧乱以后，风教陵夷，秀无策试之才，孝乏四行之实。麇兴于前，或斯故乎？"

又《宋书·武帝纪》晋安帝义熙七年：

> 先是，诸州郡所遣秀才、孝廉，多非其人。公（按即刘裕）表天子，申明旧制，依旧策试。

可见东晋察举不但所举非人，连策试亦荒废已久了。

西晋之秀才考得47例，孝廉50例，合计97例（包括举而不就者，下同)。东晋之秀才只考得 19 例，孝廉仅 8 例，合计 27 例。西晋 50 余年，东晋则 100 余年，然东晋之秀孝仅为西晋之 27.8%，约四分之一。可见察举至此已处于相当低落之中。又西晋秀孝举而不就者 26 例，应举者 71 例；而东晋之秀孝不就者为 13 例，应举者为 14 例。西晋之应举比例为 73.2%，东晋之应举比例为 51.9%。是东晋举而不就者大为增加，亦可反映察举一途之吸引力，较之西晋又大为下降了。

东晋之 8 例孝廉中，孔季恭、周稚、虞预、谢沈、张凭、王谈 6 人为吴土之人，占 75%。秀才之 19 例中，亦有陆纳、孟嘉、庞遗、谷俭、高崧、龚玄之、龚元寿、陶淡为南人，占 42.1%。这显然与东晋只有半壁江山有关。北来之士族得举者，有陈留江灌、江彪，东海王雅，庐江何琦，北地傅弘之，琅邪王珉等。仅从此看，似乎士族高门子弟之比例并不为小，但高门子弟当然有更多进入吏传之机会；东晋 100 年中，士族之由察举入仕者不过一二十人，仍不得为多。王珉为王导之孙，是两晋时期琅邪王氏之唯一被举秀孝者，然而他仍然不肯屈就，而历著作郎、黄门郎、侍中等清要之官轻至长兼中书令。东晋秀孝迁调之官，有博士、县令、司徒掾属、军府僚佐等，与西晋相似。但从整体看，东晋察举之地位与作用，较西晋又大为低落了。

"策试之由，当借学功"，察举之不盛，策试之难行，与学校之不兴有连带关系。东晋之学校入仕制度，也处于衰微之中。

据《晋书·元帝纪》，元帝恢复了太学学官博士；又据《成帝纪》，咸康三年立太学。《宋书·礼志》记咸康三年"议立国学，征集生徒。而世尚庄、老，莫肯用心儒训。穆帝永和八年，殷浩西征，以军兴罢遣，由此遂废"。孝武帝时有太学生 60 人，后增至百人，太元十年又兴复国学。《宋书·礼志》："其年，选公卿二千石子弟为生，增造庙屋一百五十五间，而品课无章，士君子耻与其列。"殷茂称："学建弥年，而功无可名，惮业避役，就存者无几。或假托亲疾，真伪难知，声实浑乱，莫此之甚。臣闻旧制，国子生皆冠族华胄，比列皇储，而中者混杂兰艾，遂令人情耻之。"《晋书·五行志》："太元十年正月，国子学生因风放火，焚房百余间。是后考课不厉,赏黜无章,盖有育才之名,而无收贤之实。"(按国子学建于太元十年二月,国子生放火事当在其后,不当在此年正月。)东晋之国子生考得一例。《宋书·长沙王刘道怜传》:"长沙景王道怜,高祖(刘裕)中弟也。初为国子学生。谢琰为徐州,命为从事史。"查《晋书·谢琰传》,谢琰为徐州刺史在晋安帝隆安二、三年间,距晋孝武帝太元十年建学约十二三年,刘裕、刘道怜曾祖刘混为武原令,祖父刘靖为东安太守,父刘翘为郡功曹。以其门资,自然称不上"冠族华胄",是国子学中确有"混杂兰艾"之事。

总之,东晋国学不盛,原因一是"世尚庄、老,莫肯用心儒训";二是士庶分别不严,"士君子耻与其列";三是"考课不厉,赏黜无章",管理混乱。高门贵胄志在玄理,耽于享乐,自有九品中正制与清官入仕迁转之途保证其仕途亨通,自然无意于学业了。察举与学校制度,由两汉之盛到东晋之衰,是社会政治文化条件发生重大变化的必然结果。

第四部分

南朝时期

第十章　南朝察举之复兴及其士族化

南朝宋、齐、梁、陈的察举与学校入仕制度，较之魏晋，明显处于一个转折时期。魏晋之时，察举与学校制度在整个选官体系之中的地位与作用，总的来说是在不断地下降，时至东晋，已进入了一个最为低落的时期。而到了南朝时期，察举与学校入仕之途却又有了较明显的复兴趋势。我们看到，专制君主在振兴察举与学校上作出了积极的努力；但同时这些采用策试的入仕途径，却又为士族独占而士族化了。下面我们就对之加以叙述。①

一、察举与学校的复兴

刘宋王朝建立之后，专制君主就明显表现出对察举取士的关切与重视。东晋安帝义熙时，掌握了军政实权的刘裕就及时着手恢复了秀孝策试制度。《宋书·武帝纪》晋安帝义熙七年："先是，诸州郡所遣秀才、孝廉，多非其人。公表天子，申明旧制，依旧策试。"刘裕称帝后，又亲策秀孝。同书《武帝纪》刘宋永初二年二月："车驾幸延贤堂，策试诸州郡秀才、孝廉。扬州秀才顾练、豫州秀才殷朗所对称旨，并以为著作佐郎。"

又据《宋书·孝武帝纪》，孝武帝孝建元年春正月下诏整饬察举："四方秀孝，非才勿举，献答允值，即就铨擢。若止无可采，犹赐除署，若

---

① 关于南朝及北朝察举的有关问题，还请参看唐长孺：《南北朝后期科举制度的萌芽》，见《魏晋南北朝史论丛续编》，北京，生活·读书·新知三联书店，1959。

有不堪酬奉，虚窃荣荐，遣还田里，加以禁锢。"又许嵩《建康实录》卷十三，孝建三年"二月辛未，策孝秀于东堂"，大明六年春正月，"策秀士、孝子于中堂"。同书同卷又记少帝景和元年初，"诏天下秀孝，随才擢用"。《通典》卷十四《选举二》记刘宋察举："凡州秀才、郡孝廉，至皆策试，天子或亲临之。"《南齐书·谢超宗传》记宋明帝泰始三年，"都令史骆宰议策秀才考格，五问并得为上，四、三为中，二为下，一不合与第"。遂成秀才策试之一代新制。时至南齐，君主亦常亲临策试。《南齐书·武帝纪》永明四年春正月，"辛卯，车驾幸中堂策秀才"；《东昏侯纪》："永元元年春正月戊寅，大赦改元，诏研策秀孝，考课百司。"由此可见，南朝前期君主在复兴察举之上，就已经表现出了相当积极的态度。

通过恢复策试、严格制度、更革程式以至亲临策试擢第等措施，秀孝察举呈现复兴趋势。这首先就反映在此期所见于史传的秀孝明显增加之上。刘宋之秀孝，我统计所得为51例（包括举而不就者，下同）；萧齐之秀孝，亦达23例。这与东晋得举者之寂落寡少，形成了对比。

为了对见于吏传之秀孝的数量变化有一较为直观简明的印象，下面将曹魏、两晋及南朝各代之秀孝规模变化化为指数，列表以为辅助说明。由于各王朝持续时间长短不一，各代史书篇幅亦简繁大异，这里所采用的统计方法是，将各代之秀孝见于"正史"者，除以王朝之持续时间，及相应"正史"之卷数：

$$\frac{得举者数量}{王朝延续时间 \times 相应正史卷数}$$

由于《魏志》《梁书》《陈书》均无《志》，故《晋书》《宋书》及《南齐书》之《志》之卷数亦不计入。《晋书》除去《志》部分，余110卷，西晋作50卷计，东晋作60卷计。《南史》卷数不计。然后将所除得之数，以曹魏为基准指数1，列出各代秀孝之比例指数如表10-1：

表 10-1

	曹魏	西晋	东晋	宋	齐	梁	陈
持续年数	45	52	103	59	23	55	32
正史卷数	30	50	60	70	47	56	36
秀孝数量	27	86	24	51	23	20	8
比例指数	1	1.65	0.19	0.62	1.06	0.32	0.35

由此表可见，由曹魏进入西晋，察举规模指数有明显上升。这一方面是由于君主对它的重视，另外也是由于三国分立结束而进入统一时期，疆域人口增加，一大批蜀吴士人进入察举一途所致。察举数量增加的表象之下，却隐藏着察举地位及作用在实际上已经下降的事实，因此一入东晋，察举比例指数便由西晋之 1.65 骤跌至东晋之 0.19，仅及西晋之八九分之一。至刘宋、萧齐之时，虽然仍是半壁江山，察举指数却明显回升，至齐达到了 1.06，已回复到了曹魏的水平。至梁、陈这一指数又有下降，但这是因为梁代以国学明经策试入仕已相当兴盛，吸引了相当一批士人转入此途所致。察举与学校入仕本具有相近的特点，所以这一现象并不能简单地认为是察举的再次低落；此后对之还要详加讨论。总之，上述察举指数变化，可以印证南朝察举确实处于复兴之中。

同时，南朝学校亦在复兴之中。宋武帝永初三年下诏兴学，因其数月后去世未果，文帝元嘉十九年又诏立学，国学因而复立。元嘉二十三年"九月己卯，车驾幸国子学，策试诸生。答问凡五十九人"（见《宋书·文帝纪》）。但元嘉二十七年因北魏来侵，学校又罢。据《宋书·孝武帝纪》，大明五年八月又诏"来岁可修葺庠序，旌延国胄"；但据《南齐书·百官志》，孝武帝"太始六年，以国学废，初置总明观，玄、儒、文、史四科，科置学士各十人"。则大明五年立学，或立而又废，或欲立未果。南齐高帝萧道成即位之后，先后有刘善明、王逡之、崔祖思等请兴学校；建元四年，国学复立。但南齐惯例，是先帝去世、太子登极则废学，故国学因之三废三立（其事详见《南齐书·礼志》）。齐高帝建元四年立学，有生 150 人；齐武帝永明三年立学，有生 200 人。

南朝君主又经常扶植著名学者的学馆，使之具有半官方的性质。在官学废置之时，这些学馆就担负了"陶奖童蒙"的任务。宋武帝刘裕曾为名儒周续之立馆东郭。宋文帝元嘉中先后使何尚之立玄学，雷次宗立儒学，何承天立史学，谢元立文学，台之四馆。四馆生徒，今考得萧道成、萧道度为儒学生（《南齐书·高帝纪》及《衡阳王萧道度传》），山谦之为史学生（《宋书·礼志》）。齐时有刘瓛之馆、吴苞之馆、伏曼容之馆、何佟之之馆等。

至梁武帝立五馆、复国学，学校转盛。《南史·儒林传序》记叙江左儒学变迁：

> 逮江左草创，日不暇给，以迄宋、齐，国学时或开置，而劝课未博，建之不能十年，盖取文具而已……至梁武创业，深愍其弊，天监四年，乃诏开五馆，建立国学……馆有数百生，给其饩廪，其射策通明经者，即除为吏，于是怀经负笈者云会矣。又选学生遣就会稽云门山，受业于庐江何胤，分遣博士祭酒，到州郡立学。七年，又诏皇太子、宗室、王侯始就学受业。武帝亲屈舆驾，释奠于先师先圣，申之以谠语，劳之以束帛。济济焉，洋洋焉，大道之行也如是！

梁代学校，五馆合计有生千余，国学有生三百余，虽不能与两汉魏晋相比，却是江左的最盛之时。

更为重要的是，学校策试入仕，在此时再次成为重要的入仕途径。刘宋之国子生，只考得崔慧景、虞愿2人。萧齐之国子生，则考得蔡撙、徐勉等13人；时又有记为"太学生"者八九人，我认为他们实际上都属于国子生，其考辨详见本章附录《南朝"二学"考》。他们之中，有7人史传明记为经明经策试入仕为官，另外3人之起家官，估计也是由策试而来的。梁代国子生考得29人，其中有21人，史传明记为学校策试入仕；另外6人之起家官，估计也是由学校策试而来。梁代还有"太学生"纪少瑜、徐之才起家学校；岑之敬等7人，在学校之外得预明经策试而得官。

汉代太学虽然兴盛，并且依制度有课试擢第拜官之法，但史传明记为由学校射策出仕者,在西汉不过兒宽、终军、萧望之、匡衡、何武(以上分见《汉书》各人本传)及褚少孙(见《史记·龟策列传》"褚先生曰")数人而已。东汉近二百年中太学生可考者百余人,竟然没有一人是直接以太学射策入仕的。他们大约是在结业后去转应州郡公府的察举征辟。魏晋之时,太学有试经拜郎署运之制,但由此入仕之可考者,不过一二人而已。由此加以比较,南朝齐、梁之时以学校考试入仕之可考者,不仅远过魏晋,而且超过学校繁荣的西汉与东汉。这足以证明,齐、梁时学校试经入仕制度,在当时的选官体系中占有重要地位。这是值得注意的。

察举与学校入仕,在采用知识考试选官这一点上是相同的。魏晋察举趋衰,学校也正趋于衰微;南朝察举有复兴之势,而学校亦有复兴之势。在表10-1所示的察举指数中,梁代之指数有所下降,但如果考虑到宋代国学生可考者仅2人,齐增至22人,梁代学生及学外得预明经策试者更达38人,那么我们完全可以得出如下结论:梁代察举指数的下降并不意味着其地位的下降,而是具有相同倾向性的学校入仕制度也发展到相当水平,因而吸引了相当一部分士人步入此途所致。结合各方面材料,可以认为察举与学校入仕,都处于复兴之中。

二、察举学校入仕之途的士族化

南朝察举与学校制度的复兴,给选官格局带来的变化是复杂的。在曹魏与西晋时期,以秀孝察举出仕者,有相当一部分为普通士人、二三流士族与下级官僚子弟,以及蜀吴"亡国之余",较为广泛地包括了各个阶层、各种身份之人士。国子学虽面向贵胄,但并不为贵胄看重,太学则主要是容纳了普通士人。但在南朝,情况又发生了较大变化。察举学校入仕之途复兴之时,未能保持其取士的广泛性这一特点。这就是说,南朝门阀士族开始大量步入察举学校之途了。

刘宋之孝廉,我大略考得12例,他们大多数都不是出自士族,且多以孝行被举,因入《孝义传》而留名。见于《宋书·孝义传》的,如郭世道、郭原平、郭伯林、郭灵馥祖孙4人及潘综、吴逵等；见于《南史·孝义传》的，还有秦绵。吴逵、潘综被举时，太守王韶之发教曰："前被符，孝廉之选，必审其人，虽四科难该，文质寡备，必能孝义迈俗，拔萃著闻者，便足以显应明扬，允将符旨。"由此知孝廉之举重孝行，宋廷曾有明令定制。《宋书·孝义传》附沈约论曰："晋宋以来，风衰义缺，刻身厉行，事薄膏腴。若夫孝立闺庭，忠被史策，多发沟畎之中，非出衣簪之下。以此而言声教，不亦卿大夫之耻乎！"士族多不能或不屑修身励行以求进，此或亦孝廉之举"多发沟畎之中"的原因。

又《宋书·袁粲传》："（大明）三年，坐纳山阴民丁象文货，举为会稽郡孝廉，免官。"丁象文似非士族，袁粲之免官，在于纳货而不在举寒人。看来刘宋时孝廉之举，习惯性身份限制仍不甚严格。齐、梁、陈三代，孝廉之记载日益减少。齐有广陵高爽、会稽孔琇之，梁有吴兴沈文阿，陈有张乾，4人而已。后3人为吴地士族；而侨姓士族，无一人被孝廉举。看来在南朝，此科之地位并不甚高。

但秀才一科的情况，就大不相同了。自刘宋始，步入秀才一科者大多数都已是出于士族，许多还是东晋以来的一流高门。齐、梁、陈更是如此。如琅邪王氏，有王延之、王粲之、王微、王融、王僧佑、王汎、王琳、王规、王褒、王固10人得举（不应举者在内）；吴郡陆氏，得举者亦有陆慧晓、陆厥、陆倕、陆云公、陆琼、陆从典、陆琰、陆瑜、陆玠、陆琛10人。又如吴郡顾氏，有顾练、顾法秀、顾愿、顾宪、顾暠之、顾协、顾则心7人；沛国相刘氏，有刘瓛、刘璲、刘珊、刘显、刘臻5人；吴郡张氏，有张融、张绪、张率、张嵊4人；会稽山阴孔氏，有孔颉、孔稚珪、孔休源、孔奂4人；陈郡袁氏，袁濯、袁彖、袁颛3人；彭城刘氏，有刘延孙、刘潜2人；庐江何氏，有何偃、何炯2人；吴兴武康沈氏，有沈演之、沈冲2人；吴兴乌程丘氏，有丘鞠、丘迟2人；新野庾氏，有庾杲之、庾荜2人；济阳考城江氏，有江淹、江革2人；兰陵萧氏，有萧琛、萧恺2人；高阳新城许氏，有许懋、许善心2人；南阳涅刘氏，有刘之遴、刘之亨2人。此外又如陈郡长平殷朗、清河东武城崔僧护、平原刘善明、高平金乡檀超、颍川颍阴荀万秋、河东闻喜裴邃、颍川长社钟嵘、平昌安丘伏挺、汝南安城周舍、会稽余姚虞寄、琅邪阳都诸葛璩,等等。

南朝秀才我大略考得87人,其中绝大多数出于一二流士族。五朝冠冕琅邪王氏,在两晋秀才之68例中仅有王珉一人得举,且不屈就;在南朝则多达10人,一姓就占了总数的六七分之一,名列前茅。吴郡陆氏,被举秀才者亦达10人,同于琅邪王氏。其次如吴郡顾氏、沛国刘氏、吴郡张氏、会稽孔氏等,也都是当时著名的士族。

南朝有些秀才是以高隐之行被举的。见于《宋书·隐逸传》的如刘凝之、龚祈、翟法赐、郭希林、朱百年,见于《南齐书·高逸传》的有明僧绍、臧荣绪、宗测,见于《梁书·处士传》的有诸葛璩,《南史·隐逸传》还记有僧岩。其中有些人并非出自门阀。南朝时期,正如孝廉科以经术为主又兼重孝行一样,秀才科以文才为主又兼及高隐。一些隐士家族,经常得到秀才察举。如武陵之龚玄之、龚元寿,南阳之宗炳、宗彧之,东晋时即以高隐被举,入《晋书·隐逸传》。南朝又分别有龚祈、宗测以高隐被举。武陵龚氏并非高门;南阳叶宗氏,据《宋书·宗越传》是"南阳次门",后遭"条次氏族",黜为役门。他们之举秀才,主要的不是由于门第,而是崇尚高隐之风。

同样,南朝国子学入仕之途,也几乎为士族权贵独占。西晋时代,国子学只取五品以上官僚子弟;东晋孝武帝太元十年兴复国子学,据《宋书·礼志》所载,是"选公卿二千石子弟为生"。二千石郡守国相在官品第五,是其身份限制同于西晋。南朝自宋武帝永初中下诏兴学始,君主兴学之诏,大抵皆以"博延胄子"为称。据《南齐书·礼志》,齐高帝建元四年兴学,其入学资格是这样规定的:"生年十五以上,二十以还,取三公已下至三将、著作郎、廷尉正、太子舍人,领护诸府司马、谘议经除敕者,诸州别驾治中等见居官及罢散者子孙。"又齐武帝永明三年复立国学,规定"召公卿子弟下及员外郎之胤"。又据《梁书·武帝纪》,梁武帝天监七年建国学后,于天监九年明令"皇太子及王侯之子,年在从师者,可令入学"。

在这种情况之下，南朝国子学生几乎是清一色的贵族子弟。此期国子学生我大略确认了54人，其家世情况，如兰陵萧氏，有萧洽、萧孝俨、萧恺、萧大临、萧大连、萧乾、萧敏孙、萧同、萧文琰9人；琅邪王氏，有王琛、王训、王锡、王佥、王承、王通、王劢、王质8人；济阳考城江氏，有江革、江观、江洪、江蒨4人；东海郯徐氏，有徐勉、徐孝克、徐仪3人；吴兴乌程丘氏，有丘钟孚、丘国宾、丘令楷3人；范阳方城张氏，有张勔、张瓒、张绾3人；颍川长社钟氏，有钟嵘、钟屺2人；河南阳夏褚氏，有褚向、褚翔2人。其余如会稽虞愿、清河东武城崔慧景、济阳考城蔡撙、河内温司马褧、会稽山阴贺场、济阴冤句卞华、陈郡阳夏谢几卿、会稽山阴孔季恭、琅邪诸葛璩、河东闻喜裴之礼、沛国相刘珏、北地傅岐、汝南安城周弘正、陈郡阳夏袁宪、吴兴武康沈不害、彭城刘孝孙、会稽魏准，等等。其中占第一位的是齐、梁皇族兰陵萧氏，占到六分之一；其次仍是一流高门琅邪王氏，其子弟之入国学者也占到了七八分之一。

随之而来的一个变化是，察举、学校入仕之途，与面向士族权贵的"清途"，有合一的趋势。魏晋时代之秀才，颇有不能获得乡品二品者，任官一般是八品之中郎、郎中。但南朝秀才无一记为曾拜散郎者。[①] 此

[①] 南朝五官及左、右中郎将，于诸史《官志》之中已列于军职将军与校尉之间，而不列于光禄勋属官之内。南朝极少见任散郎之官者。《南齐书·王琨传》："宋永初中，武帝以其娶桓修女，除郎中，驸马都尉，奉朝请。"此"郎中"或为散郎，但更可能是"员外郎中"，即员外散骑侍郎。据《宋书·礼志》五："太中散谏议大夫，议郎、郎中、舍人，朝服，进贤一梁冠，秩千石者，两梁。"此类官当属光禄勋。但此时之散郎大约已相当微末，很可能有职无人。又《隋书·礼仪志》记梁陈之制，"太中、中散、谏议大夫，议郎、中郎、郎中、舍人，朱服，进贤一梁冠。"是梁陈仍有散郎，但又由朝服变为朱服。据《宋书·礼志》五，宋后废帝元徽四年，司徒右长史王俭议公府长史应服朝服，语称："按晋令，公府长史，官品第六，铜印，墨绶，朝服，进贤两梁冠。掾、属，官品第七，朝服，进贤一梁冠。晋官表注亦与《令》同。而今长史、掾属但著朱服而已，此则公违明文，积习成谬。谓宜依旧制，长史两梁冠，掾属一梁冠，并同备朝服，中单韦舄，率由旧章。""主簿祭酒，备服于王庭，长史、掾属，朱衣以就列，于是伦比，自成矛盾。此而可忍，孰不可安！"由此可见，朝服高于朱衣。那么议郎、郎中等由宋之朝服，变为梁、陈之朱衣，说明其地位又一次下降了。

期秀才任官大略可知者考得 63 人（应举而授官不就者在内），除 3 人又为齐竟陵王西邸学士，余 60 人之任官依数量多少列示如表 10-2：

表 10-2

参军、行参军	公府、军府长史、主簿、记室、功曹	王国主簿、祭酒、常侍、侍郎、文学	秘书郎	著作佐郎
18	9	9	5	4

太常博士、太学博士	太子舍人	奉朝请	州主簿	县令、郡丞
4	3	3	3	2

《隋书·百官志》上记陈制："三公子起家员外散骑侍郎，令仆子起家秘书郎。若员满，亦为板法曹，虽高半阶，望终秘书郎下。次令仆子起家著作佐郎，亦为板行参军。此外有扬州主簿、太学博士、王国侍郎、奉朝请、嗣王行参军，并起家官。"宋、齐、梁之情况，与之类似。由上表可见，南朝秀才之主要任官，与此期士族门阀习惯上之起家官，大致相类。可以相信，秀才大抵已经都能获得乡品二品了，所任之官大多为"二品清官"①。经秀才之举者，较直接步入清途或可获得更高资望。如

---

① "清官"包括哪些官职，因时有异，且可以作广义及狭义两种理解。就狭义说，秘书郎、著作郎、太子舍人、黄门郎等才是公认的起家清官，而员外郎、奉朝请、王国常侍、侍郎等，在南朝还够不上纯粹的清华之位。如《宋书·荀伯子传》记"失清途，解褐为驸马都尉、奉朝请、员外散骑侍郎"；同书《恩幸传》记"泰始初，军功既多，爵秩无序，（阮）佃夫仆从附隶，皆受不次之位，捉车人虎贲中郎，傍马者员外郎"，"（朱）幼，泰始初为外监，配张永诸军征讨，有济办之能，遂官涉二品，为奉朝请"（"品"为乡品，中华书局标点本《南史》改作"三品"，误）；同书《自序》记"（沈璞）除南平王左常侍，太祖引见，谓曰……王家之事，一以相委，勿以国官乖清涂为罔罔也"；《南史·到彦之传》记"（王）晏先为国常侍，转员外散骑郎，此二职清华所不为"；《王奂传》记"奂诸兄出身诸王国常侍，而奂起家著作佐郎。琅邪颜延之……抚奂背曰：阿奴始免寒士"，等等，皆众所熟知之例。

而从广义说，人有士庶，官有清浊，衣冠士族习惯的起家官，都可视为"清官"。梁制官有十八班，经制以二品人士为之；位不登二品者别有流外七班，"寒微士人为之"。南朝"凡厥衣冠，莫非二品，自此以还，遂成卑庶"。乡品二品士人习惯（转下页）

张率已为著作佐郎，又应秀才之举，足见秀才确实为时人所重。

至于国子生之任用，更为优越。南朝之国子生，就我之大略考得者，除去又为西邸学士1人，又应察举者4人之外，其经明经策试后所任之官可知者34人，其任官情况依数量排列如表10-3：

表 10-3

秘书郎	王国常侍、侍郎	太学博士	参军、行参军	中书侍郎
15	6	3	3	2

著作佐郎	奉朝请	州祭酒	郡主簿	县令
1	1	1	1	1

可见国子生任用相当优越，任为秘书郎者达15人，占44%。西晋时依《晋令》太学诸生应拜郎中，后来又以署四品吏为惯例，远不能与南朝国子生相比。

孝廉察举与学校明经都采用经术射策，但南朝孝廉却越来越少见到，

（接上页）上之起家官，即可视为"清官"，而区别于寒人之"浊官"。所以南朝形成了"二品清官"的概念。庾元威《论书》："近来贵宰，于二品清宦进，不假手作书。"又《南齐书·张融传》记其为尚书仪曹郎，"罚干钱敬道鞭杖五十，寄系延陵狱。大明五年制，二品清官行僮干杖，不得出十。为左丞孙缅所奏，免官"。是尚书郎为"二品清官"。而《宋书·江智渊传》："元嘉末，除尚书库部郎，时高流官序，不为台郎，智渊门孤援寡，独有此选，意甚不说，固辞不肯拜。""台郎"属"高流"不为者，不是狭义的"清官"；但从广义说，它仍是二品士族的起家之选，也属于"二品清官"。

"清官"的"清"的程度，又互有差异，且因时而不同。《隋志》："诸王公参佐等官，仍为清浊。"这是因为流内流外，都有参军，清浊因府主身份而定。王国侍郎亦是如此。流内二品人士为之者，即可视为清官。由驸马都尉、奉朝请、员外郎起家之颍川荀伯子，由王国常侍起家之琅邪王晏及王奂诸兄，皆出盛门，决不得谓"寒微士人"。他们之"失清涂"，乃是就未能获得秘书郎、著作郎等更为清华的起家官而言的。但员外郎、奉朝请、王国常侍等，亦不得谓浊官。南朝士族特重起家之职。虽然也有少数寒人因缘时会，阶身员外郎、奉朝请等，但他们一般很难由之起家。刘宋秋当、周纠官至员外郎，便自以为可以跻身士流；这反映员外郎仍是一身份标志。但他们仍为名族张敷所轻，不与同坐以为贬抑。《隋志》所记三公令仆子之起家官及其他起家官，大抵是二品士流起家之选，广义上说，都属清官。

同时除陈朝以外，学校明经却呈现增长趋势。现将我所考得之宋、齐、梁孝廉与国子生数量，列表对比如下（表10-4）：

表10-4

	宋	齐	梁
孝廉	12	2	1
国子生	2	22	29

可见二途正为互成消长之势。前面已指出刘宋孝廉重孝行、多寒庶；而国子学却专容贵胄，且任用优越。所以，南朝孝廉减少而国学生徒增多，与后者保证了士族门阀的政治社会地位，有直接关系。同是以经术策试入仕，高门子弟的选择当然是后者。

三、"主威独运"与"安流平进"的新平衡

南朝察举与学校入仕制度，既处于复兴之中，又明显地士族化了。这是社会政治文化背景继续发展的结果。

我们已经指出，采用考试选官方法的察举与学校制度，相对地更有利于皇权—官僚政治，而不是士族政治。考试方法与择优原则，本质上与身份特权制度是不相容的，它具有选贤任能的功能以及促进下层士人依靠才行知识改变地位，造成社会上下层的活跃对流，并由此而抑制门阀化、封建化因素的功能。这有利于君主赖以实现其专制皇权的官僚政治，有利于君主抑制可能因过度发展而分夺其权力的特权身份集团。而从另一方面说，依赖于择优原则的官僚体制，又是以专制皇权作为其权威的主要来源的。因此，察举学校制度的地位变化，就与皇权的兴衰，有了直接的关联。东晋时期，"朝权国命，递归台辅，君道虽存，主威久谢"（《宋书·武帝纪》"史臣曰"），皇权低落而门阀专政，察举学校制度的衰落，就是不可避免的了。

但刘宋以来，皇权开始恢复，所谓"主威独运，官置百司，权不外

假"（《宋书·恩幸传序》）。自低级官僚出身的北府兵将领刘裕，依武力而不是门第取代东晋皇室之后，南朝君主通过使皇族出镇要藩、武将执掌兵柄、寒人主持机要等手段，恢复了对大小臣吏的诛赏迁黜、生杀予夺的处分权力。如田余庆先生所言："东晋门阀政治，终于为南朝皇权政治所代替。南朝皇帝恢复了绝对权威，可以驾驭士族；而士族纵然有很大的社会政治优势，却绝无凭陵皇室之可能。"①

我们可以特别注意，南朝君主多以寒人掌机要，而寒人时常公然操纵选举。据《南史·恩幸传》，刘宋时戴法兴、巢尚之、戴明宝为中书舍人，"凡选授迁转诛赏大处分，上皆与法兴、尚之参怀，内外诸杂事，多委明宝"，"凡所荐达，言无不行"；阮佃夫、王道隆、杨运长"并执权，亚于人主"，"朝士贵贱，莫不自结"；齐时茹法亮、吕文度"并势倾天下，太尉王俭常谓人曰，我虽有大位，权寄岂及茹公"；綦母珍之"凡所论荐，事无不允，内外要职及郡丞尉，皆论价而后施行"；茹法珍、梅虫儿"权夺人主，都下为之语曰：欲求贵职依刀敕，须得富豪事御刀"。高门士流，为求迁转有时竟须屈事寒人。

正是在这种情况之下，再次出现了振兴官僚政治的意愿与尝试。例如宋时孔宁子上言，"盖宜使求贤辟其广涂，考绩取其少殿。若才实拔群，进宜尚德。治阿之宰，不必计年，免徒之守，岂限资秩。自此以还，故当才均以资，资均以地"（见《宋书·王华传》）。这就是说，要把才能、资历的标准，置于门第之上。又同书《周朗传》："又置官者，将以燮天平气，赞地成功，防奸御难，治烦理剧……当使德厚者位尊，位尊者禄重，能薄者官贱，官贱者秩轻。"这里申明了"选贤任能"的原则。又裴子野《宋略》："《书》云贵贵，为其近于君也。天下无生而贵者，是故道义可尊，无择负贩，苟非其人，何取世族！"梁武帝萧衍的一些议论尤可注意。《梁书·武帝纪》记其齐末上表，有语曰："设官分职，惟才是务。若八元立年，居皂隶而见抑；四凶弱冠，处鼎族而宜甄。是则世禄之家，无意为

---

① 田余庆：《东晋门阀政治》，355页，北京，北京大学出版社，1989。

善，布衣之士，肆心为恶。岂所以弘奖风流，希向后进？此实巨蠹，尤宜刊革！"萧衍又有《凡百箴》曰："莫言尔贱，而不受命，君子小人，本无定性。莫言人微，而以自轻……人无贵贱，道在则尊！"固然萧衍在许多方面继承了优容士族的政策，但他如上议论之中所鲜明体现出来的原则，却反映了专制皇权与官僚政治的天然亲和性。当其力量允许之时，他们总要尝试对士族政治提出挑战。

南朝察举与学校的复兴，正是基于这一背景。士族步入了察举学校入仕之途，是因为"安流平进"已不甚可靠，他们在某种程度上，不得不接受了皇权所要求的考试入仕方式。在传统地位已有动摇之时，士族不得不为保护进身之阶作出努力。他们之中已有相当一部分人，已是自幼精研经史文学，以此取悦附庸风雅的君主，或求以对策考试入仕为官了。太原晋阳之王元规，幼孤而迁居临海，其母欲使之联姻土豪以"结强援"，他不肯"辄婚非类"，后从师受业，策试高第而入仕（见《陈书·王元规传》）。这种破落士族，只好走策试入仕一途了。《南史·萧遥光传》："文义之事，此是士大夫以为伎艺，欲求官耳。"《颜氏家训·勉学》记梁世贵游子弟，"明经求第，则顾人答策"。可见明经试第，已成为常规性的仕途。士族转以文义经术出仕，正是皇权与士族相对地位发生变化的结果。

但在另一方面，南朝皇权虽然已能驾驭士族门阀，但由于传统的势力，士族门阀依然保持着强大的社会影响与地位；而且士族制度在某些方面还趋于强化和僵化，甚至把士庶清浊之辨推向了"士庶之际，实自天隔"的极端。例如"寒人掌机要"之事曹魏西晋并非没有，但他们未必就被视为佞幸小人，而且有时也能迁至高官；而在南朝他们只能居于卑品，很难齿列士流。汉末曹魏之士族，在相当程度上还是"由士及族"，即屡出名士之族，才能视为名族，而时至南朝，已是"由族而士"了，只要出于高门，大抵就算名士，以至"士人""士大夫"，就成了士族的同义语。皇权虽已能驾驭士族，可士族依然高踞于其他阶层之上。

同时，与汉代平民亦能游学求师明经入仕不同，五朝"学在家族"，文化大致为士族垄断，寒人或平民能够得到高级文化教育者寥若晨星。

察举学校制度要求知识才学的检验，但拥有知识才学者，此时绝大多数却是士族成员。南朝文学大盛，士族文人驰骋文采蔚成世风。钟嵘《诗品序》："膏腴子弟，耻文不逮，终朝点缀，分夜呻吟。"由于君主提倡，南朝儒学趋于复兴，但又如赵翼《廿二史札记》卷八"六朝清谈之习"条所言："至梁武帝始崇尚经学，儒术由之稍振，然谈义之习已成，所谓经学者，亦皆以为谈辨之资。"儒术之兴，与清谈之习又融为一事。察举之秀才对策依赖文采才学，孝廉及学校试经依赖于经典知识。固然我们可以认为文义经术的兴盛或得力于对策射策入仕制度的促进；但也不妨认为，也是由于对策射策入仕制度与士族的文义经术知识不相牴牾，它们才得以复兴。这是互为因果、互相适应的关系。

还可以指出一个社会现象，就是南朝名士交会，每以策试争胜为乐事。如《南齐书·陆澄传》："（王）俭在尚书省，出巾箱机案杂服饰，令学士隶事，事多者与之，人人各得一两物。澄后来，更出诸人所不知事复各数条，并夺物将去。"又《梁书·沈约传》："约尝侍宴，值豫州献栗，径寸半，（梁武）帝奇之，问曰：栗事多少？与约各疏所忆，少帝三事。出谓人曰：此公护前，不让即羞死。帝以其言不逊，欲抵其罪。"又《南史·刘峻传》："（梁）武帝每集文士策经史事。时范云、沈约之徒皆引短推长，帝乃悦，加其赏赉。会策锦被事，咸言已罄。帝试呼问峻，峻时贫悴冗散，忽请纸笔疏十余事，坐客皆惊，帝不觉失色。"又《南史·张绾传》："少与兄缵齐名，湘东王绎尝策之百事，绾对阙其六，号为百六公。"又如沈约曾策刘显经史十事，陆倕、刘显曾策陆云公《汉书》十事，陆倕曾策虞荔"五经"十事，刘显曾策韦裁《汉书》十事，等等。名士交会旧尚清谈，此时又以经史策试为乐。对策射策须博于掌故，淹贯经史。名士之文化风习，与策试之入仕方式正相适应。

因此一方面，南朝士族由察举学校入仕者的大量增加，反映了士族屈居皇权之下这一重大政治变迁，反映了皇权以考试选官来促成士族政治向皇权—官僚政治转变的意向。但另一方面，士族的社会势力与选官特权已积重难返；他们垄断着文化，考试对之并非格格不入的难关；而且文辞经术考试，与士族士人之文化风习，很容易就达成了沟通。所以，南朝皇权与士族在确定选官方针和分割选官权力之上，就只能达到这样一个新的平衡之点：一方面部分士族被迫接受了考试入仕的方式，而步入了察举学校之途——这毕竟不同于"安流平进"；另一方面，士族却又凭借其社会地位和文化实力，对考试入仕之途加以垄断，使之成了士族新的进身之阶，成了"清途"的一部分。而且还须指出，步入考试之途的只是士族的一部分，还有相当一部分依旧是凭借世资"安流平进"的。

自从东汉顺帝实行阳嘉孝廉考试制度以来，考试就越来越向察举的中心环节发展。南朝察举与学校入仕制度的复兴，也反映了这一不可逆转的大趋势。事实上，此期察举制及学校制的许多变化，确实也构成了察举到科举之演变的中间环节。但汉代察举自基层郡吏取人，有"试职""累功"之法，经术笺奏之试，举后入三署"观大臣之能"，然后"出宰百里"，牧民行政。这确实为王朝行政提供了合格的吏员。文法律令，本身就包含了主要的行政技术；在汉代特定的政治文化背景之中，经术最终也被理解为与政务密切相关的政治思想。但时至南朝，文法的标准弃置已久；对策之"陈政"意图已流于形式，而主要以文采辞章论高下，成了文士显示才藻之机会；同时经术也与清谈结合而变成了"谈辨之资"，名士视讲经与谈佛论道无大不同。因此，南朝察举与学校考试入仕之途的复兴，并未能立即为政府提供具备行政能力之吏员；考试选官，只不过是改变了部分士族的入仕方式。由之入仕之后，他们大抵依然可以饱食终日，无所用心，不以职事经心关怀。

四、突破门第限制的努力及其局限

考试选官，本身是体现了公平竞争这一精神的。尽管秀才察举与国学招生面向士族这一点，限制了其积极意义的发挥，但由考试入仕，毕竟不同于"安流平进"。为了提高考试入仕之途的地位，南朝君主还采取了相应措施。

《隋书·百官志》上：

> 陈依梁制，年未满三十者，不得入仕。唯经学生策试得第，诸州光迎主簿，西曹左奏及经为挽郎得仕。

依此规定，由明经策试得第者，则入仕不在限年三十之例；如未经策试，又非州光迎主簿、西曹左奏及未经挽郎者，就必须限年三十了。按限年三十之法始于刘宋。《南史·谢庄传》：

> 初，（宋）文帝世，限年三十而仕郡县，六周乃选代，刺史或十年余。至是（按指孝武帝时）皆易之，仕者不拘长少，莅人以三周为满，宋之善政于是乎衰。

其中一句中华书局标点本断作"限年三十而仕郡县，六周乃选代"，误。据《南史·顾协传》："张率尝荐之于帝，问协年，率言三十有五。帝曰：北方高凉，四十强仕；南方卑湿，三十已衰。如协便为已老。"那么限年三十，大约就是一个较为严格的限制，而且这显然对士族不利，因为他们多惯于幼年出仕居官享禄。① 又《梁书·武帝纪》记萧衍于齐末上表，语有：

> 且闻中间立格，甲族以二十登仕，后门以过立试吏。

是齐世限年之法已对士族妥协，优假甲族而贬抑后门，与宋法大异。表中又言"且俗长浮竞，人寡退情。若限岁登朝，必增年就宦，故貌实昏童，籍已逾立"，可见限年之法确实得到了实行。又《梁书·朱异传》：

> 旧制，年二十五方得释褐，时异适二十一，特敕擢为扬州议曹

---

① 又《宋书·谢庄传》载其《与刘义恭笺》："家世无年，亡高祖四十，曾祖三十二，亡叔四十七，下官新岁便三十五，加以疾患如此，当复几时见圣世，就其中煎恓若此，实在可矜。"又《颜氏家训·涉务》称梁世士大夫"肤脆骨柔，不堪行步，体羸气弱，不耐寒暑"。是南朝士族多体质柔脆，天年不永者。

从事史。

其时约在天监初年。是梁初限年为二十五岁，于三十、二十间取一折中。又《梁书·武帝纪》：

> （天监）四年春正月癸卯朔，诏曰："今九流常选，年未三十，不通一经，不得解褐。若有才同甘、颜，勿限年次。"

参之以前引《隋志》所叙陈世限年之法，梁武帝天监四年诏的意思，是年未三十如欲解褐，则必须通一经。这样，通经就成了入仕的重要条件，而通经与否，自然是要通过考试检验之后，才能得知的。

上述措施，目的是强化考试之法在选官程序之中的分量。同时，君主还在突破门第限制上采取了更为直接的措施。据《梁书·儒林传序》：

> 天监四年，诏曰："二汉登贤，莫非经术，服膺雅道，名立行成。魏晋浮荡，儒教沦歇，风节罔树，抑此之由。朕日昃罢朝，思闻俊异，收士得人，实惟酬奖。可置五经博士各一人，广开馆宇，招内后进。"于是以平原明山宾、〔吴郡陆琏、〕吴兴沈峻、建平严植之、会稽贺玚补博士，各主一馆。馆有数百生，给其饩廪。其射策通明者，即除为吏。十数年间，怀经负笈者云会京师。

"吴郡陆琏"四字据《南史·儒林传序》补，参见中华书局标点本《梁书·武帝纪》校勘纪。又《隋书·百官志》：

> 天监四年，置五经博士各一人。旧国子学生限以贵贱，帝欲招来后进，五馆生皆引寒门俊才，不限人数。

梁武帝立五馆，改变了宋、齐国学只容贵胄的旧例，而以"寒门俊才"为主要招收对象，这在"士庶之际，实自天隔"的士族社会之中，是一个令人耳目一新的大胆措施。据《梁书·儒林严植之传》："植之讲，五馆生必至，听者千余人。"严植之天监七年卒，是二三年间，五馆生已达千余人之多了。由此又知《儒林传序》所言"馆有数百生"，乃是说各馆皆有数百生。直到天监七年，梁武帝方又诏立国子学。可以推测他最初是希望纳贵贱于一学，打破士庶界限；但贵胄仍不愿与寒门混杂，方不得不又立国学使之受业。五馆之立，无疑是富有积极意义的。

附带说明，唐长孺先生在叙述梁代学校时说，"明经则虽然有不少贵游子弟顾人答策而登第，但法令上入学就试却没有门第限止"，"具有射策资格的国子生不限门第，也不限名额，这就为寒人入仕开辟了道路"。① 按梁代国子学仍是专容贵胄，有严格等级限制；不限门第、不限名额的乃是五馆，二者判然有别。国学与五馆方位亦非一处。国学在太庙之南，五馆则散立异处。《梁书·严植之传》："（天监）四年，初置五经博士，各开馆教授。以植之兼五经博士，植之馆在潮沟。"又《陈书·袁宪传》："梁武帝修建庠序，别开五馆，其一馆在宪宅西。"均可为证。

天监八年，梁武帝又发布了一个重要诏书。《梁书·武帝纪》记此年五月壬午，诏曰：

> 学以从政，殷勤往哲；禄在其中，抑亦前事。朕思阐治纲，每敦儒术，轼闾辟馆，造次以之。故负帙成风，甲科间出，方当置诸周行，饰以青紫。其有能通一经，始末无倦者，策实之后，选可量加叙录。虽复牛监羊肆，寒品后门，并随才试吏，勿有遗隔。

这一诏书中"虽复牛监羊肆，寒品后门，并随才试吏，勿有遗隔"之语，把为寒庶士人打开仕途的意图，表达得更为明确了。

梁武帝这些措施，取得了一些效果。《梁书·儒林贺玚传》："（天监）四年，初开五馆，以玚兼五经博士……玚于《礼》尤精，馆中生徒常百数，弟子明经对策至数十人。"贺玚天监九年卒。是这数年中仅其一馆之"寒门俊才"，就有数十人参加过"明经"一科的策试了。史传之中有一些由明经

---

① 唐长孺：《魏晋南北朝史论丛续编》，128页。

入仕之实例，可以证明当时确有那种不计门资的明经策试入仕制度。《通典》卷十四《选举二》称梁代选官"无复膏粱寒素之隔"，其所根据的可能就是以上情况。

但是从整体上说，"寒门俊才"之由明经对策者，数量还是根本无法与士族相比，其任用亦远不如国子生优越。据《梁书·儒林传序》，五馆生是"其射策通明者，即除为吏"；据天监八年诏，是"虽复牛监羊肆，寒品后门，并随才试吏"。南朝之"试吏""署吏""补吏"，除了指出为郡县外官外，多指浊吏的选补，还有"吏姓寒人"的说法。如《宋书·武帝纪》永初二年："制诸署敕吏四品以下，又府署所得辄罚者，听统府寺行四十杖。""署敕"当作"敕署"，与下文"府署"相对。是乡品四品之吏的任用称"署吏"，同于西晋。同书《孝武帝纪》孝建二年诏："在朕受命之前……犯衅之门尚有存者，子弟可随才署吏。"又同书《邓琬传》记因军用募民上米钱，可分别赐署乡品五品、四品、三品令史。又《梁书·武帝纪》记齐制："甲族以二十登仕，后门以过立试吏。"亦见"试吏"多为"后门"之事。《梁书·钟嵘传》："臣愚谓军官是素族士人，自有清贯，而因斯受爵，一宜削除，以惩侥竞。若吏姓寒人，听极其门品，不当因军，遂滥清级。"又《宋书·恩幸杨运长传》："初为宣城郡吏，太守范晔解吏名。"又《南史·恩幸施文庆传》："施文庆，不知何许人也，家本吏门。"《陈书》作"有施文庆者，吴兴乌程人，起自微贱"。是南朝有"吏姓""吏门"，乃寒人微贱，他们专有"吏名"，不得滥厕"清级"。

总之，"吏"在南朝是官员中的一个较为低微的等级，一般以"吏姓""吏门"之寒人为之。后世官、吏之别，流内、流外之别，即始于此。故士族迁转，除出为州僚属、县长吏时偶尔称之外，极少有称"试吏""补吏""署吏"者。可以推测，梁代"牛监羊肆，寒品后门"尽管已有可能经明经策试而"随才试吏"，但他们由此获得的身份改变仍然有限，大多数依然难以厕身清级。尽管也有少数寒人有幸得以经术文义为学校学官或文学侍从之类，但总的说来，梁代围绕考试制度的那些积极变化，还不足以证成《通典》"无复膏粱寒素之隔"的说法。士庶由"实自天隔"到真正的

"勿有遗隔"，还要经过漫长的时间。南朝皇权为"寒门俊才"打开仕途的努力，只能以此告终。

选官之中体现公平竞争的考试制度的严格贯彻，必须以能够支撑官僚政治有效运转的强大有力的专制皇权之存在作为前提。事实上，我们可以把察举和学校入仕制度的兴衰升降，看作皇权兴衰的一把近似的标尺。汉代察举制的成立和兴盛，是以强大的皇权为基础的。这有效地抑制了贵族对官位世代占有的封建特权倾向。魏晋以降，门阀日盛而皇权日衰，与之俱来的便是察举学校制的相应衰落。但西晋初年皇权一度还有力量，所以察举制虽未改变士族在入仕上的优越地位，可毕竟还能发挥一些积极作用；至东晋皇权低落门阀当轴，察举与学校之途也降落到了历史的低点。而南朝自刘宋以后皇权复振驾驭了士族，察举制、学校制也因而呈现了复兴之势。

但是，南朝社会上始终盘踞着一个拥有巨大特权的士族集团，皇权并无足够的能力充分地削弱其特权。因此，察举制与学校制未能向各阶层人士充分开放；下层知识分子也始终处于士族排抑之下和弱小状态之中，不能大量地涌现并通过公平竞争进入统治上层。时至陈朝，国土蹙狭，政治动荡，王朝更已失去改革制度的能力了。上述南朝选官格局，也就一直维持到其灭亡之时。

附录　南朝"二学"考

南朝国子学处于复兴之中，至梁又设"五馆"以容"寒门俊才"。但南朝之史籍中，国子学与五馆之外，又时见"太学"或"太学生"的记载。西晋时期，始行国学、太学之双轨教育制，前者以容五品以上官僚子弟，后者以容普通学子。北朝亦有国学、太学、四门学分立之制，至隋唐沿袭不改。但南朝之"太学""太学生"与"国学""国子生"为一事抑或二事，仍然有待考辨。这涉及学校的等级性质以及由之入仕者的社会身份问题。

下面我们首先来看刘宋、萧齐间的有关记载。《宋书·礼志》记文帝元嘉十年太祝令为宗庙社稷祠祀事,"求下礼官详正",又记"勒太学依礼详据","重更勒太学议答"。这里明确出现了"太学"字样,且其时尚无国学。同书又记元嘉二十三年七月,御史中丞何承天为海盐公主母丧礼上奏,语有"宜下二学礼官博士,议公主所服轻重";又记孝武帝孝建三年五月"有司奏,皇子出后,检未有告庙先例,辄勒二学礼官议正"。《南齐书·礼志》亦屡见有"二学"之载。如齐武帝永明五年王俭语有"宜关通八座丞郎,并下二学详议";齐明帝建武四年曹思文语有"请付尚书及二学详议"。

西晋国学、太学两立,始有"二学"之并称。如《太平御览》卷五三五引《晋尚书大事》:"按《洛阳图》,宫南自有太学、国子,辟雍不相预也……今废辟雍而立二学。"又《宋书·礼志》记东晋孝武帝欲行释奠礼,"有司奏,应须二学生百二十人,太学生取见人六十,国子生权铨大臣子孙六十人,事讫罢"。宋、齐之"二学",当然也是指国子学和太学。

《宋书·百官志》又记:"博士……后又增为十六人,不复分掌五经,而谓之太学博士也。"《南齐书·百官志》记太常属官:"博士,谓之太学博士。"《宋书》《南齐书》时见为太学博士一官者,《礼志》所载尤多,如宋之荀万秋、王膺之、顾雅、周野王等,齐之王祐、刘蔓、贺㻛等。梁、陈亦皆有居太学博士一官之人。

萧齐还有"太学生"可考。《南史·王融传》:"先是,太学生会稽魏准,以才学为融所赏,即欲奉(萧)子良,而准鼓成其事。太学生虞羲、丘国宾窃相谓曰:竟陵才弱,王中书无断,败在眼中矣。"又同书《王僧孺传》:"司徒竟陵王子良开西邸,招文学,僧孺与太学生虞羲、丘国宾、萧文琰、丘令楷、江洪、刘孝孙,并以善辞藻游焉。"又《梁书·许懋传》:"十四入太学,受《毛诗》,且领师说,晚而覆讲,座下听者常数十百人。"是其时不但有"太学生",许懋于"太学"讲授之时,还有"座下听者常数十百人"。

又《通典》卷五三《礼十三》"大学"部叙南齐制度,称"东昏侯永元初诏,依永明旧事废学。时有司奏,国学、大学两存焉",又注引国子助教曹思文国讳废学议,有"然贵贱士庶,皆须教,国学、大学两存之也"。如依这些记载,当时应同时存在着国学、太学两个学校。

从上述情况来看,当时似乎确实存在着太学。其理由是,第一,其时有"太学""二学"的记载,"二学"即国学与太学;第二,诸史《官志》中有太学博士一官,纪、传中又屡见居其官者;第三,其时又确实有太学生可考;第四,《通典》明记齐代有国学、太学"两存"之事。

尽管如此,我依然认为,宋、齐以至梁、陈,并不存在一个与国学分立的,具有生员、校舍以及授业课试制度的、作为实体而存在的"太学"。

首先,宋、齐虽有太学博士,但并不等于有太学。所谓"下二学详议"之"二学",是仅就二学礼官——祭酒、博士、助教而言的。有礼官博士不等于有学校。以国学为例,《梁书·许懋传》记其于齐东昏侯"永元中,转散骑侍郎,兼国子博士",然查《南齐书·礼志》,"东昏侯即位,尚书符依永明旧事废学",是国学已废而国子博士仍存。《宋书·百官志》记国子学制度:

> 自宋世若不置学,则助教唯置一人,而祭酒、博士常置也。

又《南齐书·百官志》:

> (齐高帝)建元四年,有司奏置国学,祭酒准诸曹尚书,博士准中书郎,助教准南台御史。选经学为先。若其人难备,给事中以还明经者,以本位领。其下典学二人,三品,准太常主簿;户曹、仪曹各二人,五品;白簿治礼吏八人,六品;保学医二人,威仪二人。其夏,国讳废学,有司奏省助教以下。

是国学废时,所省为典学以下,助教或省或置一人,祭酒、博士依旧。所以《南齐书·礼志》记齐东昏侯废学之后,领国子助教曹思文表请复立,"请付尚书及二学详议",国学已废而仍付之议,是因为仍有博士、助教在。既然国学仅存学官博士之时仍可为"二学"之一"学",那么所谓"太学"也应与之同例。就是说,前所引述的"付二学详议"乃至"勒太学重议"等语,只能证明太常之下有礼官太学博士;同理,那些"太学博士"之实例,本不能说明当时有作为实体的太学存在。

在此,我们有必要追溯一下东晋的学校制度。据《晋书·元帝纪》,建武元年"置史官,立太学",太兴二年"置博士员五人",太兴三年"皇太子释奠于太学",太兴四年"置《周易》、《仪礼》、《公羊》博士"。这次努力,大约只是恢复了学官博士而已。成帝时又再次致力学校。《晋书·成帝纪》:"(咸康)三年春正月辛卯,立太学。"《建康实录》卷七:"三年春正月辛卯,诏立太学于淮水南,在今县城东南七里,丹杨城东南,今地犹名故学。"《宋书·礼志》记咸康三年因国子祭酒袁瓌、太常冯怀之请,"议立国学,征集生徒……穆帝永和八年,殷浩西征,以军兴罢遣,由此遂废"。由前引之《晋书·成帝纪》及《建康实录》,知这次所兴为太学,非国学,《宋志》误。

又据《宋书·礼志》,晋孝武帝欲行释奠礼,"以太学在水南悬远,有司议依升平元年,于中堂权立行太学","水南"即秦淮水南,其时"无复国子生",有太学生六十人。据《晋书·孝武帝纪》,太元九年增太学生至百人,次年即太元十年"二月,立国学"。《宋书·礼志》:"其年,选公卿二千石子弟为生,增造庙屋一百五十五间。"至此,东晋国学才正式建立。

关于晋孝武帝所立之国学与此前的太学的关系,《建康实录》所叙较详。其书卷九记孝武帝太元十年春:

> 尚书令谢石以学校陵迟,上疏请兴复国学于太庙之南。

后引《舆地志》云:

> 在江宁县东南二里一百步右御街东,东逼淮水,当时人呼为国子学。西有夫子堂,画夫子及十弟子像。西又有皇太子堂,南有诸生中省,门外有祭酒省、二博士省,旧置博士二人。梁大同中,又

置正言博士一人,加助教理礼。初,显宗(按即晋成帝)咸康三年,立太学在秦淮水南,今升桥地,对东府城南小航道西,在今县城东七里废丹杨郡城东,至德观西,其地犹名故学。江左无两学,及武帝置国学,并入于今处也。

《舆地志》为梁人顾野王所作,其言自然相当可信。语中"二博士省,旧置博士二人",《玉海》卷一一三"学校"部作"三博士省,旧置博士三人"。查《宋志》《齐志》及《隋志》,均言其时国子博士员二人,《玉海》误。末句"江左无两学"之"两"谓两存、两立,句谓江左不同于中朝,国学太学不两存。"及武帝置国学"之"及"乃"孝武帝"之"孝"误字。此段文字为孝武帝太元十年立国学事作注,言成帝咸康三年曾立太学于秦淮水南,此时尚无国学;而自孝武帝太元十年置国学始,旧太学便并入了太庙之南的国学,太学又不复存在了(《南齐书·崔祖思传》记其齐初启陈政事,有"宜大庙之南,弘修文序"语,意即振兴太庙之南的国学)。至梁顾野王作《舆地志》时,晋成帝所立之太学早已成为废址。在新国学中,只有一"诸生中省",并不见国子生、太学生二省;只有为二国子博士而设的"二博士省",并不见太学博士之省。是国学中国子生外别无太学生,太学博士也不于此教授。足见自晋孝武帝后,江左便无与国学分立的、作为实体而存在的、具有生员校舍的太学了。

前举之数名"太学生",其身份也颇为可疑。西晋国学以容高门贵胄,而太学以容寒贱。齐代国子生外如别有太学生,亦当承袭此制。但前述之数名太学生,都不像寒门子弟。

太学生魏准为会稽人,他大约出身会稽四望虞、魏、孔、谢之一,故能与一流高门琅邪王融深相交结,并参与政变阴谋。又据《南史·王僧孺传》:"虞羲字士光,会稽余姚人,盛有才藻,卒于晋安王侍郎。丘国宾,吴兴人,以才志不遇,著书以讥扬雄。萧文琰,兰陵人。丘令楷,吴兴人。江洪,济阳人……刘孝孙,彭城人。"由此数人之姓氏郡望看,他们都应属于上层士流,也因此才能跻身于竟陵王萧子良之西邸。又《梁书·许懋传》:"许懋,字昭哲,高阳新城人,魏镇北将军允九世孙。祖珪,宋给事中,著作郎,桂阳太守。父勇慧,齐太子家令,冗从仆射。"可见许懋也是士族子弟。依齐制,著作郎子孙正有资格进入国学。

由此,我以为以上数人实际都是国子生。《宋书·百官志》:"晋初复置国子学,以教生徒,而隶属太学焉。"又《隋书·百官志》记梁制:"国学,有祭酒一人,博士二人,助教十人,太学博士八人。"是国学原隶太学,至梁太学博士又属国学。是如太学无生,则国学生不妨称太学生,甚至国学亦不妨称太学。

这并非凭空臆测。如《陈书·宣帝纪》太建三年,"秋八月辛丑,皇太子亲释奠于太学"。按西晋时行释奠礼在太学而不在国学。东晋穆帝升平元年,以太学在秦淮水南悬远,于中堂权立行太学释奠。国学成后,释奠礼改行于国学之内。宋、齐、梁以至隋、唐,凡皇帝、皇太子行释奠礼均于国学,陈不当例外。故陈太建三年太子释奠之"太学",实即国学。是国学可称太学之证。又《陈书·吴兴王陈胤传》:"至德三年,躬出太学讲《孝经》。讲毕,又释奠于先圣先师,其日设金石之乐于太学,王公卿士及太学生并预宴。"陈胤讲经释奠之"太学",以及学中之"太学生",亦应视为国学及国子生。

梁代太学博士属国学,则国学外亦必无分立之太学,《梁书·到洽传》:"(天监)九年迁国子博士,奉敕撰《太学碑》。"按梁天监四年建五馆,天监七年建国学,天监九年国学成,其间未闻别建太学事,故"《太学碑》"实为国学新成而撰。是又南朝国学可称太学之证。梁代亦有"太学生"二人可考。一见《南史·文学纪少瑜传》:"年十九,始游太学,备探六经。"一见《北齐书·徐之才传》:"年十三,召为太学生,粗通《礼》、《易》。"其事又见《徐之才墓志》。他们二人或为国子生,或为五馆生,此外无一太学存在。

以此例推,南齐之"太学生"实亦国子生。《梁书·江革传》:"与(江)观俱诣太学,补国子生,举高第……司徒竟陵王闻其名,引为西邸学士。"江氏兄弟"俱诣太学",所补却为"国子生",据此即可断定,此处之

"太学"必为国学。是齐之国学亦可称"太学"。而且江革后来也成了西邸学士，他的身份是国子生，其实同游西邸的"太学生"虞羲等与江革并无不同，国子生、太学生并非二事。

又《南齐书·周颙传》："转国子博士，兼著作如故。太学诸生慕其风，争事华辩。后何胤言断食生，犹欲食白鱼、鲌脯、糖蟹，以为非见生物。疑食蚶蛎，使学生议之。学生钟岏曰……""使学生议之"一句，《南史·何胤传》作"使门人议之"。周颙时为国子博士，何胤时为国子祭酒。如其时太学、国学两分，则其"学生""门人"应为国子生；而《周颙传》却称为"太学诸生"。又查《梁书·钟嵘传》，钟岏之弟钟嵘"齐永明中为国子生"，那么钟岏当然也应为国子生。又见国子生、太学生并无不同。

由其他一些情况，亦可推知南朝国学之外别无太学。如刘宋元嘉十年有"勒太学依礼详议"之事。然宋初无国学时王朝曾扶植私学设立四馆，如当时之"太学"已为实体，何必别立四馆招徒教授？萧齐屡因国讳废学，反对者则以"建国君民，教学为先"而表示异议，亦见当时只有国学，国学一废则无"学"可言。总之，在南朝，如就礼官博士而言，"二学"确实有别——有国子博士，有太学博士；然而太学博士承担的只是议礼之责。此期之"太学"，如在议礼的场合出现，就是指礼官太学博士；如果指作为实体的学校，那就是国学的别称。

至于《通典》南齐"国学、大学两存"的说法，以及所引证的齐国子助教曹思文"国学、大学两存之也"之语，源出《南齐书·礼志》。查曹思文原语本作：

>……据臣所见，今之国学，即古之太学。晋初太学生三千人，既多猥杂，惠帝时欲辩其泾渭，故元康三年始立国子学，官品第五以上得入国学……然贵贱士庶，皆须教成，故国学、太学两存之也，非有太子故立也。然系废兴于太子者，此永明之巨失也。

据此可知，曹思文原语所言为西晋之事，本非南齐之制。曹思文之奏议原为国讳废学而发。时人或以为国学本为太子进学而立，故旧帝驾崩、太子登极后，便应废止。而曹思文认为，今之国学与古之太学为一事，都是为了教成人才；西晋国学太学两存，仅仅是为了区别士庶。国学本非为太子而立，亦不当因太子而废；汉魏皆不因国讳废太学，今亦不当因国讳废国学。由此，反可证明南齐并无国学、太学两存之事。如当时别有太学，曹思文何不径引当时之太学以为言，反以"古之太学"为证，且称"今之国学，即古之太学"呢？因此，《通典》的记叙是错误的，不足为证。"江左无两学"之说依然可以成立。

总之，江左之学校，晋孝武帝太元十年以前，有太学而无国学，以后则有国学而无太学。而国学专容贵胄，因此国家教育成了士族的特权。这种情况，直到梁武帝别开五馆之后，才多少有了改变。

第十一章　南朝策试制度及科举制的萌芽

在上一章中，叙述了南朝察举制与学校制的地位与作用的变化及其与政治文化背景的关系；在这一章中，我们叙述策试制度的程式本身及其变化，这些变化，使察举学校制与科举考试制度日益接近了。

一、南朝策试制度

东汉顺帝阳嘉年间孝廉察举实行策试之法时，考试的主持机构是公府，尚书省负责端门覆试及授官。西晋时秀才实行对策之法，据《晋书·纪瞻传》，"后举秀才，尚书郎陆机策之"，是秀才策试的主持者为尚书省官员。又据《通典》卷一〇一《礼六一·周丧察举议（晋）》："晋武帝泰始中，杨旌有伯母服，未除，而应孝廉举，天水中正姜铤言太常……"看来对于孝廉之举，太常承担着责任。这或许因为孝廉试经须由博士主持，而博士本为太常属官。

《通典》卷十四《选举二》记刘宋之制，"凡州秀才、郡孝廉，至皆策试，天子或亲临之；及公卿所举，皆属于吏部，叙才铨用"。是察举由吏部负责；但孝廉试经是否有太常学官参加，则不得而知。

《文选》卷三六收有齐永明九年、永明十一年及梁天监三年《策秀才文》三篇。永明九年、十一年《策秀才文》为王融作。查《南齐书·王融传》，永明中王融为中书郎，则南齐之策题，由中书郎拟制。而梁天监三年《策秀才文》为任昉作。查《梁书·任昉传》，时任昉"重除吏部郎中，参掌大选"，是梁时策题之拟制，又为吏部郎中之事。以上三篇《策秀才文》，均以"朕"之语气发问，知形式上均为皇帝亲策。

《初学记》卷二十有梁《仪贤堂监策秀才联句诗》，作者有刘溉、卢舜、伏挺、王莹、王颛等。梁无"刘溉"，当为"到溉"之误。检阅史文，王莹卒于天监十五年；又据《隋书·百官志》记天监九年"宣毅墨曹参军王颛兼中兵都"，宣毅墨曹参军为起家官，宣毅将军号初制于天监七年，"中兵都"即尚书中兵都令史，大约尚无资格监策秀才。故《联句诗》之作，当在天监九年之后，天监十五年之前。参照史传，在这次监策秀才之时，到溉约为中书郎兼吏部郎，卢舜不详，伏挺约为尚书仪曹郎，王莹约为尚书令，王颛约为吏部令史。看来监策秀才，主要是尚书省特别是吏部曹之责任。

策试秀孝之地点，东晋成帝咸和六年正月，在乐贤堂；刘宋武帝永初二年，在延贤堂，孝武帝孝建三年，在东堂，大明六年，在中堂；齐武帝永明四年，在中堂；梁天监年间策秀才，如上引《联句诗》所记，在仪贤堂。《建康实录》卷十九陈文帝天嘉六年七月"甲申，仪贤堂前架无故自坏"句后附注曰：

> 案，仪贤堂，吴时造，号为中堂。在宣阳门内路西，七间，亦名听讼堂。每年策孝廉秀才、考学士学业，岁暮习元会仪于此。

由此可知，仪贤堂、中堂乃一堂之别名。又乐贤堂、延贤堂，与之大约也为一事。但东堂则又为一处。①

刘宋明帝时制定了新的秀才对策考格，其事见《南齐书·谢超宗传》：

> （泰始）三年，都令史骆宰议策秀才考格，五问并得为上，四、三为中，二为下，一不合与第。超宗议以为："片辞折狱，寸言挫众，鲁史褒贬，孔《论》兴替，皆无俟繁而后秉裁。夫表事之渊，析

---

① 《宋书·二凶传》："太祖左细杖主卜天与攻（刘）劭于东堂，见杀……急招始兴王濬，率众屯中堂。"知东堂、中堂非一处。

理之会,岂必委膝方切治道。非患对不尽问,患以恒文弗奇,必使一通峻正,宁劣五通而常;与其俱奇,必使一亦宜采。"诏从宰议。

引文之中一句,《南史·谢超宗传》作"都令史骆宰议策秀孝格",但此考格并未涉及孝廉考试之法,或史阙未录,或《南史》误。又《建康实录》卷十六《谢超宗传》作"好学,有文章,与惠休道人往来;孝武帝出策秀孝格,五问并得上上;作殷淑仪诔,孝武见叹"。将谢超宗议策秀才考格事误会为其答策事,违实太远。西晋初行秀才对策时,是"五策皆通,拜为郎中;一策不通,不得选"。而骆宰所定之泰始制仍对五策,但擢第方法则有变化,改为依及格之策的多少,定出上、中、下与不及第四等。《文选》永明九年、十一年《策秀才文》,正为五问;天监三年《策秀才文》为三问,或有二问未录。

南朝孝廉的试经方法,于史无载。《通典》卷十六《选举四》记沈约于梁武帝天监中论察举疏,有"假使秀才对五问可称,孝廉答一策能过"语。按北齐孝廉对策制度,是"射策十条通八以上,听九品出身"(见《北齐书·儒林传序》),其法于江左制度似乎应有所借鉴。又南朝士人以策试为乐,又常使幼童谒见名流策试经史,其时所试之策数,大多为十条。如《梁书·刘显传》:

尚书令沈约命驾造焉,于坐策显经史十事,显对其九。约曰:"老夫昏忘,不可受策。虽然,聊试数事,不可至十也。"显问其五,约对其二。

又《梁书·陆云公传》:

云公五岁诵《论语》、《毛诗》,九岁读《汉书》,略能记忆。从祖倕、沛国刘显质问十事,云公对无所失。显叹异之。

又《陈书·虞荔传》:

>荔幼聪敏，有志操，年九岁，随从伯阐候太常陆倕，倕问《五经》凡有十事，荔随问辄应，无有遗失，倕甚异之。

又《陈书·韦载传》：

>载少聪惠，笃志好学。年十二，随叔父棱见沛国刘显。显问《汉书》十事。载随问应答，曾无疑滞。

这种社会风气，显然是受了考试入仕制度的影响；同时又见经史策试，似以十事为常例。由此推之，南朝孝廉所试，似乎也当为十条。秀才对策重文采，五问已足；孝廉试经靠记诵，故十条方可。沈约"孝廉答一策能过"之语，"一"或为"十"之讹字。"一策"即能通过，似于情理不合。

但南朝孝廉试经，虽必以记诵为根底，但似亦不全赖记诵。据《隋书·经籍志》"总集"部所载：

>《策集》一卷，殷仲堪撰。
>《策集》六卷。
>梁有《孝秀对策》十二卷，亡。
>《宋元嘉策孝秀文》十卷。

《宋元嘉策孝秀文》所录当为策题，《孝秀对策》应是答策，《策集》则不知类别何属。由孝廉对策亦收入集中一点看，南朝孝廉试经，当有论述发挥成分，有显示才气识见之余地，可入文章一流，故亦被与秀才对策一起汇编成集，以供文人欣赏。

南朝学校之明经射策，《陈书·袁宪传》有较详记载。袁宪为国子正言生：

>时生徒对策，多行贿赂，文豪请具束脩。（宪父）君正曰："我岂能用钱为儿买第耶？"学司衔之。及宪试，争起剧难，宪随问抗答，剖析如流。到溉顾宪曰："袁君正其有后矣！"及君正将之吴郡，溉祖

道于征虏亭，谓君正曰："昨策生萧敏孙、徐孝克，非不解义，至于风神器局，去贤子远矣！"寻举高第。

其事约在梁武帝大同九年左右。孝廉试经之策能够被编辑成集，可见是采用笔答。而学校试经，由袁宪策试之时学官"争起剧难，宪随问抗答，剖析如流"之场景观之，显为口试。又到溉称昨策萧敏孙、徐孝克，今又策袁宪，可知国学生策试，是每人分别考试，而不是众生合试。这与秀孝一堂合试之法又不相同，其原因则在于采用了口试之法。又《南史·萧暎传》：

> 暎字文明，年十二，为国子生。天监十七年诏诸生口策，宗室则否。帝知暎聪解，特令问策，又口对，并见奇。谓祭酒袁昂曰："吾家千里驹也！"

"口策"中华书局标点本据《册府元龟》二七○改作"答策"，但下文之"口对"，则必为口试了。

当时试经笔试之法亦未废置。《南齐书·萧长懋传》：

> （永明）五年冬，太子临国学，亲临策试诸生。于坐问少傅王俭曰：……（所问经义及王俭等人答语，略）太子又以此义问诸学生，谢几卿等十一人，并以笔对。

这次策试由太子发问，王俭等人口答问义，诸生则以笔对。又《陈书·岑之敬传》：

> 年十六，策《春秋左氏》、制旨《孝经》义，擢为高第。御史奏曰："皇朝多士，例止明经，若颜、闵之流，乃应高第。"梁武帝省其策曰："何妨我复有颜、闵邪？"因召入面试，令之敬升讲座，敕中书舍人朱异执《孝经》，唱《士孝章》，武帝亲自论难，之敬剖释纵横，应对如响，左右莫不嗟服。乃除童子奉车郎，赏赐优厚。

岑之敬所应之试，大约是学校之外的另一种经术考试，其性质详见本章第四节。在此我们注意的是，这次考试原为笔试，这一点由"梁武帝省其策"一句就可知有书面答卷。此后梁武帝亲加面试，便采用了口问口对之法。

汉代试经，已有口试之法。《汉书·儒林王式传》：

> 唐生、褚生应博士弟子选，诣博士，抠衣登堂，颂礼甚严，试诵说，有法，疑者丘盖不言。诸博士惊问何师，对曰事式。

又《后汉书·周防传》：

> 防年十六，仕郡小吏。世祖巡狩汝南，召掾史试经，防尤能诵读，拜为守丞。

由二《传》之"试诵说""能诵读"，知有口试。但汉代学校试经，是否有笔试之法，尚不清楚。《三国志·魏书·王肃传》注引《魏略》记曹魏太学试经制度：

> 至黄初元年之后，新主乃复，始扫除太学之灰炭，补旧石碑之缺坏，备博士之员录，依汉甲乙以考课……又虽有精者，而台阁举格太高，加不念统其大义，而问字指墨法点注之间。百人同试，度者未十。是以志学之士，遂复陵迟。

由"依汉甲乙以考课"一句，知其法原承汉之旧。所考察的"字指"指字义训诂，"点注"指断句注文，而"墨法"不知何意。这有可能指书法。《汉官仪》记汉代选官"有非其人，临计过署，不便习官事。书疏不端正，不如诏书，有司奏罪名，并正举者"；又《隋书·礼仪志》记北齐计吏策试，"书迹滥劣者，饮墨水一升"。是王朝选官对书法历来都有要求。但由其与"字指""点注"并列，"墨法"也可能是指墨书断句。《三国志·魏书·王肃传》附记董遇"历注经传"，注引《魏略》："又善《左氏传》，更为作朱墨别异。""墨法"或即"朱墨别异"一类。① 但无论如何，这种考试都应是笔试。且从"百人同试"这一情况，也可以推断当时所用应为笔试之法。唐代科举制时的考试经义，有"口义"法，有"墨义"法。《新唐书·选举志》："凡明经，先帖文，然后口试。经问大义十条。""元和二年……明经停口义，复试墨义十条。""墨义"即笔答，"口义"即口试。

《陈书·袁宪传》："宪时年十四，被召为国子正言生……在学一岁，国子博士周弘正谓宪父君正曰：贤子今兹欲策试不？"可知在学一年，即有资格申请考试。又同书《周弘正传》："十五，召补国子生，仍于国学讲《周易》，诸生传习其义。以季春入学，孟冬应举。学司以其日浅，弗之许焉。博士到洽议曰：周郎年未弱冠，便自讲一经，虽曰诸生，实堪师表，无俟策试。""应举"是指申请参加策试。周弘正入学不到一年，尚无应举资格，故学司不予批准。亦有在学数年方应策试者。《梁书·王承传》："七岁通《周易》，选补国子生，年十五射策高第，除秘书郎。"《陈书·萧乾传》："年九岁，召补国子周易生……十五举明经。"他们大约因为入学年龄太小，须多年学习，方有能力参加策试。

又梁、陈国子生入学后即分经专习。如萧乾、王劢、王质、徐孝克、徐仪为"周易生"，袁宪、张讥为"正言生"（"正言"即梁武帝所撰之《孔子正言章句》），刘珏为"礼生"。此外似乎还有"尚书生"。《梁书·江蒨传》："选为国子生，通《尚书》，举高第。"考试之时，应是依各人所习之专业不同，分别地加以考试。

二、"以文取人"的进一步强化

汉代的察举制度，兼含"以德取人""以能取人"和"以文取人"多种因素，在发展之中，它们也各自获得了不同的制度化形式。在汉代后期，察举之实施还受到了"以名取人"的强烈影响。但自从孝廉、秀才先后实

---

① 后一可能，系承蒙周一良先生垂示，特此致谢。

行了射策对策之法以来，考试之环节的分量便一直在不断地加重，"以文取人"的原则在不断地强化。

刘宋时孝廉之举一度较重孝行，但总的说来这不过是一个小小曲折。由宋有《元嘉策孝秀文》、梁有《孝秀对策》一点，可知南朝孝廉之举，似仍以经术策试为中心环节。梁代又别有"纯孝"之举。《梁书·孝行吉翂传》记丹阳尹王志"欲于岁首举充纯孝之选"；同书同卷《刘昙净传》记，"会有诏，士姓各举四科，昙净叔父慧斐举以应孝行，高祖用为海宁令"；同书同卷《庾沙弥传》记，"族兄都官尚书咏表言其状，应纯孝之举，高祖召见，嘉之，以补歙令"。又《南史·孝义沈崇傃传》："郡县举至孝，梁武闻，即遣中书舍人慰勉之，乃诏令释服，擢补太子洗马，旌其门闾。"由举主身份各异一点可知，"纯孝"并非孝廉之别名。《宋书·孝义传》多见孝廉，而《梁书·孝行传》却多见"纯孝"。由"纯孝"之别设一科，亦可反映孝廉一科与孝行已不甚相干。

齐、梁之时，孝廉已颇少见。孝廉察举之员额，据《宋书·百官志》是"江左以丹阳、吴、会稽、吴兴并大郡，岁举各二人"。又《通典》卷十四《选举二》："宋制，丹阳、吴、会稽、吴兴四郡，岁举二人，余郡各一人。"查《宋书·孝义传》，会稽太守王韶之以潘综、吴逵孝义纯至，"并察孝廉"，是恰为二人。但据徐文范《东晋南朝舆地表》，宋文帝时郡数233个，齐建武时365个，梁大同中已达586个。郡数如此之多，而所见之孝廉反而日益减少，不成比例。那么，荒郡远邑是否都有岁举孝廉一人之资格，就是大可怀疑的。

刘宋之时，孝廉颇有寒庶，流品已杂。很可能就是因此，士族不乐为之；而作史者多为士族立传，故孝廉少得记载。南齐以下国学明经一途渐趋兴盛，孝廉科之地位，遂被明经取代。由之，同是以经术与文辞二科取士，南朝时又由孝廉、秀才之并立，变为明经、秀才并立之局。

《文选》六臣注本永明九年《策秀才文》发问语"问秀才高第明经"，李周翰注曰："高第明经，谓德行高远，明于经国之道，第一者也。"王利器据之而言,"则六朝之明经,与唐有别"①。万绳楠则说,"这不是明经书,而是看是否明于经国之道,首先又是看德行是否高远,实际上是计官资以定品格。这种秀才,多半不学无术。梁时所谓明经,却真正是明经书"②。依二人意见,齐之"明经"是"明于经国之道",梁之"明经"才是"明经书"。陈东原又据此说秀才、高第、明经为三科,至此"则三科皆策试了"③。对之首先我以为,李周翰之语乃是郢书燕说,并不可信。查《南齐书·百官志》齐建元四年选学官,"选经学为先,若其人难备,给事中以还明经者,以本位领";又《梁书·贺琛传》:"琛幼,(贺)玚授其经业,一闻便通义理。玚异之,常曰:'此儿当以明经致贵。'"足见齐时"明经"一词就是明于经术之意,这不但与梁,而且与汉唐并无不同。"问秀才高第明经"译成今语,就是"请问你们这些才学高等、明于经术的秀才们"。"高第""明经"在此并非科目之名,"三科同策"于理难通,且策文明题为"策秀才文",并不涉及其他科目。

秀才对策,原承于贤良方正科"对策陈政"之法,本有"求言"之意。时至南朝,仍偶有因秀才对策进言者。《资治通鉴·宋纪》孝武帝大明六年,记秀才顾法(按当从《建康实录》卷十二作"顾法秀")对策曰:"源清则流洁,神圣则刑全,躬化易于上风,体训速于草偃。"结果"上览之,恶其谅也,投策于地"。"谅"在此为肆直无忌之意。胡三省曰:"顾法对策之意,欲帝谨厥身于宫帏衽席之间,则可以化天下。"无怪孝武帝为之动怒了。又《南齐书·刘善明传》:"仍举秀才,宋孝武见其对策强直,甚异之。"刘善明大约亦有所讽喻或辩驳。《艺文类聚》卷五三梁丘迟《答举秀才启》,有"辄仰宣皇猷,俯罄愚蔽,觇察衡闾,询事茅草。如有片言入善,一介可题,谨闻绛阙,恭奏青蒲。"观此答启,似乎当时秀才至少形式上有访

---

① 王利器:《颜氏家训集解》,《勉学》篇"明经求第则顾人答策"句注,上海,上海古籍出版社,1980。
② 万绳楠:《魏晋南北朝史论稿》,235 页,合肥,安徽教育出版社,1983。
③ 陈东原:《中国教育史》第十章,"魏晋南北朝的选士"。

民事、询民情，而献其政见于"绛阙""青蒲"①之上的责任。因对策而进言，其事科举时代亦时或有之。这反映了察举对策之"陈政"传统的影响之长久。

但总的说来，南朝秀才对策，主要重视的是才学文采。《初学记》卷二十梁《仪贤堂监策秀才联句诗》有句云："雄州试异等，扬廷乃专对，顾学类括羽，奇文若锦缋。"按"顾"字当为"硕"之讹字，"硕学"与"奇文"为对偶，同是秀才对策必备之素质，以及据以擢第之标准。又据《梁书》，顾协举秀才对策，尚书令沈约叹为"江左以来，未有此作"；孔休源举秀才对策，太尉徐孝嗣称为"后生之准""王佐之才"；刘之遴举秀才对策，沈约、任昉"见而异之"；何逊举秀才对策，"范云见其对策，大相称赏，因结忘年交好。自是一文一咏，云辄嗟赏。谓所亲曰，顷观文人，质则过儒，丽则伤俗，其能含清浊，中今古，见之何生矣！沈约亦爱其文"。可见秀才对策，颇为时人瞩目；而时人所关注者，主要是文采的高下优劣了。

汉代孝廉察举以郡吏为主要对象，有"授试以职"之法；秀才一科，亦如赵翼所言，多以现任官吏为察举对象，见《廿二史札记》卷二"贤良方正茂材直言多举现任官"条。被举者或已仕州仕郡，或为朝廷命官。这样，吏能功次就成了察举的重要条件。但随着考试这一环节日益重要，对功能的要求就不能不日轻一日了。被举秀孝者举前是否为吏，是否有吏能功次可称，越来越不重要。刘宋之秀孝我大略统计得52例，举前居职者约18人，其中为州郡大吏者15人，县令1人，参军1人，已仕而举者约占三分之一强。齐代秀孝大略考得24人，举前居职者6人，其中州郡大吏4人，著作佐郎1人，参军1人，已仕而举者约占四分之一强。梁代秀孝大略考得20例，举前者居职者2人，均为州吏，所占比例降至

---

① "绛阙"指帝阙；"青蒲"见《汉书·史丹传》："丹以亲密臣得侍视疾，候上间独寝时，丹直入卧内，顿首伏青蒲上。""谨闻绛阙，恭奏青蒲"，言将因对策而进言于皇帝之前。

十分之一。陈代秀孝8人，已无一人举前居职了。在这种情况之下，长官察举所着眼的，只是文才是否出众、经学是否渊博而已。许多被举秀才者，也都是当时著名的文士，像宋之孔稚珪、江淹、任昉，齐之王融、丘迟、钟嵘，梁之王褒、何逊等。这样，举主的责任，实际变成搜罗文士学人以应试了。

据《梁书·武帝纪》，普通七年夏四月有诏曰："在位群臣，各举所知，凡是清吏，咸使荐闻，州年举二人，大郡一人。"至此，又出现了一个以"清吏"为名目的州郡岁举科目。这颇可注意。检阅史传，似未见由此科得举者。但不管"清吏"设科后实际效果如何，其设科之本身，显然是由于秀才、孝廉已无关于吏能功次，甚至不举自州郡属吏，故朝廷才别设此科以资弥缝。

《通典》卷十六《选举四》载梁时沈约论选举疏曰：

> 汉代……皆学优而仕，始自乡邑，本于小吏干佐，方至文学功曹；积以岁月，乃得察举；人才秀异，始为公府所辟；迁为牧守，入作台司。汉之得人，于斯为盛……（今之）秀才自别是一种任官，非若汉代取人之例也。假使秀才对五问可称，孝廉答一策能过，此乃雕虫小道，非关理功得失。以此求才，徒虚语耳！

沈约对察举制度的变化，有敏锐的认识；秀才与孝廉二科察举吏能的"达吏"性质已日益淡化，而变成了一种考试文辞经术的科目了。"此乃雕虫小道，非关理功得失"，与"以能取人"的旧日宗旨，已大异其趣了。与之同时，既然察举所检验的主要是文化知识，通过考试授予学人文士以入仕资格，那么它与铨选、考课便日益分离开来。汉代察举、铨选、考课界限不甚明晰的情况，逐渐有了改变。

在汉末，察举征辟一度受到了"以名取人"之风的干扰，士林舆论对士人出处形成了重大影响。在这种情况之下，人们对考试及其等第就不是特别地重视。因为"以名取人"注重的是作为整体的人格，而且对这种人格的评价是由士林舆论给予的；同时考试只是王朝对被举至朝廷者的一种辅助性检验，而且检验的只是一项具体的知识技术——经术或文法。魏晋以来九品中正制以名士资格与门第高下确定任官资格，集中地体现了"以名取人"与"以族取人"的结合（当然得"名"的标准又有了很大变化），而察举制则相对地保持了较多的择优性质。时至南朝，秀才、明经虽然表现了优遇士族的色彩，同时检验标准集中于文辞经术的考试之上，却又构成了对"以名取人"的否定。因为，考试不是以举前的名望，而是以考试的成绩来擢第取人的。因此我们不妨说，南朝察举与学校入仕之途，实际上是"以文取人"和"以族取人"的结合。

三、与举主关系的松弛

在考试日益成为察举的中心环节之时，秀孝之举主与被举者的关系，也不能不日益松弛、疏远。

两汉时代，由于察举中举荐这一环节关系重大，士人之得官与否在更大程度上系乎于此，所以举主与被举者之间，形成了许多封建依附关系。秀孝成为举主的"故吏"，称举主为"本朝""旧君"，就是这种关系的重要象征与实际内容之一。赵翼《廿二史札记》卷五"东汉尚名节"条曾论及此事：

> 是时郡吏之于太守，本有君臣名分，为掾吏者，往往周旋于死生患难之间……太原守刘瓆，以考杀小黄门赵津下狱死，王允为郡吏，送瓆丧还平原，终三年乃归……傅燮闻举将没，即弃官行服。李恂为太守李鸿功曹，而州辟恂为从事，会鸿卒，恂不应州命，而送鸿丧归葬，持丧三年。乐恢为郡吏，太守坐法诛，恢独行丧服。桓典以国相王吉诛，独弃官收葬，服丧三年，负土成坟。袁逢举荀爽有道，爽不应，及逢卒，爽制服三年。此感知遇之恩，而制服从厚者也。然父母丧不过三年，而郡将举主之丧与父母无别，亦太过矣！

服丧三年，为丧礼之最重者。由此可见举主与被举者间依附关系之深。所以当时长官察举，"率取年少能报恩者，耆宿大贤，多见废弃"（见《后汉书·樊儵传》）。

曹魏之时，对秀孝为举主服丧之制已有讨论。《通典》卷九九《礼五九》"秀孝为举将服议"：

> 魏景元元年，傅玄举将仆射陈公薨，以咨时贤。光禄郑小同云："宜准礼而以情义断之，服吊服加麻可也，三月除之。"司徒郑公云："昔王司徒为谏议大夫，遭举将丧，虽有不反服。今不同古，便制齐缞三月。汉代名臣皆然。"

检阅史传，傅玄曾举秀才，其举将"仆射陈公"应为陈泰（陈泰景元元年以左仆射卒官）；"司徒郑公"应为郑冲；曾为谏议大夫的"王司徒"应为王朗，他曾被徐州刺史陶谦举为秀才，"不反服"大约是因为陶谦为曹操之政敌。总之依郑小同之见，秀孝应为举主服吊服并加麻三月，这是较轻的；而依郑冲之见，则应齐缞三月，这是较重的；但对东汉斩衰三年的风俗，他们一皆不取。

《通典·礼五九》之"与旧君不通服议"，又记晋惠帝元康之中，曹臣以其父丧而故孝廉苏宙不奔吊反服，上诉于冀州大中正，其辞曰：

> 太学博士赵国苏宙，昔先公临赵，以宙为功曹，后为察孝。前臣遭难，宙为镇东司马。赵之故吏，有致身叙哀者，有在职遣奉版者，唯宙名讳不至。宙今典礼学之官，口诵义言，不可废在三之义。于宙应见论贬。

知当时习俗其法尚严。"在三之义"指君、亲、师，其时风仍以郡将举主为"君"。然而，参与议论此事者，却大抵同情苏宙。河内太守孙兆曰：

> 秦罢侯置守，汉氏因循。郡守丧官，有斩缞负土成坟。此可谓窃礼之不中，过犹不及者也。至于奔赴吊祭故将，非礼典所载，是

> 末代流俗相习，委巷之所行耳，非圣轨之明式也。今之郡守内史，一时临宰，转移无常，君迁于上，臣易于下，犹都官假合从事耳。又当故将未殡之前，已受天子肃命之任，王事敦我，密勿所职。《诗》不云乎："王事靡盬，不遑将父。"孝子之情，犹不得将养父母，而况远赴吊祭故将乎？其议贬者，可谓行人失辞！

我们看到，他对汉代为举将奔吊服丧之风颇加非议，指为"末世流俗"；而所据之理由，则是应以天子"王事"为重，郡将与吏员，不过是行政统属关系——"犹都官假合从事耳"。这种意见的深层意义，就是要维护专制官僚政治，排除行政中非理性的人身依附关系。这是实际上存在着的历史趋势。《通典》卷九十七《礼五九》之"秀孝为举将服议"又记：

> 宋庾蔚之谓：白衣举秀孝，既未为吏，故不宜有旧君之朝。尊卑不同，则无正服，吊服加麻可也。今人为守相刺史又无服。但身蒙举达，恩深于常，谓宜如郑小同，吊服加麻为允。今已违适为异，与旧君不通议论、不奔吊故郡将丧。

由此语可知，到了刘宋时期，世风大变，秀才、孝廉"为守相刺史无服""与旧君不通议论、不奔吊"，已成普遍现象了。庾蔚之的态度是较为保守的，他仍认为举主对被举者有"举达"之私恩，认为应如曹魏郑小同之议，仍然采取吊服加麻的丧礼。但他也不得不承认，"白衣举秀孝，既未为吏，故不宜有旧君之朝"。如前述，南朝察举中居职而举者越来越少，"白衣举秀孝"者越来越多，"旧君之朝"的观念，自然日淡一日了。

为旧君反服，是封建时代的产物。《礼记·檀弓下》："穆公问于子思曰：为旧君反服，古欤？子思曰：古之君子，进人以礼，退人以礼，故有旧君反服之礼也。"但自官僚政治取代了封建贵族政治、"罢侯置守"之后，以理性行政下的上下级关系，去排斥诸如贵族与家臣关系之类的封建依附关系，就成了官僚政治的内在要求。根据理性行政要求，政府文官的性质是公职服务，文官应服从于非人格化的法理秩序，他们之间只能是工作关系，而不允许各种私人关系的涉入与干扰。文官的录用与晋升，都应仅仅依照其能力、功绩与资历，而不应被视为长官私恩，更不应由此建立个人间的忠顺与依附。早在先秦法家的政治行政思想之中，就已有这种意见了。如《管子·法禁》称，"故举国士以为己党，行公道以为私惠……此皆弱君乱国之道也，故国之危也"（据黎翔凤《管子校注》改）；"交人则以为己赐，举人则以为己劳，仕人则与分其禄者，圣王之禁也"。长官把吏员视为私属，把举达视为私恩，既不利于君主专制——"弱君"，又不利于公共行政——"乱国"，故应加厉禁。这种要求在多大程度上能够实现，取决于各种因素的动态平衡。而秀孝为举主服丧制度的衰落，正反映了皇权—官僚政治对非理性因素的抵制。同时选官权力向中央集中，也是两汉以来的历史趋势。州郡长官的用人权力日益减少，而吏部用人权力不断增加。秀孝与举主关系的疏远，正是这一趋势的副产品。而察举由举荐吏员到考试文人，有力地推动着这一趋势。

四、自由投考的萌芽

南朝考试制度的另一个重要发展，是自由报名应试制度的萌芽。王朝设科而士人投考，本是科举制的主要特征。在南朝的梁代，一些制度已经略具其意了。

据《梁书·武帝纪》，天监四年春正月癸卯诏曰：

> 今九流常选，年未三十，不通一经，不得解褐。若有才同甘、颜，勿限年次。

前一章第四节中已经指出，这一诏书的意思是，对于所有士人（"九流常选"），如果要在三十岁以前出仕，则必须通一经，除非"才同甘、颜"的特例。同书同卷又记天监八年五月诏：

> 学以从政，殷勤往哲。禄在其中，抑亦前事。朕思阐治纲，每

敦儒术。轼间辟馆，造次以之。故负帙成风，甲科间出。方当置诸周行，饰以青紫。其有能通一经，始末无倦者，策实之后，选可量加叙录。虽复牛监羊肆，寒品后门，并随才试吏，勿有遗隔。

对于此诏的意义，唐长孺在《南北朝后期科举制度的萌芽》一文中做过阐释。他引及《隋书》卷二十六《百官志》"五馆生皆引寒门俊才，不限人数"一语，认为此诏是为国子生而发的。但他混淆了五馆与国学的区别，故其说法难以为据。

梁国子学天监七年复建，但至天监九年方成。故天监八年之诏，肯定与之无关。五馆建于天监四年，据《梁书·儒林传序》，五馆生"给其饩廪，其射策通明者，即除为吏"。既然"给其饩廪"，则馆生必有学籍；并知其自始即有射策除吏之法了。又如《梁书·儒林贺玚传》记其主讲一馆，"馆中生徒常百数，弟子明经对策至数十人"。而贺玚天监九年卒，其弟子之对策者，未必皆在天监八年五月诏之后；而且从其语气文义看，这种"明经对策"不是指馆中日常的考核，而应是一种正式的入仕资格考试。又天监八年五月诏称"负帙成风，甲科间出"，亦见此诏之前，已有明经对策之事了，并且此时国学未成，"甲科"当出于五馆。就是说，天监八年诏通一经者策实叙录之制，可能不会仅仅为五馆而发，它面向"九流常选"，应包括自学者在内。

我们应注意到，天监四年正月癸卯，梁武帝已经规定了"九流常选，年未三十，不通一经，不得解褐"；同年五馆之建非一时之事，当在此之后；而通经与否是要加以检验才能得知的，那么天监四年正月癸卯之诏，很可能就已经伴随着相应的检验措施了。在五馆已"甲科间出"，天监七年又诏建国学之后，梁武帝遂于天监八年五月再次下诏，凡通一经者经策实之后皆可叙录，不管身份高下，在学校以外之自学者亦在其例。《建康实录》卷十七引天监八年正月（按当从《梁书》作"五月"）诏作："诏能通一经，始末无差，许以叙录。"其节录便是抓住了此诏的主旨。

我们还曾经叙述过，曹魏时有郎吏申请课试之制，而西晋更有"白衣"试经拜郎之法。《三国志·魏书·明帝纪》太和四年诏:"其郎吏学通一经,才任牧民,博士课试,擢其高第者亟用。"又《艺文类聚》卷四六引《晋令》:"诸生有法度者及白衣,试在高第,拜郎中。"是自学者申请参加经术策试,原已有其先例,并非凭空产生。

并且在史传之中,我们似乎也能够找到那种不在学馆,而以自学身份申请策试入仕者。《陈书·文学岑之敬传》:

> 之敬年五岁,读《孝经》,每烧香正坐,亲戚咸加叹异。年十六,策《春秋左氏》、制旨《孝经》义,擢为高第。

他后来又由梁武帝面试,除为童子奉车郎。岑之敬陈太建十一年卒,时年六十一,推知其策试约在梁武帝中大通六年。又《陈书·文学徐伯阳传》:

> 伯阳敏而好学,善色养,进止有节。年十五,以文笔称。学《春秋左氏》,家有史书,所读者近三千余卷,试策高第,尚书板补梁河东王国右常侍、东宫学士、临川嗣王府墨曹参军。

徐伯阳陈太建十三年卒,时年六十六,推知其对策在梁中大通二年。又《陈书·文学张正见传》:

> 正见幼好学,有清才。梁简文在东宫,正见年十三,献颂,简文深赞赏之。简文雅尚学业,每自升坐说经。正见尝预讲筵,请决疑义,吐纳和顺,进退详雅,四座咸属目焉。太清初,射策高第,除邵陵王国左常侍。

又《周书·蔡大宝传》:

> 大宝少孤,而笃学不倦。善属文。初以明经对策第一,解褐武陵王国左常侍。尝以书干仆射徐勉,大为勉所赏异。乃令与其子游处,所有坟籍,尽以给之,遂博览群书,学无不综。

又宇文逌《庾子山集序》叙庾信生平：

> 年十五，侍梁东宫讲读。虽桓骐十四之岁，答宿客之诗，鲁连十二之年，杜坚离之辨，匪或斯尚同日语哉！玉墀射策，高等甲科。

庾信《哀江南赋》"王子滨洛之岁，兰成射策之年"句，即叙此事。上句言其年方十五，下句记其射策之事。兰成，庾信小字。其时约在梁武帝大通元年。

以上之五人，其对策均在梁武之世，天监八年五月诏颁行之后。他们之对策，既非因察举，亦未入官学，而且这不像是史传漏记或省略。岑之敬是在家自学《孝经》等典籍；徐伯阳是利用家中的丰富藏书自学史书；张正见亦是自学，尝预太子经筵；蔡大宝是得到徐勉的赏识并利用其家藏书与其子共学；庾信年十五侍东宫讲读，同年参加射策。他们都以策试入仕。

又《陈书·儒林戚衮传》：

> 衮少聪慧，游学京都，受《三礼》于国子助教刘文绍。一二年中，大义略备。年十九，梁武帝敕策《孔子正言》并《周礼》、《礼记》义，衮对高第，仍除扬州祭酒从事史。

戚衮陈太建十三年卒，时年六十三，推知其对策之时约在梁武帝大同三年。又《陈书·儒林王元规传》：

> 元规少好学，从吴兴沈文阿受业。十八，通《春秋左氏》、《孝经》、《论语》、《丧服》。梁中大通元年，诏策《春秋》，举高第，时名儒咸称赏之。起家湘东王国左常侍。

这二人亦以明经策试出仕。戚衮受学于国子助教刘文绍，王元规之师沈文阿亦国子助教、五经博士。但我认为这二人为私人从师，实未入官学。南朝史籍言从某人受业，一般是指私人从师；而进入官学，则称"召补"。

齐、梁国子生40余例，凡入学皆言"召补"或"选补"，或径言"为""选"，还有一例称"起家"，无一例言"从某人受业"，辞例明显有别。如《陈书·张讥传》："年十四，通《孝经》、《论语》，笃好玄言，受学于汝南周弘正，每有新意，为先辈推伏。梁大同中，召补国子正言生。"国弘正亦国子博士，然张讥初以私人从师，不在学籍，故称"受学于某"，后得入国学为生，遂言"召补"，足为一证。时国学学官于学内讲授之余，又常于私室授业。如《陈书·沈德威传》："转国子助教，每自学还，私室以讲授，道俗受业者数十百人，率常如此。"戚衮、王元规大约就是这种国学学官的私门弟子。次之，国子生策试由个人申请，学司批准，无须诏敕。而戚衮、王元规却是由梁武帝诏敕而策试的，更见他们与国子生不同。他们二人也当属自学就试之列。

以上7人，日人宫崎市定氏《九品官人法の研究》第二编第四章"学馆与试经制度"中，提到了戚衮、王元规、岑之敬、徐伯阳、张正见5人。但他说，当时大概不会准许五馆生以外的人也参加策试，这5人中必有若干为五馆生。然而我以为，当时允许五馆生以外的人参加策试，是完全可能的。早在西晋，就有使"白衣"与诸生同时参加射策试经的制度了，其法非始于梁。天监四年梁武帝诏已规定九流常选年未三十不通一经不得解褐，而通经与否是要经过策试才能得知的；天监八年五月诏又规定凡通一经者策实之后皆可叙录。由此可以相信，明经策试的范围不会只限于五馆。从以上7人的有关记载看，他们并没有曾为五馆生的迹象。退一步说，他们之中即使有若干五馆生，却不可能全为五馆生。例如张正见、庾信曾侍太子讲读，戚衮明记为从国子助教刘文绍受业，他们显然就不会是五馆生。总之，这7个人为自学应试者之可能性为最大。又宫崎市定说戚衮、王元规以诏敕应试，近于制举。但我认为，他们二人按通经策实叙录的定制申请考试，这与特诏举人并不相同。

《颜氏家训·勉学》记："梁朝全盛之时，贵游子弟，多无学术……明经求第,则顾人①答策。"这种"明经求第",大约就是上述那种学馆以外的明经考试。因为梁时国子学仅 300 余人,有学官管理,入学一年以上方可应试,考试又采用口试之法,主试者对被试者之风神器局又颇注意(《陈书·袁宪传》记到溉语:"昨策生萧敏孙、徐孝克,非不解义,至于风神器局,去贤子远矣!"),那么雇人冒名代为应试,就是颇不可能的。而学馆以外的明经策试用笔试(这从《陈书·岑之敬传》记其试毕"梁武帝省其策"语就可得知),就有可能请人代答了。《通典》卷十六《选举四》记沈约天监中语:"今士子繁多,略以万计,常患官少才多,无地以处。"国学员额有限,管理严格,许多未得进入国学又无学术的贵游子弟,大约就参加了那种面向自学者的明经策试——当然每每是"顾人答策"的。

如果以上推测尚无大谬,那么梁代除了察举、学校二途之外,就还存在着自学之人申请策试入仕之途。而且这种考试也面向"牛监羊肆,寒品后门",并无门第限制。岑之敬、戚衮都非高门,张正见之父为北魏降人,王元规为破落士族。这种明经策试,较之晋代"白衣"试经拜郎之制,显然又有了较大的发展,从而与王朝设科而士人投考的科举制度,更为接近了。

总之,南朝考试程式的严密化,"以文取人"原则的强化,秀孝与举主关系的疏远,以及自由投考制度的萌芽,都构成了察举、学校制向科举制发展的中间环节。尽管这一转变在南朝还没有,并且也不可能完成,但这仍然为科举制度的诞生,提供了必要的条件与基础。

---

① "顾人"意同"雇人",参见王利器:《颜氏家训集解》,149 页,注一一。

第五部分

北朝时期

第十二章 北方政权对察举制的采用

西晋惠帝永元元年,匈奴族领袖刘渊于离石起兵反晋,并于怀帝永嘉五年攻占洛阳,愍帝建兴四年攻占长安,西晋王朝因此覆灭。此后,中国北方地区成了少数民族递相建立政权的场所,因而也就成了不同民族及其生活、文化和政治形态碰撞、冲突与融合的场所。在这种碰撞、冲突与融合之中,北方政权日益汉化、农业化与官僚制化了,并演化出日益强化的汉式中央集权专制制度和官僚制度。与此过程相适应,察举制与学校制也得到了采用与发展。

一、十六国与北魏对察举制的采用

十六国北朝时期,各少数民族政权在建立之后,大都在不同程度上开始接受汉式官僚制度,如设置汉式的官位爵名,采用汉式的行政体制,利用汉式的方法——如礼仪刑律进行统治等。特别是在吸收了汉人参加政权之后,这一过程往往就大为加速了。在选官制度上亦是如此。当少数民族政权企图招揽汉族士大夫为之服务之时,他们对在两汉魏晋已有几百年传统的察举选官制度加以利用,是非常自然的。十六国政权之中,相当一部分都曾采用过这种制度,试述如下。

第一,前赵。《晋书·刘曜载记》:"武功豕生犬,上邽马生牛,及诸妖变不可胜记。曜命其公卿各举博识直言之士一人,司空刘均举参军台产。曜亲临东堂,遣中黄门策问之。产极言其故,曜览而嘉之,引见东堂,访以政事。产流涕歔欷,具陈灾变之祸、政化之阙,辞旨谅直。曜改容礼之，即拜博士祭酒、谏议大夫，领太史令。"这是袭用了汉代因灾变而察举贤良直言对策的做法。

第二，石赵。《晋书·石勒载记》曰，"勒……令群僚及州郡岁各举秀才、至孝、廉清、贤良、直言、武勇之士各一人"；"以牙门将王波为记室参军，典定九流，始立秀孝试经之制"；"特赦凉州殊死，凉州计吏皆拜郎中"；"又下书令公卿百僚岁荐贤良、方正、直言、秀异、至孝、廉清各一人，答策上第者拜议郎，中第中郎，下第郎中。其举人得递相荐引，广招贤之路"。石勒采用了察举岁贡及计吏拜郎之制。"至孝、廉清"应是由"孝廉"分化而来，同时贤良、方正、直言变成了岁举，并继承了策试与分等授官之制。

第三，前燕。《太平御览》卷六五一："崔鸿《前燕录》曰：辽东内史宋该举侍郎韩偏为孝廉。慕容儁令曰：夫孝廉者，道德沉敏，贡之王庭。偏往助叛徒，迷固之罪；及王威临讨，凭城丑詈，此则勃之甚，奈何举之！该下吏，可正四岁刑；偏行财祈进，亏乱王典，可免官禁锢终身。""勃"当作"悖"。此文汤球《十六国春秋辑补》卷二十五引作慕容皝事，"奈何举之"后多"剖符朝臣，何所取信"八字，或所据版本有异。又《魏书·崔逞传》："慕容皝时，郡举上计掾，补著作郎。"是前燕有计吏察举之制。

第四，前凉。《太平御览》卷五一三："崔鸿《前凉录》曰：范绩字弘基……历仕三朝，士友服其清亮。举秀才，为郎中，迁中都谒者。"又同书卷四三七："刘彦明《敦煌实录》曰：索苞有文武材，举孝廉，除郎中。"按前凉张轨初霸凉州之时，贡士尚达于朝廷。《晋书·张轨传》曰"遣治中张阆送义兵五千及郡国秀孝贡计、器甲方物归于京师"，时约晋怀帝前后；又晋愍帝时，张寔"遣督护王该送诸郡贡计，献名马方珍、经史图籍于京师"。但晋东渡建鼎建康之后，张氏虽称臣于晋却不通使命，通使后亦不奉其正朔。范绩举秀才时已"历仕三朝"，大约已至张骏、张重华之时；索苞后率兵救宋澄于羌人之围中，而宋澄仕凉，在张祚、张玄靓之时，见《晋书·张轨传》。此时之秀孝大约已不会贡于建康，而是为本政权而举了。

第五，苻秦。汤球《十六国春秋辑补》卷三三："建元元年，（苻）坚又改元为建元。正月，雍州秀才段铿对策上第，拜吏部郎中；孝廉通经者十余人，皆拜令长。"又《晋书·苻登载记》："徐嵩字元高，盛之子也，少以清白著称。苻坚时举贤良，为郎中，稍迁长安令。"又同书《吕光载记》："王猛异之，曰，此非常人。言之苻坚，举贤良，除美阳令。"是苻秦有秀孝对策及贤良察举之制。

第六，南燕。《晋书·慕容德载记》："德如齐城，登营丘，望晏婴冢，顾谓左右曰……青州秀才晏谟对曰……"由"青州秀才晏谟"例，知有秀才之举。

第七，北燕。《晋书·冯跋载记》："分遣使者巡行郡国……昌黎郝越、营丘张买成、周刁、温建德、何纂以贤良皆擢叙之。"此巡行使者举贤良，当为特举。

又，《石育墓志》记其"曾祖瓒，以秀才仕燕，释褐鹰扬将军、中书博士"。其所仕不知何燕。

第八，北凉。《金石萃编》二九《鲁郡太守张猛龙清颂碑》："高祖钟□，凉州武宣王大沮渠时，建威将军、武威太守。曾祖璋，伪凉举秀才，本州治中。"此外，《吐鲁番出土文书》第一册（文物出版社，1981）所收哈拉和卓九六号墓文书，其时间在北凉玄始十二年至义和二年，其中的第二一份《功曹下田地县符为以孙孜补孝廉事》，有"田地县主者：今以孙孜补孝廉，符到""奉行""曹书佐"等字，说明这个政权还有孝廉之举。

第九，后凉。《魏书·宋繇传》："宋繇字体业，敦煌人也……吕光时举秀才，除郎中。"

第十，后秦。《晋书·姚兴载记》："兴令郡国各岁贡清行孝廉一人。"

第十一，西凉。《吐鲁番出土文书》第一册哈拉和卓九一号墓文书，其第二份为《西凉建初四年(408)秀才对策文》，包括策题及"□谘""凉州秀才粪土臣马骗"及"护羌校尉粪土臣张弘"三人的对策片断。这是至今所见最早的秀才对策实物，弥足珍贵。学者的分析显示，这次策试为五问五答,与晋制正合;对策时间为此年正月一日,而策问则在前一年,即建初三年十二月三十日。

可见十六国政权对察举制之采用,相当普遍。

十六国政权曾经兴置官学者,亦为数颇多。如前赵、石赵、前凉、苻秦、成汉、南燕、北燕、南凉、姚秦,等等,皆有学校。其中史传明记有考试叙录之制的,有:

第一,石赵。《晋书·石勒载记》曰,"勒亲临大小学,考诸学生经义,尤高者赏帛有差";"命郡国立学官,每郡置博士祭酒二人,弟子百五十人,三考修成,显升台府。于是擢拜太学生五人为著作郎,录述时事"。

第二,苻秦。《晋书·苻坚载记》曰,"坚亲临太学,考学生经义优劣,品而第之……坚谓博士王实曰:朕一月三临太学,黜陟幽明,躬亲奖励";"坚自是每月一临太学,诸生竞劝焉";"坚临太学,考学生经义,上第擢叙者八十三人"。

第三,前燕。《晋书·慕容皝载记》记,"赐其大臣子弟为官学生者号高门生,立东庠于旧宫,以行乡射之礼,每月临观,考试优劣","亲临东庠考试学生,其经通秀异者,擢充近侍"。

第四,姚秦。《晋书·姚苌载记》:"苌下书令留台诸镇各置学官,勿有所废,考试优劣,随才擢叙。"

第五,南燕。《晋书·慕容德载记》:"德大集诸生,亲临策试。"

是学校诸生,已成为诸少数民族政权的官吏来源之一。

据《晋书》等史料记载,刘曜立学,选学生千五百人;石勒之太学,有将佐子弟三百人,又诸小学有诸生百余人;前凉张轨之学校,有"九郡胄子五百人";前燕慕容皝之东庠,"学徒甚盛,至千余人";后秦姚兴使儒者教授长安,"诸生自远而至者万数千人";南燕慕容德,有太学生二百人;西凉李玄盛,有高门生五百人。作为对比,江左东晋之太学生仅六十至一百人,国学重建后亦衰落混乱不足称道。十六国之文化自然不能与东晋相比,但在官学之规模上,却并不逊色。这是很值得注意的。

北魏拓跋氏政权，在其崛起和发展过程之中，对于招揽汉族士大夫，同样非常重视。在招揽罗致汉族士人之时，最早采用正规的察举选官方式的，是世祖太武帝拓跋焘。据《魏书·世祖太武帝纪》，神麚四年九月诏征卢玄、崔绰、李灵、邢颖、高允、游雅、张纬等，"尽敕州郡以礼发遣"，"及州郡所遣，至者数百人，皆差次叙用"。这"数百人"中，即有秀孝在内。《魏书·天象志》记此事：

> 是月壬申，有诏征范阳卢玄等三十六人，郡国察秀孝数百人，且命以礼宣喻，申其出处之节。

这是北魏秀孝察举之事见于史籍的最早一次。又《魏书·崔逞传》：

> 初，三齐平，（崔）祎孙相如入国，以才学知名，举冀州秀才，早卒。

崔祎原仕南燕慕容德。"三齐平"指文成帝、献文帝攻占青、齐之事。约此前后，崔相如与其弟崔或归于北魏。故崔相如之举秀才，时亦较早。

严耕望谓北魏秀才对策除官之最早可考者为刘善与郑羲，前者举于文成帝太安中，见《周书·裴果传》，后者举于文成帝和平中，见《八琼室金石补正》十四《魏郑羲碑》。① 查《周书》，刘善举秀才事见《刘志传》，附于《裴果传》；又举秀才之年原作"大安"，中华书局标点本校勘作献文帝年号"天安"，未知孰是。此二人或为北魏秀才对策除官所见最早者，却非秀才得举之所见最早。《八琼室金石补正》十七《王僧墓志》：

> 曾祖衮，以大魏太常年中除建威将军，北平太守。祖清，少履庠门……故刺史张儒辟为茂才，昂然不拜。父颠，以真君年中黄舆南讨……

---

① 参见严耕望：《中国地方行政制度史·魏晋南北朝地方行政制度》，下卷，第八章"州郡察举"，台北，"中央研究院"历史语言研究所，1963。

"太常"即明元帝年号"泰常";"真君年中黄舆南讨",指太武帝太平真君十一年南伐事,则王清之被举秀才,当在太武帝神䴥四年之后,太平真君十一年之前。

太武帝时,还有贤良之举。《魏书·世祖太武帝纪》:

> 先是,辟召贤良,而州郡多逼遣之。诏曰……诸召人皆当以礼申谕,任其进退,何逼遣之有也!

其时在延和元年,即神䴥四年的次年。又同书《李祥传》:

> 世祖诏州郡举贤良,祥应贡。对策合旨,除中书博士。

贤良之举应在神䴥四年,但这与征召卢玄应非一事。因为《魏书·高允传》中之《征士颂》所记神䴥四年应征之30余人,并无贤良李祥之名,知贤良别为一科。

自从太武帝神䴥四年令州郡举秀孝贤良,察举制度遂成为北魏政权之选官常途。孝文帝拓跋宏执政之后,锐意汉化,秀孝察举亦因之大盛。北魏秀孝我就史传大略考得百余人,举于孝文帝以前者不过数人而已,而于孝文帝一朝得举者,占总数的三分之一左右。据《魏书·儒林传序》称,孝文、宣武以降,"州举茂异,郡贡孝廉,对扬王庭,每年逾众"。贤良之举也被承袭下来了。如《来和墓志》:"神龟元年举贤良,拜扬烈将军、员外奉车都尉。"后来还有了"文学"一科。如《北史·文苑祖鸿勋传》记"仆射、临淮王彧表荐其文学,除奉朝请";《周书·辛庆之传》记其"少以文学征诣洛阳,对策第一,除秘书郎";又辛仲景,"年十八举文学,对策高第,拜司空府主簿"。

北魏学校体制的建立,比察举还要早数十年。据《魏书·儒林传序》:

> 太祖初定中原,虽日不暇给,始建都邑,便以经术为先,立太学,置五经博士,生员千有余人。天兴二年春,增国子太学生员至三千……太宗世,改国子为中书学,立教授博士。世祖始光三年春,

别起太学于城东。

可见北魏之学校设置颇早。又据《魏书·太祖道武帝纪》，道武帝迁都平城"始建都邑"，在天兴元年秋七月。次年即天兴二年三月，"初令五经群书各置博士，增国子太学生员三千人"，其间仅仅七八个月。天兴二年之生员，同书《官氏志》记作"国子生员三十人"。从《儒林传序》所记"始建都邑"时所立之太学已有"生员千有余人"来看，《官氏志》误，《太祖道武帝纪》是。《魏书·张蒲传》：

　　子昭，有志操。天兴中，以功臣子为太学生。

此即天兴年间之学生实例。但张昭并非北魏太学生之最早一人。《魏书·薛提传》：

　　薛提，太原人也。皇始中，补太学生，拜侍御史。

"皇始"亦为道武帝年号，在天兴之前。是北魏迁都平城之前，原已有学校了，这就是天兴元年"生员千有余人"的来源。北魏学校屡有废置之时，但往往又得重建。其太学生、中书生与国子生我大略考得65人，他们大抵都能由学校入仕。

由北魏察举学校实施情况，以及由此入仕之可考者的数量来看，这种以知识才学为条件的入仕制度，为北魏政权提供了相当一批经过汉族文化培训的新型官员。他们在承担政务、普及教育以及汉化改制、制礼作乐方面，都发挥了重大作用。

二、"门尽州郡之高"

　　北方少数民族政权在汉化过程之中，同时也接受了魏晋以来的士族制度。南北分裂以后，北方的世家豪族，其宗族维系及经济力量较南渡士族保持得更为完好；在因社会动乱而文教事业大受摧残之时，他们也是文化的主要保有者。少数民族政权在谋求与汉族士大夫合作之时，不能不采用相对地更能保证其特殊身份的选官方式，如九品中正制度与"清途"制度。例如石勒就曾下令"清定九品""典定士族"，苻秦也曾恢复"魏晋士籍"，南燕也有所谓"二品士门"。

北魏的拓跋族统治者，甚至采用了使自身也士族化的方针。例如倾心仰慕汉族文化的孝文帝，就明显地表现出了对士族制度的向往。他大定海内士族，所谓"分氏定族，料甲乙之科，班官命爵，清九流之贯"。除帝室及长孙、叔孙、奚氏之外，有鲜卑之穆、陆、贺、刘、楼、于、嵇、尉八姓为首；汉族之山东、关中及河东士族，亦各有高下。并以膏粱、华腴及甲、乙、丙、丁之等差相齿列，依门第高下为"方司格"，中正据以铨选。《通典》卷十六《选举四》："孝文帝制，出身之人，本以门品高下有恒，若准资荫，自公卿令仆之子，甲乙丙丁之族，上则散骑、秘、著，下逮御史、长兼，皆条例昭然，文无亏没。"

在这种情况之下，不仅中正制与"清途"制成了士族化政策的一部分，而且察举制与学校制，也不可避免地表现出浓厚的士族化色彩。如太武帝神䴥四年所征之范阳卢玄、博陵崔绰等30余人，大抵为北方名门郡姓之头面；而同时州郡所贡之秀孝，自然也是同类人物。《魏书·高祖孝文帝纪》延兴二年诏：

> 顷者州郡选贡，多不以实，硕人所以穷处幽仄，鄙夫所以超分妄进，岂所谓旌贤树德者也。今年贡举，尤为猥滥。自今所遣，皆门尽州郡之高，才极乡间之选。

可见孝文帝确定的察举标准，是"门"与"才"，这与南朝取士"才地俱允""人门兼美"之原则，如出一辙。又同书《韩显宗传》记其太和中上言：

> 进贤求才，百王之所先也。前代取士，必先正名，故有贤良方正之称。今之州郡贡察，徒有秀孝之名，而无秀孝之实。而朝廷但检其门望，不复弹坐。如此则可令别贡门望，以叙士人，何假冒秀

孝之名也！夫门望者，是其父祖之遗烈，亦何益于皇家？益于时者，贤才而已！

由其批评之激烈，正见察举中士族化倾向之严重。

下面我们以秀才为例，略作统计，以印证这一情况。北魏之秀才，我大略考得86例。据《新唐书·柳冲传》，山东郡姓以王、崔、卢、李、郑为大，关中郡姓以韦、裴、柳、薛、杨、杜为首。诸姓之得举秀才者，依数量之多少，有：河东闻喜裴氏，有裴务、裴美、裴宣、裴延儁、裴景融、裴敬宪、裴佗、裴思齐、裴侠①9人；清河崔氏，有崔祖虬、崔相如、崔元献、崔励、崔休、崔逞6人；范阳卢氏，有卢诞、卢观、卢文伟、卢辨、卢叔仁5人；赵郡李氏，有李同轨、李叔胤、李谧、李愔、李普济5人；河东解柳氏，有柳崇、柳仲起、柳虯3人；博陵安平崔氏，有崔士元、崔挺、崔殊3人；陇西狄道李氏，有李彦、李琰之、李超3人；太原晋阳王氏，有王宝兴、王希云、王延业3人；荥阳开封郑氏，有郑羲、郑伯猷2人；京兆中山韦氏，有韦骃；河东汾阴薛氏，有薛骥驹；弘农华阴杨氏，有杨钧；京兆杜氏，有杜振。仅仅以上之姓族合计即达43人，占北魏秀才可考者之半数。

其他姓族之举秀才者，如河间谟邢氏，有邢峦、邢产、邢虬、邢臧4人；勃海脩李氏，有李叔宝、李长仁、李述3人；清河绎幕房氏，有房景先、房亮2人；武功苏氏，有苏湛、苏亮2人；陇西狄道辛氏，有辛祥、辛穆2人；河内温司马氏，有司马澄、司马祖珍2人；勃海蓨封氏，有封琳；太原晋阳郭氏，有郭祚；安定朝那皇甫氏，有皇甫骥；北平无终阳氏，有阳藻；西河介休宋氏，有宋世景；中山毋极甄氏，有甄

---

① 按，裴思齐、裴侠，《周书·裴侠传》记为"河东解人"，非闻喜人；但又言"侠又撰九世伯祖贞侯潜传，以为裴氏清公，自此始也"。"贞侯潜"即曹魏尚书令裴潜。《三国志·魏书·裴潜传》："字文行，河东闻喜人也……正始五年薨，追赠太常，谥曰贞侯。"是裴思齐、裴侠之族原亦闻喜人，或后迁解也。在此与闻喜裴氏列于一处，不另出。

邯。以上23人，又占北魏秀才可考者之四分之一。加上鲜卑贵族之元昭、穆子琳，北魏以姓族举秀才者占北魏秀才之五分之四。余者，除去一些门第一时难定莫辨者，出自寒微的秀才寥若晨星。北魏由清途入仕者，同时包括鲜卑与汉族姓族；而秀才察举，则主要是汉族姓族的入仕之途。

北魏秀才之任用可考者约67例，其任官情况大致如下：

中书博士15人，太学博士7人，太常博士1人。据《魏书·官氏志》所载孝文帝太和中第一次《职令》，国子博士（即原中书博士之改称）在第五品中，太学博士及礼官博士在第六品中。礼官博士疑即太常博士。据太和二十三年复定之《职令》，国子博士在第五品上，太学、太常博士在从第七品。以上除为博士官者，合计23人，占35%，在三分之一以上。

诸府僚佐掾属，如参军、主簿、公国郎中令，州别驾、治中、主簿、西曹书佐等，共20人。僚佐掾属之品秩因府主高下而异，难以一一详考。就其可知者判断，大致在五、六、七品左右。此20人占30%左右，不及三分之一。

员外散骑侍郎2人，尚书郎3人，著作佐郎4人，中书议郎2人，奉朝请9人。据太和第一次《职令》，诸官品秩分别为从第四品下、第五品上、第五品上、第五品上、第六品下。据太和二十三年《职令》，尚书郎第六品下，员外散骑侍郎第七品上，秘书郎中、著作佐郎第七品下，奉朝请从第七品下。以上合计共20人，占30%。

此外，还有拜除县令、大理平、检校御史、步兵校尉等官者。大致说来，北魏秀才之任官，在五、六、七品之间。所拜之官，与当时权贵士族之起家官，大致相近。

北魏由秀才一途入仕者，大部分在后来都成了北魏以及东魏北齐和西魏北周的中高级官僚。这里根据史传记载，并参考了毛汉光编制的《北魏官吏总表》，略作统计，将北魏秀才在仕途上所达到的最高官品在五品以上者之比例，列表如下以供参考（表12-1）：

表 12-1

官品	例数	比例
一品	4	6.0%
二品	7	10.5%
三品	24	35.8%
四品	8	11.9%
五品	12	17.9%
合计	55	82.1%

可见由秀才入仕者，在仕途上具有良好前景。较之直接入仕，秀才察举对才学更为强调；秀才有三分之一拜为博士，可见此科是北魏文化教育人才的重要来源。

北魏学校入仕之途，其特权性、士族化更为明显。根据《魏书》，太武帝太平真君五年正月令"制自王公已下至于卿士，其子息皆诣太学"；献文帝时高允请立郡学，选生"先尽高门，次及中第"；宣武帝正始元年十一月兴学诏，有"崇建胶序，开训国胄"语，延昌元年四月兴学诏，有"贵游之胄，叹同子衿"语。又张昭"天兴中，以功臣子为太学生"，王嶷"少以父任为中书学生"。又《周书·薛裕传》："初为太学生，时黉中多是贵游。"时在北魏之末。这都说明北魏学校的入学标准，首先在于父祖门第官位。又北魏国子学生有品阶，据太和第一次《职令》，在从第六品下，身份不低，可见其待遇优越。

北魏之国学、太学生员，我大略考得 65 人。其中出于汉族姓族者，如赵郡李氏之李骞、李怡、李仲胤、李安世、李谧 5 人，博陵崔氏之崔秉、崔合、崔广、崔振 4 人，清河崔氏之崔思叔、崔箱子、崔彦穆 3 人，陇西狄道李氏之李韶、李虔、李冲 3 人，京兆杜陵韦氏之韦瓒、韦孝宽 2 人，勃海高氏之高祐、高钦 2 人，广平任游氏之游明根、游肇 2 人，以及范阳涿卢氏之卢度世，河东闻喜裴氏之裴修，荥阳开封郑氏之郑道昭，河东汾阴薛氏之薛裕，河间邢氏之邢子才，河内司马氏之司马金龙，范阳祖氏之祖莹，勃海封氏之封回，北海王氏之王嶷，等等。

特别是仅仅就我之大略考得，国学生或中书生中，宗室有元孟辉、元晖、元信、元悛、元赟、元灵耀、元彝7人，代姓有陆凯、源规、源奂、尉拔、贺拔岳等5人。鲜卑皇宗贵族合计12人，占18.5%。《元孟辉墓志》记，"时始八岁矣，有诏入学"；《元信墓志》记，"幼入书堂"；《元悛墓志》记，"年七岁，召为国子学生"；《元赟墓志》记，"裁离襁褓，便游庠塾"。知皇宗子弟，应依制入学。这当然会提高学校的规格。总之，就史料所见，北魏所见学校诸生。大抵出自高门贵族之家。

北魏学生之任官可考者约48人，其中以拜为中散者为最多，共17人，且全部来自中书生，占总数之35.4%。《魏书·李冲传》："显祖末，为中书学生……高祖初，以例迁秘书中散。"知中书学生迁中散为常例。中散一官约始置于道武帝时，为权贵子弟之起家之位。如高谧、陆龙成、伊馛、皮喜、慕容契等，史传记其以"功臣子""勋臣子""名家子"或"名臣子"除为中散。据《魏书·官氏志》太和中第一次《职令》，侍御中散及中散在第五品上，秘书郎、著作佐郎、国子博士尚在其下。但太和二十三年第二次《职令》，已不见中散一官。其余之任官，如中书博士、中书助教、太学博士、博士、侍御史、秘书郎、尚书郎、中书郎、羽林监、奉朝请及诸府掾属僚佐，等等，不一一备记。国子中书生的任用，看来比秀才还要优越一些。太和第一次《职令》规定国子生品秩为从第六品下，其起家官品，自然又应在此之上。

北魏所见学生之最终或最高仕官之可考者，我大略统计得47例。下面参照史传，并参考毛汉光编制之《北魏官吏总表》，将其中仕官曾达五品以上者之数量比例，列如表12-2：

表 12-2

官品	例数	比例
一品	7	15.0%
二品	9	19.2%
三品	13	27.7%
四品	7	15.0%
五品	9	19.2%
合计	45	96.1%

是北魏学生，最终成为中高级官僚者的比例，是非常之大的。其中最终成为三品以上官吏的，占 61.9%。可见学校入仕，在北魏乃入仕华途。

三、魏、齐策试制度

北方政权在采用察举选官制度之时，大致沿用承袭了两晋南朝的考试程式，但大同之中亦有小异。从北魏、东魏到北齐的考试之法具有连续性，在此一并叙述。

北朝察举之中，秀才、孝廉二科是基本科目。秀才主要考试文学辞采，孝廉则主要考试经术章句。《魏书·崔亮传》记刘景安语："朝廷贡秀才，止求其文，不取其理；察孝廉唯论章句，不及治道。"是秀才试文而孝廉试经。又同书《邢峦传》："有司奏策秀孝，诏曰：秀孝殊问，经权异策，邢峦才清，可令策秀。"是主考秀才者，亦须选择文才清逸者，那么策试孝廉者，自然要经学渊博之士了。

《隋书·礼仪志》记云：

> 后齐每策秀孝，中书策秀才，集书策考贡士，考功郎中策廉良。皇帝常服，乘舆出，坐于朝堂中楹。秀孝各以班草对。其有脱误、书滥、孟浪者，起立席后，饮墨水，脱容刀。

又《通典》卷十四《选举二》亦引及此文，文字略异，并称"北齐选举，多沿后魏之制"。据此，北齐此制，当沿袭北魏而来。

皇帝亲临朝堂策试秀孝，魏、齐皆有其事。如《魏书·高祖孝文帝纪》太和十六年春正月："戊辰，帝临思义殿，策问秀孝。"同书《灵皇后胡氏传》："又亲策孝秀、州郡计吏于朝堂。"又《北齐书·武成帝纪》河清二年："春正月乙亥，帝诏临朝堂策试秀才。"君主亲临朝堂策试，表示了王朝对这种面向汉族士人的选官制度的重视。

《隋书·礼仪志》"集书策考贡士"句，严耕望谓应作"集书策孝廉"之讹①，其说是。其上下文明记所叙为"策秀孝"之制，则孝廉应有策试主司；又秀孝皆为"贡士"，不当于秀才、廉良之外别有"贡士"。"考"当作"孝"，"贡"当作"廉"，"士"字误衍。故集书省之所策，应为孝廉。《通典》又删"考"作"集书策贡士"，亦误。

《隋志》又言"考功郎中策廉良"，"廉良"不知为何事。汉有"廉吏"科，晋有"良吏"科，但北齐之"廉良"，似与此不同。宫崎市定释之为郡国计吏，颇有道理。②《隋书·礼仪志》四又记北齐考试计吏之制：

> 正会日③，侍中黄门宣诏劳诸郡上计。劳讫付纸，遣陈土宜。字有脱误者，呼起席后立；书迹滥劣者，饮墨水一升；文理孟浪无可取者，夺容刀及席。既而本曹郎中考其文迹才辞可取者，录牒吏部，简同流外三品叙。

此处所记计吏笔试及惩罚办法，与前述秀孝、廉良策试之惩罚办法，完全相同。又前引之《魏书·灵皇后胡氏传》，有"亲策孝秀、州郡计吏于朝堂"语；同书《高祖孝文帝纪》太和七年春正月庚申诏，有"故具问守宰苛虐之状于州郡使者、秀孝、计掾，而对多不实，甚乖朕虚求之意"语。是北魏与秀孝同策者，确实还有计吏。

这种计吏笔试之法，始于西晋。《晋书·王浑传》记惠帝"尝访浑元会问郡国计吏方俗之宜"，王浑答曰：

> 旧三朝元会前计吏诣轩下，侍中读诏，计吏跪受……可令中书指宣明诏，问方土异同，贤才秀异，风俗好尚，农桑本务，刑狱得无冤滥，守长得无侵虐。其勤心政化兴利除害者，授以纸笔，尽意

---

① 参见严耕望：《中国地方行政制度史·魏晋南北朝地方行政制度》，下卷，第八章"州郡察举"。
② 参见[日]宫崎市定：《九品官人法の研究》，482页。
③ 按当作"计会日"。

陈闻。以明圣指垂心四远，不复因循常辞。且察其答对文义，以观计吏人才之实。

奏上"帝然之"。据此推测，北齐之"廉良"，名目取自"廉吏"与"良吏"，而其身份，此时就是州郡计吏。计吏考试之主持者，是侍中、黄门；擢第之"本曹郎中"，当即尚书吏部之考功郎中，所以又言"考功郎中策廉良"。考试内容是"陈土宜"，同于西晋王浑之所议。从叙官时"简同流外三品叙"来看，计吏的身份官资是较为低下的。

《隋志》称"中书策秀才"，据前引《魏书·邢峦传》，有诏令邢峦策秀才之时，他正为中书侍郎。又同书《孙惠蔚传》：

> 太和初，郡举孝廉，对策于中书省。时中书监高闾宿闻惠蔚，称其英辩，因相谈，荐为中书博士。

是北魏时秀孝策试最初均由中书省策试，而且有时就对策于中书省。"集书策孝廉"，大约为此后又行之法。又《北史·文苑樊逊传》：

> 天保元年，本州复召举秀才。二年春，会朝堂对策。策罢，中书郎张子融奏入……梁州重举逊为秀才。五年正月，制诏问焉。尚书擢第，以逊为当时第一。

又见秀才虽由中书郎策试，擢第却是尚书省之事。《通典》卷二十三《职官五》："后魏考功郎掌考第、孝秀。北齐考功郎中亦掌考第及孝秀贡士。"又《隋书·百官志》记北齐吏部："考功，掌考第及秀孝贡士等事。"北齐中书省策秀才，集书省策孝廉，但他们大约只负责现场组织及策文拟制；等第评定及叙录授官，为尚书省之事。

《隋书·礼仪志》记"秀孝各以班草对。其有脱误、书滥、孟浪者，起立席后，饮墨水，脱容刀"。"班草"原指铺草于地而坐。《后汉书·陈留老父传》记"道逢友人，共班草而言"；《艺文类聚》卷四一谢灵运诗云"行行即长道，道长息班草"。在这里指后文"起立席后"之"席"，谓秀孝于席上对策作文也。

"饮墨水"之惩罚方式，颇觉奇特。(《隋志》叙计吏策试，作"书迹滥劣者，饮墨水一升"。)苏轼因有诗云："麻衣如再著，墨水真可饮。"曾资生说："罚饮墨水之例，实为近于恶作剧的一种惩创。"①隐然有北齐为少数民族政权，故行事立制多不近人情之意。查《太平御览》卷五三四引魏文帝黄初五年蒋济奏"太学规条"：

> 学者不恭肃、慢师、酗酒、好讼，罚饮水三升。

是曹魏太学之中，原有以饮为罚之制。但所饮者尚非"墨水"。古饮器有升有斗，斗大升小，如饮白水三升，颇有止渴之效，那么这只能视为"象刑"了。又《初学记》卷二十梁到溉等《仪贤堂监策秀才联句诗》，伏挺有句云：

> 乙奏饮余列，甲科光往载。
> 深奇无绝踪，孙董有遗慨。

"孙董"指公孙弘、董仲舒。首句言"乙奏饮余列"，"乙奏"指策试擢第奏为乙科，如《北史·杜正藏传》记其对策后，"曹司难为别奏，抑为乙科"，可资为证；而"余列"，大约就是"起立席后"；"饮"，应当就是指饮水之罚。此句谓试在乙科者退居余列而就饮水之罚也。是南朝策试亦有以饮为罚之法。

学士文人以饮为罚，乃是中国古代一种源远流长的风习。如西晋石崇宴客于金谷园，赋诗不成者罚酒三觞。李白《春夜宴桃李园序》："不有佳作，何伸雅怀，如诗不成，罚依金谷酒数。"这种习俗追溯得相当久远。周代大学、乡学之大射礼、乡射礼，学士射之不胜者有饮酒之罚。《仪礼·乡射礼》："不胜者进北面，坐取丰上之觯，兴，少退，立，卒觯。"

---

① 曾资生：《魏晋南北朝时期的察举和岁贡》，载《东方杂志》四十卷二号。

郑玄释"卒觯"为"受罚爵"。《大射礼》所载亦同。《诗·小雅·宾之初筵》："大侯既抗，弓矢斯张，射夫既同，献尔发功，发彼有的，以祈尔爵。"毛传以之为燕射。又《礼记·射义》："《诗》云，发彼有的，以祈尔爵。祈，求也，求中以辞爵也。"郑注："言射的必欲中之者，以求不饮女爵也。"按古制"射"为学士必修之"六艺"之一，同时君主又以"射"取士。《射义》："是故古者天子之制，诸侯岁献贡士于天子，天子试之于射宫。"不难推测，周代学校射礼上的饮酒之罚，即是北齐秀孝计吏策试"饮墨水"之罚的渊源。然周之饮酒，一变为曹魏之"饮水"，二变为北齐之"饮墨水"，不免给人"每况愈下"之感。

北朝秀孝策试，大抵是秀才对五策，一同于西晋始建之法；孝廉则试经十条。《魏书·文苑邢臧传》：

> 神龟中，举秀才，问策五条，考上第，为太学博士。

又《隋书·李德林传》：

> 举秀才入邺，于时天保八年也……时(杨)遵彦铨衡，深慎选举，秀才擢第，罕有甲科。德林射策五条，考皆为上，授殿中将军。

查《北齐书·文苑樊逊传》记其天保五年秀才对策之时，所问之策有"升中纪号""求才审官""释道两教""刑罚宽猛""祸福报应"等题，正为五问。又《北齐书·儒林传序》记北齐孝廉之举：

> 射策十条，通八以上，听九品出身。其尤异者亦蒙抽擢。

是孝廉试经十条。

《魏书·肃宗孝明帝纪》熙平元年二月：

> 初听秀才对策，第居中上已上，叙之。

此事《魏书·阳固传》记作：

> 肃宗即位，除尚书考功郎，奏诸秀孝中第者听叙，自固始。

《肃宗纪》记作"第居中上已上，叙之"，而《阳固传》记作"中第者听叙"，二说有异。查《北齐书·马敬德传》，他固辞孝廉之举而应秀才入京之后：

> 依秀才策问，唯得中第；乃请试经业，问十条并通。擢授国子助教，迁太学博士。

按马敬德本不愿举孝廉，他转而又依孝廉试经十条，是因为试秀才仅得中第，而中第并没有授官资格。由此可知，秀才考第大约有上、中上、中、下数等。那么，"第居中上已上，叙之"，是可取的。在孝明帝熙平元年之前，大约上第方能叙官。又《通典》卷十五《选举三》记唐制："初，秀才科等最高，试方略策五条，有上上、上中、上下、中上，凡四等。"是直至唐代，仍是"第居中上已上，叙之"。《魏书·阳固传》所载有误，当从《肃宗纪》。

北朝察举仍有员额之限。《北齐书·文苑樊逊传》：

> 梁州刺史刘杀鬼以逊兼录事参军，仍举秀才。尚书按旧令，下州三载一举秀才，为（武定）五年已贡开封人郑祖献，计至此年未合，兼别驾王聪抗议，右丞阳斐不能却。尚书令高隆之曰："虽逊才学优异，待明年仕非远。"逊竟还本州。

知其法尚严。又《周书·宣帝纪》记周制秀孝"上州、上郡岁一人，下州、下郡三岁一人"，其法应承自魏齐。

第十三章　官僚政治的复兴与察举制的关系

北朝察举与学校制度服务的官僚机器，是一个以鲜卑军事贵族为最高统治者并且吸收汉族士人参加的，处于不断汉化与官僚化过程之中的王朝政府。那么，这一特殊的政治文化背景，就必然使北朝选官体制的变化，呈现出与南朝不尽相同的面貌。在这一章中，我们将把这一背景纳入视野，讨论从魏至隋官僚政治对察举与学校制度的复杂影响。

一、官僚政治的复兴与士族政治的衰落

尽管在当时从汉族看来，"五胡"是未开化或半开化的部族，但他们在黄河流域的军事政治胜利，却说明其部族制度与军事组织之中，存在着把这种政治力量创造出来的深厚潜力。在鲜卑部族进入中原之后，农耕社会所要求的那种管理方式，被赶走的那个帝国留下的文物制度，与鲜卑军事部族组织的结合，创造了一个强大有力的专制皇权，并为官僚政治的发展，开拓了新的前景。在南朝，尽管皇权已有所振兴，但士族政治积重难返，"主威独运"是打了折扣的；而北朝之皇权，却具有真正的权威；它所支持的官僚政治，也因而获得了南朝所不能比拟的发展可能。

例如，考课不励，散官冗积，内官重而外官轻，玄风盛而文法衰，等等，都是魏晋南朝以来士族政治造成的无法摆脱的积弊。在北朝情况则不同。北魏自孝文帝太和十八年九月下诏考课以来，"大考百僚"就成了经常性的活动。就《魏书》有关记载看来，尽管由于政治体制的发展水

平有限，当时的考课还难免"比肩同转""事同泛涉"之弊，但同时"贵贱内外，万有余人"，"官罔高卑，人无贵贱"统统参加考课的情况，却给人以深刻印象。"众人竞称考第，以求迁叙"一类记载，更反映了是"考第"而不仅仅是"门第""品第"，成了官吏晋升的常规性依据之一。又如散官北魏亦有，但据《魏书·高阳王元雍传》，北魏之散官"或以贤能而进，或因累勤而举"，而且并非尸禄素餐之人，"任官外戍，远使绝域，催督逋悬，察检州镇，皆是散官"，他们有大量繁剧的临时差遣，且不能免去考课，考课时待遇又低于职事之官。① 又如北朝也有士族贵游不乐为亲民外官的情况，但王朝的态度却颇不相同。北魏孝明帝时辛雄请"如前代故事，不历郡县不得为内职"，用西晋"甲午制"之法，因孝明帝崩而未果。北齐元文遥当政时，遂密令搜扬贵游，集于神武门外宣旨唱名任以县令，"士人为县，自此始也"。这种措施之果决严厉，在两晋南朝是不可想象的。当时名门陇西李超、范阳卢昌衡等即在其选，且后来政绩可观。在西晋遭到失败的"甲午制"，在北齐却最终获得了成功。

南北律学之对比，亦可注意。陈寅恪先生指出，"江左士大夫多不屑研求刑律，故其学无大发展"，"北魏前后定律能综合比较，取精用宏，所以能成此伟业者，实有广收博取之功，并非偶然所致也"，"北齐法律最为史家称道"。② 按魏晋以来，"在职之人，官无大小，悉不知法令"（葛洪语），南齐时崔祖思及孔稚珪请兴律学，亦无成效。法律乃官僚行政之命脉，而魏、齐律学，竟然胜过文化昌明之南朝，正反映了南北政治的不同发展倾向。而且为北朝定律者多为汉族士族，这也说明在强大皇权之下，他们正在日益被纳入行政官僚的规范之中。确实，北朝士族，很少江南名士"虚谈废务，浮文妨要"之弊风；甚至与汉代经术与文法之争相类似的情况，在此也出现了。《魏书·文苑邢昕传》："自（北魏孝明

---

① 参见周一良：《魏晋南北朝史札记》，368页，"尔朱世隆传中所见官制"条已论及这一问题。北朝散官也经常形成问题，但王朝政府也在不断努力解决其弊端，例如北齐文宣帝天保八年以策试沙汰东西二省冗官，详见下节。

② 陈寅恪：《隋唐制度渊源略论稿》，111～112页，北京，中华书局，1963。

帝)孝昌之后，天下多务，世人竞以吏工取达，文学大衰。"又《羊深传》称孝文、宣武以降，"进必吏能，升非学艺，是以刀笔小用，计日而期荣；专经大才，甘心于陋巷"。这也说明与汉政相近的那种官僚政治，正处于复兴之中。这种重视"吏工""吏能"而轻视文学经术的情况，后来在周、隋之际发展得非常明显。

正是因为如此，北朝政府才能够完成如均田制、三长制这种重大任务。尽管北朝政治的腐败、混乱的方面，时常使之显得还不如南朝清明，但是透过那些负面现象，我们毕竟可以看到，北朝强大皇权支撑下的官僚政治，确实具有缺乏两种文化形态冲突碰撞的南朝所不能比拟的内在潜力与发展前景。

北方少数民族政权的士族化政策是基于这样一个历史背景：在它们所可以直接效法的、被视为"礼乐正朔之所在"的汉制样板之中，士族的优越特权已成传统。因此，它们不能不把士族制度作为汉制的当然组成部分而加以接受。这不仅是为了保障与之合作的汉族士族的地位，更是为了使鲜卑姓氏也成为门阀。但归根结底，鲜卑军事贵族的门阀身份，是被皇权"认定"或"指定"的，这与五朝高门的形成就大不相同；其权势的最终来源，在于征服者的力量和身份，而不是"姓族"的资格。同时北方汉族士族，最初是以被征服者的身份出现于鲜卑政权之中的，他们就远不能获得江左高门那种地位与影响。鲜卑皇权和贵族对之的宰制和役使，是他们难以抗衡的。从更长过程来看，专制皇权对士族政治的接受，总是一种"不得已"；皇权—官僚政治的发展，总是要不可避免地对士族政治提出挑战。

北魏孝文帝是士族化政策之倡导最力者，但在一次选官的讨论中，他也有"自近代已来，高卑出身，恒有常分，朕意一以为可，复以为不可。宜相与量之"之语；当被问以"置官列位，为欲为膏粱儿地，为欲益治赞时"之时，他明确答道："俱欲为治!"尽管由于士族垄断着文化，孝文帝仍然相信人才多出于"君子之门"，但如上的矛盾态度，依然颇为耐人寻味。其事详情可参阅《魏书·韩显宗传》。又据《魏书·郭祚传》，孝文帝曾以寒人李彪为散骑常侍，事后便悔称"误授一人官"；但《李彪传》又记，在孝文帝后来任命李彪为秘书令时，却又下诏申明："苟有才能，何必拘族也！"堪称义正词严。秘书令自魏晋以来，最为清华之职。这就确有突破门第限制的意义了。当北朝皇权意识到门第与才能并非一事之时，他们就有可能而且也有能力突破门第观念的束缚。

宣武帝以降，北魏士族政治就开始走下坡路了。随皇权的强大和官僚政治的发展，王朝对士族制度的态度也在变化。《魏书·明亮传》记原为清官的明亮被授勇武将军，遂以"其号至浊，且文武又殊，请更改授"，而宣武帝明确答道，"依劳行赏，不论清浊"，"虽文武号殊，佐治一也"，以官僚制原则否认了计较清浊、重文轻武的士族弊习。又《魏书·世宗宣武帝纪》载其正始二年夏四月诏，对"中正所铨，但存门第，吏部彝伦，仍不才举，遂使英德罕升，司务多滞"提出了尖锐批评。每当皇权与官僚政治发展了一点，它们对士族制度的容忍就少了一点。

孝文帝定姓族时，采取的是兼顾魏晋旧门和本朝高官的办法，以三世官爵高下为准。这就将使许多本非名族但有功于本朝者进入门阀行列，或为之提供了以此要求门阀资格的可能，从而使士族标准趋于含糊。例如寒人李彪做了高官，便认为自己的儿子应受"贵游"待遇；但名门郭祚仍以"旧第"处之，遂致龃龉。随官僚政治的发展，依功绩才干迁至高层者，必然对士庶清浊界限提出抗争。

士庶清浊的日益混乱，还表现在卑贱之人冒入清流之上。孝文帝时已有工商皂隶"或染清流"之事；孝明帝为之下令在职者皆五人相保，否则夺官还役，可见问题之严重。北齐陆令萱、和士开、高阿那肱、穆提婆等各亲亲党，官由财进，"诸宫奴婢、阉人、商人、胡户、杂户、歌舞人、见鬼人滥得富贵者，将以万数"。又段孝言为尚书右仆射，"富商大贾多被铨擢"。这种权力滥用与财富腐蚀造成的腐败，是官僚政治的特有弊端。它固然不利于官僚政治，但却更为沉重地打击着以"士庶之际、实自天隔"为原则的士族政治。因为对这种腐败，克服办法是严明官僚制度；而士族政治的弊端，克服的办法却是铲除这一制度。从某种意义上讲，由于权力、财富战胜了门第身份，前一弊端客观上是在有力地打击着后一弊端，冲击着士庶清浊的森严界限。

北魏后期，九品中正制大为衰落。言其衰落，并不是说中正不能有效地发挥作用，而是说它不能有效地发挥维护士族制度的作用。《魏书·孙绍传》记其于宣武帝延昌中上疏称：

> 且法开清浊，而清浊不平，申滞理望，而卑寒亦免。士庶同悲，兵徒怀怨。中正卖望于下里，主按舞笔于上台，真伪混淆，知而不纠。得者不欣，失者倍怨。使门齐身等，而泾渭奄殊；类应同役，而苦乐悬异。士人居职，不以为荣；兵士役苦，心不忘乱……

可见中正在确定品第门望上，已是一片混乱。"清浊不平"，"士庶同悲"，意味着清浊士庶的界限已难维持；而中正反而助长着其间的混乱。又《通典》卷十四《选举二》：

> 自太和以前，精选中正，德高乡国者充……当时称为简当，颇谓得人。及宣武、孝明之时，州无大小，必置中正，既不可悉得其人，故或有蕃落庸鄙操铨核之权，而选叙颓紊。

这种"蕃落庸鄙操铨核之权"的记载，可以得到印证，《魏书·恩幸传》记，出身细微武卒小吏厮役者，如王仲兴得为雍州大中正，寇猛得为燕州大中正，茹皓得为肆州大中正，赵邕得为荆州大中正，侯详得为燕州大中正；又同书《阉官传》，宦官成轨得为燕州大中正，宦官平季得为幽州大中正，寻摄燕、安、平、营中正，宦官封津得为冀州大中正。上皆宣武、孝明、孝庄时期之事。

这些士族门阀向来不屑为伍的"佞幸小人"甚至宦官，居然担负起了"该鉴氏族，辨照人伦"，"清定门胄，品藻高卑"的中正之职，那么中正制度及其为之服务的士族政治的衰微征兆，就已是较然可见的了。

二、考试制度对门第限制的突破

北魏孝文帝的察举方针是"门尽州郡之高,才极乡闾之选",即兼顾才地。但如前所述,孝文帝对于士族制度的态度,原本也有矛盾不定之处。至少,作为强大的鲜卑皇权的代表,他给予士族的特权,就不会像南朝士族所得到的那样多,在察举选官上亦是如此。《魏书·高祖孝文帝纪》太和七年春正月诏:

> 朕每思知百姓之所疾苦,以增修宽政,而明不烛远,实有缺焉。故具问守宰苛虐之状于州郡使者、秀孝、计掾,而对多不实,甚乖朕虚求之意。宜案以大辟,明罔上必诛。然情犹未忍,可恕罪听归。申下天下,使知后犯无恕。

孝文帝在察举上虽优假士族,但条件是他们要能裨益政务,而不是像南朝名士那样,仅仅以对策来博取名誉,驰骋才藻。所以当秀孝不能如实地将下情上达,恼怒的孝文帝便以大辟相威胁,最后宣称的"恕罪听归",是说不予授官以为惩罚。同纪又记太和十五年八月:

> 诏诸州举秀才,先尽才学。

按在十余年前的延兴二年,孝文帝令察举"门尽州郡之高,才极乡闾之选",而此诏则把"才学"置于门第之上了。又《魏书·韩显宗传》记其指责秀孝有名无实,朝廷但检其门望,批评"朝廷每选举人士,则校其一婚一宦,以为升降",其反响是"高祖善之",就是说孝文帝居然是赞成其意见的。这种矛盾态度,也反映了察举一途中的门第限制,最终是不会长久的。

即使在察举为士族垄断之时,这种由策试选官之途,也仍然不同于"平流进取"。在北魏后期以至东魏北齐之时,选官中考试取人的原则的贯彻，又有了一些很有意义的发展。下面试加叙述。《魏书·文苑温子升传记》：

> 熙平初，中尉、东平王匡博召辞人，以充御史，同时射策者八百余人。子升与卢仲宣、孙搴等二十四人为高第。于时预选者争相引决，匡使子升当之，皆受屈而去。搴谓人曰："朝来靡旗乱辙者，皆子升逐北。"遂补御史，时年二十二。

"熙平"为孝明帝年号。"争相引决"是说落第者因不服而欲与高第者一决高下，结果皆屈于温子升。可见这次考试是严格公正的。"同时射策者八百余人"，可谓一时盛事了。又《魏书·宇文忠之传》记东魏孝静帝时：

> 忠之好荣利，自为中书郎，六七年矣。遇尚书省选右丞，预选者皆射策，忠之入试焉。既获丞职，大为忻满，志气嚣然，有骄物之色。识者笑之。

当时尚书右丞员仅一人，无怪宇文忠之"志气嚣然"了。尽管有人讥笑他，他此官之得却是货真价实地靠才学考试竞争而来的。又《北齐书·文苑樊逊传》北齐文宣帝天保八年：

> 诏尚书开东西二省官选，所司策问，逊为当时第一。左仆射杨愔辟逊为其府佐。逊辞曰："门族寒陋，访第必不成，乞补员外司马督。"愔曰："才高不依常例。"特奏用之。九年，有诏超除员外将军。

此事《北史·文苑樊逊传》记作：

> 八年，减东西二省官，更定选，员不过三百，参者二三千人。杨愔言于众曰："后生清俊，莫过卢思道；文章成就，莫过樊孝谦；几案断割，莫过崔成之。"遂以思道长兼员外郎，三人并员外将军。孝谦辞曰："门族寒陋，访第必不成。乞补员外司马督。"愔曰："才高不依常例。"特奏用之。

孝谦是樊逊之字。此二传各有阙漏，可互相发明。大致是朝廷欲减东西二省员，定制三百人，以策试选之；参加策试者达两三千人，樊逊考在第一。东省指集书省，有散骑常侍、散骑侍郎、谏议大夫、给事中、奉朝请等；西省指虎贲中郎将、羽林监、员外将军、员外司马督等。①东西二省向称冗散充塞之地，通过大规模策试，沙汰掉了大批滥厕其间者。又《隋书·李孝贞传》：

> 在齐，释褐司徒府参军事……后以射策甲科，拜给事中。

李孝贞已为司徒参军，他就不会再得察举，所拜之给事中，又为东省之官，那么他之"射策甲科"，就不会是察举策试，或许就是那次东西二省的选官策试。又《北齐书·祖珽传》：

> 珽神情机警，词藻遒逸，少驰令誉，为世所推。起家秘书郎，对策高第，为尚书仪曹郎中。

是尚书郎中，亦以对策选之。又《唐六典》卷一：

> 北齐《邺都故事》云：尚书郎判事正坐，都令史侧坐，书令史过事。洛京、邺都令史，皆平揖郎，由来无拜；吏部郎选试高第及工书者奏补，皆加戎号。

由此又知魏、齐之尚书都令史，亦由吏部郎考试，选其优者为之。我们可以看到，从北魏后期直到北齐，御史台、东西省以至尚书省之右丞、尚书郎、令史，都经常采用考试之法选授；其范围、规模，在魏晋南朝亦难看到。"家世寒素"的温子升，"门族寒陋"的樊逊，鲜卑贵族宇文忠，范阳著姓祖珽，以及当世名门卢仲宣、卢思道、崔成之、李孝贞等，完

---

① 学友陈苏镇告示，北齐东西省与南齐相近。《南齐书·百官志》："自二卫、四军、五校已下，谓之西省，而散骑为东省。"《隋志》所记北齐集书省即东省，武贲中郎将至员外司马督，即西省。这里采用陈说。

全平等地参加考试竞争。不管其授官是否仍受门品影响,至少在考试时他们是完全平等的。

考试选官方法应用的这种扩大,当然是受到了察举考试制度的推动。而随着官僚政治的发展、门阀士族的衰微和九品中正制度的没落,察举一途的门第限制也日益宽松。

北魏时秀才一途,主要为士族占据;但孝廉之中,就有不少出于姓族之外者。北魏孝廉我大致考得12人。其中,"世寒"的东魏郡肥乡人冯元兴,"生不识父、九岁丧母"的中山卢奴人刘桃符,"少而孤贫"的博陵饶阳人刘献之,"儒生寒宦"的武邑武遂人孙惠蔚,"家世农夫"的上党长子人李虬、李玄纪、李业兴,"少以清苦自立"的常山九门人杜纂,"家世寒微"的乐安博昌人徐纥,"家世寒微"的顿丘卫国人李彪,显然都不是出于士族高门。又武邑灌津人刘道斌自称中山靖王之后;谯郡曹道,不知是否出自曹魏皇族。但他们也都不像是当世高门,当属普通知识分子。看来,北魏孝廉的门第限制颇为宽松。

东魏北齐之孝廉,我大略就史传考得7人。其中,河间谟人邢峙应是姓族,其余,河间谟之"贫生"权会,广平之李汉子,勃海之鲍长暄,阳平之景孙,河间之杨会,河间阜成之公孙景茂,大约都非士族高门。据《北齐书·儒林传序》,北齐之郡孝廉,由"博士、助教及游学之徒通经者,推择充举",而这些"游学之徒"的社会成分,又可以由《儒林传序》所叙之如下情况中看到:"横经受业之侣,遍于乡邑;负笈从宦之徒,不远千里","入闾里之内,乞食为资;憩桑梓之阴,动逾千数";又郡学"学生俱差逼充员,士流及豪富之家皆不从调……又多被州郡官人驱使"。就是这些贫寒学子,构成了"游学之徒"的主要部分以及北齐孝廉的重要来源。

据《新唐书·柳冲传》:"'郡姓'者,以中国士人差第阀阅为之制……凡得入者,谓之四姓……北齐因仍。举秀才,州主簿、郡功曹,非四姓不在选。"但事实是时至东魏北齐,秀才之门第限制已大为放宽了。此期秀才我大略考得22人。其中范阳涿人卢询祖,河东闻喜人裴让之,鲜卑人陆乂,魏收族人巨鹿下曲阳人魏长贤,开封人郑祖猷,博陵李德林,清河崔儦等,当属姓族之列。而东安人茹瞻,"家素贫苦,常春夏务农,冬乃入学"的渤海南皮李铉,乡居读书30年的中山安喜人冯伟,"少孤贫,爱学,负笈从师"的渤海阜城人刘昼,自幼"负笈随大儒"的河间马敬德,"门族寒陋"的河东北猗氏人樊逊,广平人荀士逊,梁降人赵郡,高邑人眭豫,等等,大约都不在"四姓"之列。又刘昼、马敬德还都曾向州将求举秀才,并得遂其愿,而州将并未挑剔其门第。足见北齐秀才之举,以才学为首要条件。

总之,北魏孝文帝确定的"门尽州郡之高"一条,至北齐已开始被打破了。一度被士族独占的秀才之途,开始恢复原有的向社会各个阶层开放的特色。这就为察举制的进一步发展创造了条件。因为,只要士族在察举上拥有优先或独占的地位,考试入仕的途径,就不可能向一切人开放;以招考和投考为主要特征的科举制度,也就不会诞生了。只有打破门第限制,才能容纳更多的来自各个阶层的士人,在考试面前作公平竞争。

三、"有秀才之科而无求才之意"

周、隋之际,中央集权的皇权——官僚政治处于不断发展之中。西魏的实际统治者宇文泰,以六镇鲜卑为骨干,辅之以关陇河东豪族,建立了坚强的府兵系统,以苏绰为之拟定的"六条诏书"——先治心、敦教化、尽地利、擢贤良、恤狱讼、均赋役——为纲领,励精图治,国势日盛。577年,周灭北齐;589年,隋灭陈。十六国以来南北长期分裂状况至此结束。隋统治者致力于完善中央地方官制,修订法律,检括户口,均田定赋,整饬吏政,一个卓有成效地统治着统一大帝国的官僚政府,再次出现于历史舞台。

在这一过程之中,中古士族制度进一步衰落了。西魏时就打破了门资选官之法。《周书·苏绰传》载其为宇文泰所拟之"六条诏书"之四:

> 自昔以来，州郡大吏，但取门资，多不择贤良……今之选举者，当不限资荫，唯在得人。苟得其人，自可起厮养而为卿相。

这虽然只涉及了州郡大吏，但也是申明了王朝总体选官方针。这"六条诏书"成了百司牧守诵习遵守的政纲。又《周书·薛端传》：

> 自居选曹，先尽贤能。虽贵游子弟，才劣行薄者，未尝升擢之。每启太祖云："设官分职，本康时务，苟非其人，不如旷职。"太祖深然之。

又《隋书·卢恺传》：

> 自周氏以降，选无清浊。及恺摄吏部，与薛道衡、陆彦师等甄别士流，故涉党固之谮。

其事在隋文帝时。人有士庶，选有清浊，是士族政治之旧例。卢恺等企图恢复已遭否定的旧例，便遭到了皇权的惩罚。又《通典》卷十四《选举二》：

> 九品及中正至开皇中方罢。

又卷十七《选举五》：

> 隋氏罢中正，举选不本乡曲。故里闾无豪族，井邑无衣冠。

至此，维护士族特权的九品中正制，终于寿终正寝了。

官僚政治的复兴、士族政治的衰颓以及九品中正制的废止，标志着中古选官制度，又来到了一个重大变动的边缘，但同时我们也应该注意到，上述那些重大社会政治变迁，对于察举制的影响是复杂的。尽管从总体说来，它为察举的进一步发展及其向科举制的过渡创造了良好的条件，可是由于诸多复杂因素的共同作用，我们却也不能不看到某些负面的情况。尽管周隋统治者承袭了秀才、孝廉、明经等科目，隋代还进而设置了进士之科，这都是有积极意义的。但与之同时，王朝对于察举选官——这里主要是说对于采用策试之法的察举诸科选官上，其兴趣是有限的。特别是在周代与隋之前期，察举不甚兴旺，甚至给人以停滞之感。

下面我们通过统计加以说明。与讨论魏晋南朝的察举规模变迁之时所采用的指数化方法相同，在此我们仍以各代秀孝、明经、进士等岁贡科目得举可考者之数量，除以王朝持续时间及相应"正史"之卷数。《北史》不计，《志》不计。北魏自太武帝神䴥四年至献文帝末为一段落，史书卷数作30卷计；自孝文帝至北魏末为一段落，史书卷数作50卷计。将此5段之得举数量5例、94例、29例、5例、21例分别代入计算，然后以第一段落为基数1，得出表13-1：

表 13-1

	北魏（一）	北魏（二）	东魏北齐	西魏北周	隋
持续年数	39	63	42	48	37
正史卷数	30	50	50	50	50
察举数量	5	94	29	5	21
比例指数	1	5.76	2.69	0.41	2.21

由此表可见，北魏自孝文帝以后察举规模有大幅度上升。事实上，北魏所见之秀孝有相当一部分还就直接举于孝文一朝。这当然是汉化政策的直接成效。但自东西魏分裂之后，察举规模遂趋低落。东魏北齐之察举多少尚能维持，这是因为其疆域虽有缩小，但毕竟处于文化昌盛的山东。西魏北周则下降到了最低点。合东魏北齐与西魏北周计，察举规模也仅仅略过北魏盛时之半。时至隋代，帝国版图已笼括中国，虽其察举规模较北周已有回升，但却仍然有限，不但不能与北魏盛时之秀孝屡出相比，甚至还不如东魏北齐。总之北朝察举自北魏之后即由盛转衰，至隋代虽处于回升之中，但并不迅速。

而且，尽管王朝统治者在察举学校制度上采取了不少积极措施，但其主观上对之犹疑排斥的一面也很明显。《文献通考·选举一》中马端临指出：

> 隋虽有秀才之科，而上本无求才之意，下亦无能应诏之人，间有一二，则反讶之，且嫉之矣。杨素苛酷俗吏，宜其疾视如此；苏威儒者也，亦复沮抑正藏。士生斯时，何其不幸邪！

他所引述的，是杨素刁难杜正玄及苏威刁难杜正藏之例。《北史·杜正玄传》：

> 隋开皇十五年，举秀才，试策高第。曹司以策过左仆射杨素，怒曰："周孔更生，尚不得为秀才，刺史何忽妄举此人？可附下考。"乃以策抵地，不视。时海内唯正玄一人应秀才，余常贡者，随例铨注讫，正玄独不得进止。

虽然杜正玄后来还是以文采打动了杨素，但初始的刁难之意，灼然可见。又同书《杜正藏传》：

> 开皇十六年，举秀才。时苏威监选，试拟贾谊《过秦论》及《尚书·汤誓》、《匠人箴》、《连理树赋》、《几赋》、《弓铭》，应时并就，又无点窜。时射策甲第者合奏，曹司难为别奏，抑为乙科。正藏诉屈，威怒，改为丙第，授纯州行参军。

杜正藏显然也是受到了苛刻的待遇。可见马端临称隋廷"有秀才之科而无求才之意"，并非无据。这一点，从杨素见刺史有举秀才者即勃然大怒，就看得非常清楚。

又如周隋间官学逐渐有所恢复，而且有"明经"之举，为入仕一途。然而隋文帝仁寿初竟有废学之举。《隋书·高祖文帝纪》仁寿元年六月：

> 诏曰："……朕抚临天下，思弘德教，延集学徒，崇建庠序，开进仕之路，伫贤隽之人。而国学胄子，垂将千数，州县诸生，咸亦

不少。徒有名录，空度岁时，未有德为代范，才任国用。良由设学之理，多而未精。今宜简省，明加奖励。"于是国子学唯留学生七十人，太学、四门及州县学并废。

尽管隋文帝把废学之理由说得冠冕堂皇，但若有心文教，对学校不精之弊应加饬励方是，却不当几乎尽废诸学。又查《隋书·儒林传序》：

及高祖暮年，精华稍竭，不悦儒术，专尚刑名。执政之徒，咸非笃好。暨仁寿间，遂废天下之学，唯存国子一所，弟子七十二人。

可见废学的真正原因，在于文帝对采取考核儒术之法取人选官的学校的排斥。而且这不仅仅是君主个人的问题："执政之徒，咸非笃好。""明经"一途，当然要因此大受影响。

周、隋之际，屡有特举。有一类特科，是用来抚绥山东士人的。如《周书·武帝纪》建德六年春正月周武帝灭齐，同年连下三诏：

诏山东诸州，各举明经干治者二人。若奇才异术、卓尔不群者，弗拘多少。

诏举山东诸州举有才者，上县六人，中县五人，下县四人，赴行在所，共论治政得失。

诏东土诸州儒生，明一经已上，并举送，州郡以礼发遣。

在这种绥抚手段之下，确有房晖远、熊安生等儒者征举入周，被委以博士之类学官。但这种科目不能与正常情况的特科举人相提并论，而且得举者到底有多少、是否都能得较好待遇，也很可怀疑。隋初亦有一次面向山东士人的察举。《隋书·儒林马光传》：

开皇初，高祖征山东义学之士。光与张仲让、孔笼、窦士荣、张黑奴、刘祖仁等俱至，并授太学博士，时人号为"六儒"，然皆鄙野，无仪范，朝廷不之贵也。士荣寻病死，仲让未几告归乡里，著书十卷,自云此书若奏,我必为宰相;又数言玄象事。州县列上其状,竟坐诛。孔笼、张黑奴、刘祖仁未几亦被谴去。唯光独存。

马光等"六儒"是这次所征山东义学中之特出者,然亦"皆鄙野无仪范,朝廷不之贵也"。他们似乎都非山东士族或名流,且大抵遭际悲惨。尽管周、隋在数年间有四次征举山东士人的诏令,我们仍不能认为山东士人得到了真正的重视。

另一类以察举吏治政务之才的特科,相对地却较为活跃。《周书·文帝纪》记西魏大统十年:

> 秋七月,魏帝以太祖(宇文泰)前后所上二十四条及十二条新制,方为中兴永式,乃命尚书苏绰更损益之,总为五卷,班于天下。于是搜简贤才,以为牧守令长,皆依新制而遣焉。数年之间,百姓便之。

此事《周书·儒林乐逊传》亦有涉及:

> (大统)九年,太尉李弼请逊教授诸子。既而太祖盛选贤良,授以守令。相府户曹柳敏、行台郎中卢光、河东郡丞辛粲相继举逊,称有牧民之才。弼请留不遣。

知大统十年之举,其名目为"贤良",举后使习新制,然后任为守令,其选拔"牧民之才"的目的非常明确。又《周书·宇文仲传》记其子宇文兴:

> 魏恭帝二年,举贤良,除本郡丞。

又《周书·孝闵帝纪》元年八月诏:

> 帝王之治天下,罔弗博求众才,以乂厥民。今二十四军宜举贤良堪治民者,军列九人。被举之人,于后不称厥任者,所举官司,皆治其罪。

值得注意的是，这次察举不仅仍以"堪治民"为标准，而且还举于府兵之内。"军列九人"，则二十四军合计 216 人。乐逊举贤良前为"子都督"，又前引之宇文兴举贤良前"随例散配诸军"；是魏恭帝二年及西魏大统十年之贤良，亦皆举自府兵系统之内。又《周书·儒林乐逊传》：

> （周武帝）天和元年，岐州刺史、陈公（宇文）纯举逊为贤良。

又《周书·武帝纪》建德三年二月：

> 令六府各举贤良清正之人。

六府即天官、地官、春官、夏官、秋官、冬官六府。又次年即建德四年闰月：

> 诏诸畿郡各举贤良。

又《隋书·高祖纪》开皇二年正月：

> 甲戌，诏举贤良。

从大统十年到开皇二年，不到四十年中，有记载的贤良之举就有七次之多，看来以贤良求"牧民之才"，在此期成为惯例。但这时之贤良转以"堪治民"取人，并无对策之法。

此外，周、隋间还屡有"令公卿各举所知"之事。因为这种察举无由使我们由其名目知其标准，故不赘录。下面将周及隋文帝时名目可知之特举举例如下。《周书·武帝纪》建德五年正月遣使周省四方，诏：

> 若政绩有施，治纲克举；及行宣圭荜，道著丘园，并须捡审，依名腾奏。

又《周书·静帝纪》大定元年正月诏：

> 遣戎秩上开府以上，职事下大夫以上，外官刺史以上，各举清平勤干者三人。被举之人，居官三年有功过者，所举之人，随加赏罚。

又《隋书·高祖纪》开皇三年十一月发使巡省风俗诏：

> 如有文武才用，未为时知，宜以礼发遣，朕将铨擢。

开皇十八年七月：

> 诏京官五品已上，总管、刺史，以志行修谨、清平干济二科举人。

仁寿三年七月诏：

> 其令州县搜扬贤哲，皆取明知今古，通识治乱，究政教之本，达礼乐之源，不限多少，不得不举。限以三旬，咸令进路。征召将送，必须以礼。

据《隋书·苏夔传》，这次"诸州所举五十余人"。从这几次特举的情况看，王朝所关注的，主要仍是吏治行政人才，"清平干济""通识治乱"之士。

总之，在周、隋（特别是隋前期），尽管官僚政治发展迅速，但在察举方面，不采用策试之法的、主要面向吏治人才的特科尚较活跃，而传统浓厚的、以策试取人的秀才、明经等科虽然被承袭下来了，但王朝对之的态度却是有保留的。在下一节中，我们对这一问题加以分析。

四、武功、吏能与文学、经术

自汉以来，知识群体就已经逐渐成了王朝官吏的常规性来源；官僚政治，表现为一种文士政治（相对于武人而言的文士）。可是以武功见长的、习惯于旧制旧俗的鲜卑成员，他们并不总是能够容忍以文学经术为标准的选官方式，发展到严重妨害其权益的程度。

北魏孝文帝汉化改制后，秀孝大增，文士政治的色彩大为强化了。可是据我统计，北魏之秀才、孝廉、贤良、文学约104例中，代人得举者只有元昭、穆子琳2人，仅占1.9%；诸学学生65例，代人有12例，仅占18.5%。这就证明了大部分鲜卑成员并不能迅速汉化，这便埋藏着冲突的根源。如孝明帝时张仲瑀请"铨别选格，排抑武人，不使预在清品"，就导致了选官上一向受歧视的鲜卑羽林虎贲的暴动。六镇起义与尔朱荣导演的"河阴之变"，除了其他原因之外，也可视为这种文化差异导致的政治冲突。那些文化上处于劣势，政治上又备受当朝姓族歧视的下层少数民族官兵，以暴力作为回报。此后北齐与北周，与孝文帝锐意汉化的政策相反，都采取了许多"鲜卑化"的措施，以获得鲜卑武人的支持。在北齐，"鲜卑共轻中华朝士"，如库狄伏连"不识士流"，衣冠参军动遭捶楚；韩凤"尤嫉人士"，动辄骂云"狗汉大不可耐，唯须杀却"，"若见武职，虽厮养末品亦容下之"。秀才举而迁延不调的情况，也因而出现了。如《北齐书·文苑传》记秀才樊逊、李子宣"对策三年不调"，秀才荀士逊"十年不调"；又《文苑英华》卷八四二卢思道《卢记室诔》，记秀才卢询祖"雄州擢第"后，"自兹不调，多历年所"。但北齐地处文化昌盛、人士众多的山东，故察举及策试选官尚可维持；而西魏北周的鲜卑化政策更为深刻，其府兵系统中不仅鲜卑恢复了旧姓，连汉族成员亦被要求改从鲜卑姓氏。

周隋统治者，是一个尚武的军功官僚集团。史传叙周隋将相公卿，每有"武艺绝伦""有将帅之略""性雄豪""工骑射""膂力过人""便习弓马"之类语词，与魏晋史传叙人多"风神夷简""雅有远韵"，南朝史传叙人多"辞采遒艳""善为文章"等语情况绝异。《周书·宇文贵传》："少从师受学，尝辍书叹曰：男儿当提剑汗马以取公侯，何能如先生为博士也！"又《隋书·长孙晟传》记："时周氏尚武，贵游子弟咸以相矜，每共驰射。"此即周隋时风。而王朝文职，亦多以功臣武将担任。《周书·令狐整传》记，"时诸功臣多为本州刺史"；《隋书·柳彧传》记，"于时刺史多任武将"；

《柳俭传》记,"于时以功臣任职,牧州领郡者,并带戎资。"又《隋书·炀帝纪》大业八年九月诏:"自三方未一,四海交争,不遑文教,唯尚武功。设官分职,罕以才授,班朝治人,乃由勋叙,莫非拔足行阵,出自勇夫。"可见直到隋末,王朝官僚仍多为武将功臣。开国功臣武将占据高位,在各王朝初年都是普遍现象;但周隋创业集团是一个依赖高度鲜卑化方针崛起的尚武的军功集团,在文化上他们远不能与山东及江左士族抗衡,因之这种现象就更为深刻。他们对采用文辞经术策试选官的这种山东及江左士人传统的察举入仕制度抱有疑忌态度,维护自身利益的需要是一个重要原因。

南北朝时期,秀孝之举已非汉代之旧。南朝时沈约已称其"乃雕虫小道,非关理功得失。以此求才,徒虚语耳";北魏刘景安称"朝廷贡秀才,止求其文,不取其理;察孝廉唯论章句,不及治道"。它们已经成了一种检验知识分子才艺的科目,而不是考察文官行政能力的科目了。

既就考试而言,汉代之贤良对策,往往与政务密切相关。董仲舒、公孙弘等人之对策对汉廷政治方针的重大影响,是人所共知的。皇帝亦明诏禁止浮辞虚饰。如东汉安帝于永初二年,对贤良方正"所对皆循尚浮言,无卓尔异闻"严加谴责。刘勰《文心雕龙·议对》称汉代诸贤良之对策,"信有征","事理明","事切而情举","辞以治宣,不为文作";而"魏晋已来,稍务文丽,以文纪实,所失已多"。"以文纪实"意谓以华丽的文辞对待切实的政事,"纪"为综理统领之意,但应该指出,秀才科在西晋初行对策之时,尚有汉代遗意。兹录《晋书·华谭传》所载其举秀才对策之第二策以为参考:

> 又策曰:"吴蜀恃险,今既荡平。蜀人服化,无携贰之心;而吴人趑睢,屡作妖寇。岂蜀人敦朴,易可化诱;吴人轻锐,难安易动乎?今将欲绥靖新附,何以为先?"对曰:"臣闻汉末分崩,英雄鼎峙,蜀栖岷陇,吴据江表。至大晋龙兴,应期受命,文皇运筹,安乐顺轨,圣上潜谋,归命向化。蜀染化日久,风教遂成;吴始初附,

未改其化。非为蜀人敦悫而吴人易动也。然殊俗远境，风土不同，吴阻长江，旧俗轻悍。所安之计，当先筹其人士，使云翔阊阖，进其贤才，待以异礼；明选牧伯，致以威风；轻其赋敛，将顺咸悦，可以永保无穷，长为人臣者也。"

晋武帝所问，是一敏感而重大的问题；而作为"亡国之余"的吴人华谭，所对亦极精明机警。这次对策与政治的关系之密切，自不待言。

南北朝之秀才对策，则已大为不同，连君主问策，亦"浮言"满篇了。兹录《文选》卷三六《永明九年策秀才文》之第一问以供参考：

> 问秀才高第明经：朕闻神灵文思之君，聪明圣德之后，体道而不居，见善如不及。是以崆峒有顺风之请，华封致乘云之拜。或扬旌求士，或设篾待贤，用能敷化一时，余烈千古。朕黉奉天命，恭惟永图，审听高居，载怀祗惧。虽言事必史，而象阙未箴。瘖瘝嘉猷，延伫忠实。子大夫选名升学，利用宾王，懋陈三道之要，以光四科之首。盐梅之和，属有望焉。

其文骈四俪六，典雅精巧。君主所问如此，秀才之对，自然也近乎此类了。又《北齐书·樊逊传》载有其举秀才所对之五策，兹录其第四策以供参考：

> 又问刑罚宽猛。逊对曰：
>
> 臣闻惟王建国，刑以助礼，犹寒暑之赞阴阳，山川之通天地。爰自末叶，法令稍滋。秦篆无以穷书，楚竹不能尽载。有司因此，开以二门，高下在心，寒热随意。《周官》三典，弃之若吹毛；汉律九章，违之如覆手。遂使长平狱气，得酒而后消；东海孝妇，因灾而方雪。诏书挂壁，有善而莫遵；奸吏到门，无求而不可。皆由上失其道，民不见德。而议者守迷，不寻其本。钟繇、王朗追怨张苍，祖讷、梅陶共尤文帝。便谓化尸起偃，在复肉刑；致治兴邦，无关

周礼。伏惟陛下昧旦坐朝,留心政术,明罚以纠诸侯,申恩以孩百姓。黄旗紫盖,已绝东南;白车素马,将降轵道。若复峻典深文,臣实未悟。何则?人肖天地,俱禀阴阳,安则愿存,扰则图死。故王者之治,务先礼乐,如有未从,刑书乃用。宽猛兼设,水火俱陈,未有专任商、韩而能长久。昔秦归士会,晋盗来奔;舜举皋陶,不仁自远。但令释之、定国迭作理官,龚遂、文翁继为郡守,科间律令,一此宪章,欣闻汲黯之言,泣断昭平之罪。则天下自治,大道公行,乳兽含牙,苍鹰垂翅,楚王钱府,不复须封,汉狱冤囚,自然蒙理。后服之徒,既承风而慕化;有截之内,皆蹈德而咏仁。号以成、康,何难之有?

五百余字一段对策,不过说了一个"刑以助礼"的道理,却几乎句句用典,极雕琢藻饰之能事,策题虽关乎政务,答策则全在显示文采。无论主考者还是应试人,显然都不是把它作为政论来看待的。

知识群体的动态,一直是影响王朝选官的重要因素。中古士族政治形成之后,王朝不得不保障其入仕特权。而士族的素质和兴趣在于文学,王朝也就无法绳之以吏事,所以秀才对策便不能不为文学之风所浸染。后来门第限制虽已打破,然而士风已成积习,秀才科重文采的传统,已有不可移易之势。

在周隋之军功官僚集团看来,文学不仅与其素质不合,而且与其关注的吏治成功和吏能选拔无关。在士族政治已成过去之时,统治者认为没有必要屈从旧例。在西魏宇文泰时,就已下令禁止文辞浮华了。但基于托古改制方针,他用以对抗浮华的,却是《尚书》那种佶屈聱牙的文体,不伦不类,反成笑柄。隋初君主继续厉禁文辞浮华。《隋书·文学传序》:"高祖初统万机,每念斫雕为朴,发号施令,咸去浮华。然时俗词藻,犹多淫丽,故宪台执法,屡飞霜简。"这不仅仅是文风问题。《隋书·李谔传》记其于隋文帝时因"属文之家,体尚轻薄"而上书,指出魏晋江左"竞骋文华,遂成风俗","世俗以此相高,朝廷据兹擢士,禄利之途既开,爱尚之情愈笃","故文笔日繁,其政日乱,良由弃大圣之轨模,构无用以为用也",时至隋代其弊未革,"外州远县,仍蹈敝风,选吏举人,未遵典则"。进一步说,汉末尊名士,两晋重玄言,南北朝尚文章,这影响于王朝选官,便是知识分子的人格品行和文化成就标准,与行政文官规范的冲突,所谓"构无用以为用也"。

《隋书·柳庄传》记苏威之语:

> 江南人有学业者,多不习世务,习世务者,又无学业。

可知周隋统治者,已深深意识到"学业"与"世务"的脱节。在南朝士族政治下,"有学业者"为雅士,多出士族显贵;"习时务者"为俗吏,多出恩幸吏门。周隋官僚政治的代表者,在未能找到使"学业"与"世务"协调起来的更好办法之前,他们所能想到的,就是反士族风尚而行之,舍"学业"而独取"时务",抑制"以文取人",而回到汉代"以能取人"的旧例上去,以确保军政任务的完成。

在吏能与经术的关系上,也存在着同样的问题。《周书·儒林传》"史臣曰":

> 近代守一经之儒,多暗于时务,故有贫且贱之耻……近代之政,先法令而后经术。其沉默孤微者,亦笃志于章句,以先王之道,饰腐儒之姿,达则不过侍讲训胄,穷则终于弊衣箪食。

又《隋书·儒林传序》:

> 近代左右邦家,咸取士于刀笔。纵有学优入室,勤逾刺股,名高海内,擢第甲科,若命偶时来,未有望于青紫,或数将运舛,必委弃于草泽。

可见,那种徒能章句的"腐儒"一流,也处于沉沦之中。其原因,则在于王朝"先法令而后经术","咸取士于刀笔",而轻视那种单纯学术性的儒术。当然儒术已为"君人之大道",王朝在"尊儒重道"上往往还能够做出努力,而且制礼作乐及文化教育的任务,也还要依靠儒生完成,但即使如此,大多数儒生仍处于"弊衣箪食"的境地。按汉代儒生文吏并用,一取其"轨德立化",一取其"优事理乱",言德政教化则称举经术,言政事吏能则依倚文法。魏晋以来士族兴起,玄谈成风,强调经术反而意味着强调官僚政治了。而周隋间又有所变化,王朝不仅弃玄谈、抑文学,甚至还有轻儒术而入于文法之倾向。事情往往如此:"矫枉"不能不"过正"。

在北魏后期,就已有"世人竞以吏工取达,文学大衰"的情况。这说明官僚政治复兴之始,王朝对于"学业"与"世务"相脱节这种本末倒置、名实不符之现象,就已经有轻抑"学业"而强调"世务"之态度。在北周时,公卿官僚重吏能、轻文学已成世风。《周书·崔谦传》:"历观经史,不持章句,志在博闻而已。每览经国纬民之事,心常好之。"同书《李昶传》:"昶常曰:'文章之事,不足流于后世;经邦致治,庶及古人。'故所作文笔,了无稿草,唯留心政事而已。"按文章之盛始于曹魏,曹丕盛称为"不朽之盛事";而周时观念,文章已"不足流于后世"了。故史传叙周隋公卿百官,又每有"详练故事","有几案才","明练时事","善于断决","有军国筹略","敏于从政,果敢决断","案牍虽繁,绰有余裕"等语。甚至君主亦是如此。《隋书·循吏传序》曰:"高祖……不敦诗书,不尚道德,专任法令,严察临下。"又《刑法志》:"高祖性猜忌,素不悦学,既任智而获大位,因以文法自矜,明察临下"。由此正可见事会之变。

综上所述,由于鲜卑尚武风习的传统影响,由于保证军功官僚集团自身利益的要求,由于对山东及江南士族的疑忌排斥,由于官僚政治的复兴带来的重新确认文官选拔标准的要求,由于察举策试已集中于文辞经术而无关于政务吏能的发展状态,那么在周隋之时,王朝对选拔吏才的特科尚较重视,对采用策试的岁贡诸科则颇有保留,就是很自然的了。

我曾提出,可以把察举制地位的升降,看成是皇权兴衰的一个近似标尺,把考试取士的原则,看成是官僚政治发展的必然趋势。但这是就总的历史趋势而言的,是在曲折的历史进程之中体现出来的。而在每一个具体的历史时期,却未必总是线性的对应关系。同时还须指出,虽然在此我们以一定篇幅专门讨论了周隋官僚政治的复兴对察举制发展的负面影响,但这并不意味着将这种负面影响看成主流。周隋王朝在承袭、发展察举学校制度上仍然有其积极的努力。而且更为重要的是,正是北方少数民族的军事部族制度与组织的力量的巨大冲击,以及由此而来的不同文化的碰撞融合,才使中古士族制度趋于衰微,使官僚政治恢复了活力。周隋王朝在皇权—官僚政治的复兴与发展之上,有承前启后的卓越成就;这在事实上,仍然是为察举制向科举制的演变,奠定了坚实的基础。

第十四章　科举的前夜

隋代是科举诞生的前夜，察举发展至此，已有 700 余年的历史。这一漫长过程之中的不断变迁，终归要导致不可逆转的质变。与南朝一样，北朝的察举制与学校制中，也在积累着这种变迁。周隋统治者对察举策试取人选官的态度虽然有保留的一面，但在另一方面，察举选官的历史地位和悠久传统，是任何人也无法回避，并且不能不加以利用的；他们在促进这一制度的发展上，也确实有积极的努力，从而促成了这一不可逆转的过程。下面，我们对北朝察举制与学校制中科举制的萌芽与从察举到科举的最后蜕变，分节加以叙述。

一、北朝察举中科举制的萌芽

科举制的特点是王朝设科而士人自由报名投考，而在察举设制之初，举士就等于举官，举荐是中心环节。在北朝与隋尚未完成这一转变。这一点在冠服制度上就可以反映出来。《隋书·礼仪志》记隋制：

> 州郡秀孝，试见之日，皆假进贤一梁冠，绛公服。

按《礼仪志》又言，"高祖初即位，将改周制……于是定令，采用东齐之法"，是隋之服制承之于齐，那么上述制度，或可视为北齐之制。进贤一梁冠与绛公服，是入流的标志。秀孝试见之日假以入流之冠服，象征着他们已具备入官之资格。又《艺文类聚》卷六七引晋郭璞诗：

> 杞梓生南荆，奇才应世出。
> 擢颖盖汉阳，鸿声骇皇室。
> 遂应四科运，朱衣耀玉质。

冯惟纳《诗纪》三一引此作《赠潘尼诗》；"运"作"选"，是。潘尼曾举为秀才，为荥阳人。由诗中"四科选"句知所举应为孝廉，"南荆""汉阳"又与其籍贯不合，所以题为《赠潘尼诗》未必妥当。可注意的是"朱衣耀玉质"一句，"朱衣"当即"绛公服"一类。百姓平民只能着白衣，而孝廉举后便可着朱衣。北朝秀孝试见假以冠服之制，很可能源于西晋。

科举制下情况就不同了。唐代对应试之士子，不再假以官员的冠服，投考者一般都穿着白色麻布袍衫。所以人们将进士及第者，称为"白衣公卿""一品白衫"。据《渊鉴类函》引《经济类编》记曰："郡国所选群众千万，孟冬之月集于京师，麻衣如雪，纷然满于九霄。"又《唐摭言》卷七记叙唐宪宗元和十一年之及第进士三十三人时曰："时有诗曰，元和天子丙申年，三十三人同得仙。袍似烂银文似锦，相将白日上青天。"毋庸赘言，这种变化反映了"举官"与"招考"之间制度与观念上的差别。

但在另一些方面，我们确实看到，北朝察举考试制度出现了许多有意义的变化。这些变化与南朝的相关变化一起，共同构成了向科举制过渡的先声。

首先，这种变化表现于落第者的出现之上。《北齐书·儒林马敬德传》记其固辞孝廉而应秀才：

> 依秀才策问，唯得中第；乃请试经业，问十条并通。擢授国子助教，迁太学博士。

我们已经述及，依魏齐制度，秀孝考第有上、中上、中、下数等，中上已上方得叙官。就是说，马敬德秀才对策，事实上是落第了。又《北齐书·儒林刘昼传》：

> 河清初，还冀州，举秀才入京，考策不第。乃恨不学属文。

是刘昼亦为落第者。《隋书·李德林传》称北齐杨遵彦领选，"深慎选举，秀才擢第，罕有甲科"，可见北齐策试相当严格。

自从东汉顺帝孝廉射策及西晋秀才对策以来，除了顺帝阳嘉年间左雄主持选举时有一批落第者可考之外，直至魏晋南朝，均未见到其他落第的实例。虽然不能说魏晋南朝的察举策试就没有落第者，可是没有实例可考，这至少说明了这种现象尚不普遍。那么北齐出现了这种实例，就有特别的意义了。察举岁贡初行考试之法时，它只是一种辅助性的检验；当时的察举标准是多元的，德行、功次、吏能以及吏员供职的经历等，都构成了察举资格。所以史传中对考试等第很少记载，反映了时人对之的重视是有限的。但随着考试日渐成为察举的中心环节，考试等第的记载就越来越多了。北齐落第者的出现，标志着察举策试，与"纯粹的"或完全意义的开科考试制度，更为接近了。马敬德与刘昼，是岁举一途中落第者最早之姓名可考者。

隋廷出于对山东士人的疑忌，策试擢第亦颇严格，而且又加试杂文。《北史·杜正玄传》：

> 隋开皇十五年，举秀才，试策高第。曹司以策过左仆射杨素，怒曰："周孔更生，尚不得为秀才，刺史何忽妄举此人？可附下考。"乃以策抵地，不视。时海内唯正玄一人应秀才，余常贡者，随例铨注讫，正玄独不得进止。曹司以选期将尽，重以启素。素志在试退正玄，乃手题使拟司马相如《上林赋》，王褒《圣主得贤臣颂》，班固《燕然山铭》，张载《剑阁铭》、《白鹦鹉赋》，曰："我不能为君住宿，可至未时令就。"正玄及时并了。素读数遍，大惊曰："诚好秀才！"命曹司录奏。属吏部选期已过，注色令还。期年重集，素谓曹司曰："秀才杜正玄至。"又试《官人有奇器》（中阙）并立成，文不加点，素大嗟之，命吏部优叙。

杨素强把杜正玄附于"下考",杜正玄遂"不得进止",是"下考"即是落第;后曹司重启,杨素"志在试退正玄",都见其时考试之苛刻严格。其时必有落第之事。加试杂文,目的当是为了增加难度,以"试退"秀才。又同《传》附《杜正藏传》:

> 开皇十六年,举秀才。时苏威监选,试拟贾谊《过秦论》及《尚书·汤誓》、《匠人箴》、《连理树赋》、《几赋》、《弓铭》,应时并就,又无点窜。时射策甲第者合奏,曹司难为别奏,抑为乙科。正藏诉屈,威怒,改为丙第,授纯州行参军。

知其时秀才有甲、乙、丙与下第四等,前三等均可授官。杜正藏也考试了杂文。唐代科举试策外又试杂文,由此而始。

另一个有意义的变化,是自由投考的萌芽。《北史·儒林刘昼传》:

> 举秀才,策不第,乃恨不学属文,方复缉缀辞藻,言甚古拙……昼求秀才,十年不得,发愤撰《高才不遇传》。冀州刺史郦伯伟见之,始举昼,时年四十八。刺史陇西李玙,亦尝以昼应诏。

刘昼发愤"缉缀辞藻"而"求秀才",是希望获得一个考试机会。而且他也确实不止一次得到了这种机会。《传》称其"竟无仕,卒于家",可见他终身未能考取。但这并不是因为他没有获得考试机会,而是因为他文笔拙劣。这种发愤习文,求举秀才的行为,与科举制下的士人颇相类似。又《北齐书·儒林马敬德传》:

> 河间郡王每于教学追之,将举为孝廉,固辞不就,乃诣州求举秀才。举秀才例取文士,州将以其纯儒,无意推荐。敬德请试方略,乃策问之,所答五条,皆有文理。乃欣然举送至京。

马敬德和刘昼一样,也是主动地要求举秀才应试。而州将并没有认为他"求举秀才"之行有什么不妥,不愿举荐的理由,是马敬德原为纯儒,而非文士。换言之，如果他是文士，其要求就可以满足。事实上，在经过策试证明了马敬德确有文才之后，州将就将他"欣然举送至京"了。

在初行察举之时，举士即等于举官。虽然此时也有钻营请托而求举之事，但这不但属于非制度现象，更为重要的是，这种"求举"与考试无关；他们所求的，是由秀孝身份直接而来的官位，而不是一个检验才学的考试机会。但随着察举的重心逐渐转向考试，情况就逐渐发生了变化。我们看到，刘昼与马敬德所求的，只是一个考试的机会；刺史举之为秀才，也仅仅是给予他们这样的机会而已，并没有就使之得官。事实上，刘、马二人在秀才策试中都落第了。既然地方长官的贡举之责事实上只是搜罗文人以应试，那么文人毛遂自荐，也就并不被看成是违制悖情的行为。这便是自由报名投考之制的萌芽了。还须指出，马敬德是经州将策试后才举送至京的；而唐代"投牒自进"之举人，也须先经地方长官考试证明其确有应试之才后方加贡举，这二者是颇为相像的。

总之，在南北朝时期，南朝与北朝都出现了自由投考制度的萌芽。在南朝，这表现在梁代允许自学士人申请参加"明经"科策试之上；在北朝，则表现在士人"求举秀才"而刺史加以推荐之上。此外，自北齐始孝廉又可由郡学生徒学官"推择充举"，这种方式也是前所未闻的，颇有自由投考意味。因其与学校制度关系密切，故置于下一节叙述。

当考试成为察举的中心环节之后，传统的"授试以职"即以州郡僚佐掾属为主要察举对象的旧例也在淡化。北魏秀才我考得86例，举前居州郡之职者，约有10例，占11.6%。北魏之孝廉13人，无一人举前居职。东魏北齐秀才20例，仅樊逊一人举前居职，仅占5%；孝廉7例，无一人举前居职。此时，秀孝举前是否为州郡僚佐掾属，已无关紧要了，关键在于他们是否具备应试的才能。

北周之秀才，就史传考得裴肃一人，举于周武帝天和年间（见《周书·裴侠传》）。隋代秀才甚少。《旧唐书·杜正伦传》："隋代举秀才止十余人。"此期所见之秀才，约有如下数人：侯白，"举秀才，为儒林郎"（见《隋书·陆爽传》）；王贞，"开皇初，汴州刺史樊叔略引为主簿，后举秀才，授县尉，非其好也，谢病于家"（见《隋书·文学王贞传》）；杜正玄，"开皇十五年举秀才，试策高第……为晋王府参军"；杜正藏，"开皇十六年，举秀才……授纯州行参军"；杜正伦，"大业中……为秀才"；又刘炫与之同举，也应为秀才（以上四人见《北史·杜正玄传》）；仲孝俊，《全隋文》卷二八《陈叔毅修孔子庙碑》："大隋大业七年辛未岁七月甲申朔二日乙酉济州秀才前汝南郡主簿仲孝俊作文"；许敬宗，"举秀才，授淮阳郡司法书佐"（见《旧唐书·许敬宗传》）；薛收，"大业末，郡举秀才，固辞不应"（见《旧唐书·薛收传》）；岑文本，"郡举秀才，以时乱不应"（见《旧唐书·岑文本传》）。如果"隋秀才止十余人"的说法可信，那么以上之例就已包括了隋代之大部分秀才。其中有些秀才为郡所举，这是因为炀帝大业中又改州为郡，州之行政单位当时已不存在了。

孝廉之举这里考得3例。《太平广记》卷四〇〇引《玄怪录》记，"隋开皇初，广都孝廉侯通入城"；《王成墓志》记，"大隋开皇四年征孝廉，入第，释褐任木工监"；又《旧唐书·张行成传》："大业末，察孝廉，为谒者台散从员外郎。"王成"征孝廉，入第"的记载，印证了策试的存在。隋开皇三年废郡存州，看来孝廉之举并未因之而废。

从以上情况看，隋代秀孝仍然不能自由报名。又据《隋书·高祖纪》，开皇七年春正月，"制诸州岁贡三人"，但并未明确规定包括哪些科目。大约刺史可以根据情况自由决定，在秀才、孝廉、明经等科目间加以选择。得举者中有一些举前居职，但这已无关紧要。只要允许自由报名，并取消员额限制从而使等额考试变为竞争性的差额考试，那么，察举到科举的最后差异就将不复存在了。

至于隋代出现的进士科，我们留待第三节讨论。

二、北朝学校中科举制的萌芽

当察举的重心向考试转移之后，它与学校的关系就日益密切起来。例如东晋元帝时下令察举恢复策试，秀孝多不敢行，孔坦遂议曰，"又秀才虽以事策,亦泛问经义,苟所未学,实难暗通",请"崇修学校,普延五年,以展讲习"(见《晋书·孔坦传》);又甘卓亦谓"策试之由,当借学功",请"申与期限"(见同书《甘卓传》)。就是说,策试的才学,要经由学校的培训;特别是在策试日趋严格、规范之时,尤其如此。

魏、齐中书学或国子学以及太学的学生,入仕数量颇为可观。但南朝国子学之入仕者,要经由一次明经策试,这既是学业成就的毕业考试,也是入仕的资格考试。而魏齐京师诸学学生之入仕者,却均无经过这种策试的明确记载。他们大约是直接迁补。魏齐学生是有品秩的。据《魏书·官氏志》太和第一次《职员令》,国子学生在从第六品下;据《隋书·百官志》中,北齐国子生视流内从第七品。他们大约入学就获得了相应品秩官资,不需结业策试,即可依此叙录。但学校中日常的考校,还是存在的。《北齐书·孝昭帝纪》皇建元年八月:"又诏国子寺可备立官属,依旧置生,讲习经典,岁时考试。"可为一证。

魏齐时期,值得注意的是郡学与察举的结合日趋紧密,甚至成了秀孝的主要来源。郡学之立始于北魏献文帝天安初年,亦称太学,有生百人至四十人不等,依郡之大小而定。《魏书·元英传》:"谨案学令,诸州郡学生,三年一校所通经数,因正使列之,然后遣使就郡练考……求遣四门博士明通五经者,道别校练,依令黜陟。"又同书《封轨传》:"奏请遣四门博士明经学者,检试诸州学生,诏从之。"又《薛谨传》记其为秦州刺史之时,"谨命立庠,教以诗书,三农之暇,悉令受业,躬巡邑里,亲加考试"。又《北齐书·杜弼传》记其于郡学受业,"同郡甄琛为定州长史,简试诸生,见而策问,义解闲明,应答如响,大为琛所叹异"。知郡学由中央三年一次遣使考校,日常课业则由州府督责。其制度、规模,均较南朝为胜。

设置郡学的一个直接目的,就是为察举提供人才。《魏书·李䜣传》记其于献文帝时为相州刺史,上疏称:

所在州土,学校未立,臣虽不敏,诚愿备之,使后生闻雅颂之音，童幼睹经教之本……自到以来，访诸文学，旧德已老，后生未进。岁首所贡，虽依制遣，对问之日，惧不克堪。臣愚欲仰依先典，于州郡治所各立学官。使士望之流，冠冕之胄，就而受业，庶必有成。其经艺通明者贡之王府。则郁郁之文，于是不坠。

他所言之"岁首所贡"当然是指秀孝察举，"对问"指对策考试。设立官学之后，就可以将经过培训的"经艺通明者贡之王府"，即举为秀孝赴朝应试了。献文帝诏立郡学，即源于此奏之请。又《魏书·元英传》记其于宣武帝时上疏：

> 臣伏惟圣明，崇道显成均之风，蕴义光胶序之美，是以太学之馆久置于下国，四门之教方构于京廛。计习训淹年，听受累纪，然俊造之流应问于魏阙，不革之辈宜返于齐民。

这里所说的下国太学之俊造应问于魏阙的制度，就是指郡学生徒应察举入京就试。事实上，北魏后期及东魏北齐，中央诸学往往有名无实，而民间学术却大为兴旺。《魏书·儒林传序》称宣武帝后，虽中央"黉宇未立"，而郡邑"经术弥显"：

> 时天下承平，学业大盛。故燕、齐、赵、魏之间，横经著录，不可胜数。大者千余人，小者犹数百。州举茂异，郡贡孝廉，对扬王庭，每年逾众。

这种为察举提供了人才的学校，既包括私学，事实上也包括郡学。北齐孝廉还定制以郡学为主要来源。《北齐书·儒林传序》：

> 齐制，诸郡并立学，置博士、助教授经……诸郡俱得察孝廉，其博士、助教及游学之徒通经者，推择充举。射策十条通八以上，听九品出身，其尤异者亦蒙抽擢。

北齐之郡学也有许多弊端，这是另外的问题。我们在此所注意的是，从郡学之博士、助教与诸生之中直接"推择"孝廉的制度,却把察举与学校直接地联系起来了。尽管此时之孝廉并非全都出于郡学,但可以相信,郡学与察举的结合由此而更为紧密了。上一节中我已指出,这种"推择充举",已使报名参试在形式上更为开放、自由了;同时,这一制度还标志着察举与学校的进一步结合。《杨秀墓志》:

> 公仁惠自天,礼仪率性,年逾髫龀,宿外从师……声振东胶,名芳西序……遂得受诏蒲轮,高才入选。应机抗策,皆曰智囊,授任城王皇子国治书。

任城王即高湝,汉代以安车蒲轮征举郡国贤士,故此"受诏蒲轮"指接受州郡察举。可见,杨秀便是自幼入学,并以此得以被征举朝廷参加对策的。

既然无论私学或官学的生徒,最终都是要以经术策试入仕,那么把学校入仕与孝廉试经硬性地分为两途,就实属多此一举。二者的接近与结合,就是大势所趋。汉代孝廉察举兼顾德行、功次、吏能等,与太学诸生射策,性质有相当大的区别。而至北齐,孝廉之举大致就是一种经术考试,那么孝廉举自郡学,就是很自然的了。

南朝也有从学校中得到察举的事例。如钟嵘,齐永明中为国子生,举本州秀才(见《梁书·钟嵘传》);孔琇之,以国子生举孝廉(见《南齐书·孔琇之传》);萧恺,以国子生对策高第,州又举秀才(见《梁书·萧子显传》)。但南朝唯京都学校尚较兴盛,且学校别有明经策试之科,州郡及民间学校则衰落不振。而北齐则"横经受业之侣,遍于乡邑;负笈从宦之徒,不远千里,伏膺无怠,善诱不倦",其郡学与察举的关系,显然更为直接、密切。

魏齐之学校,未见明经之举;周代则有了"明经"一科。西魏、北周之太学生,我大略考得宇文宪、宇文邕、李昶、宇文孝伯、杨坚、郑译、元谐、王谊、苏夔、杨希尚、柳謇之、张衡、崔仲方、梁彦光、辛公义、唐直十余人,其中有3人明记以"明经"入仕。《隋书·崔仲方传》:"年十五，周太祖见而异之，令与诸子同就学……后以明经为晋公宇文护参军事。"又《唐直墓志》："君……起家大学生，寻以明经被荐，蒙授越王府记室，仍加内史治都督。"他们二人之"明经"，不知经过策试与否。《隋书·柳䛒之传》："周齐王宪尝遇䛒之于途，异而与语，大奇之，因奏入国子。以明经擢第，拜宗师中士。"可证周之学校，确有明经对策之法。除此之外，《隋书·梁毗传》："毗性刚謇，颇有学涉，周武帝时，举明经，累迁布宪下大夫。"传中未言梁毗是否入学，这可能是史传省略，否则周武帝时就还存在着面向学外士子的明经之科。

隋时承袭了明经之举。《隋书·高祖纪》开皇九年夏四月诏：

> 京邑庠序，爰及州县，生徒受业，升进于朝，未有灼然明经高第。此则教训不笃，考课未精，明勤所由，隆兹儒训。

由此诏可见，京邑学子及州县生徒，依制可由"明经"之科"升进于朝"；"未有灼然明经高第"，不是说没有"明经"之举，而是说"明经"策试中未有"灼然高第"。《隋书·房晖远传》：

> 擢为国子博士。会上令国子生通一经者，并悉荐举，将擢用之。既策问讫，博士不能时定臧否……祭酒因令晖远考定之。晖远揽笔便下，初无疑滞。或有不服者，晖远问其所传义疏，辄为始末诵之，然后出其所短，自是无敢饰非者。所试四五百人，数日便决。

这些经过策问而"将擢用"之国子生，应该就是"明经"。此京邑学校之"明经"。又《隋书·循吏梁彦光传》记其为相州刺史之时：

> 招致山东大儒，每乡立学，非圣哲之书不得教授。常以季月召集之，亲临策试。有勤学异等、聪令有闻者，升堂设馔，其余并坐廊下。有好诤讼、惰业无成者，坐之庭中，设以草具。及大成，当举行宾贡之礼，又于郊外祖道，并以财物资之。于是人皆克励，风俗大改。

"及大成当举",应指依照制度当举为"明经"而升进于朝。此当即州县学校之"明经"。

隋文帝仁寿元年六月下诏废天下之学,诏中言及他曾"崇建庠序,开进仕之路"(见《隋书·高祖纪》)。"开进仕之路",即当包括明经之举。数年之后隋炀帝继位,又重作"尊儒重道"之姿态。《隋书·炀帝纪》记大业元年闰七月诏:

> 诸在家及见入学者,若有笃志好古,耽悦典坟,学行优敏,堪膺时务,所在采访,具以名闻。即当随其器能,擢以不次……其国子等学,亦宜申明旧制,教习生徒,具为课试之法,以尽砥砺之道。

这里要求地方官采访并以名闻的,其对象有"在家"及"见入学者"两类,标准则是"笃志好古,耽悦典坟",当即包括"明经"在内。国子等学设课试之法,大约也要贡上"明经"。

隋之明经,如韦云起,"隋开皇中明经举,授符玺直长"(见《旧唐书·韦云起传》);孔颖达,"以教授为务,隋大业初,举明经高第,授河内郡博士"(见《旧唐书·孔颖达传》);又《资治通鉴》唐武德元年十月记北海郡有"明经刘兰成",胡三省注曰,"刘兰成盖尝应明经科"。由孔颖达"高第"之例,知隋明经之科有策试之法。又《金石萃编》卷五十《韩仲良碑》:"□□学生,仁寿□年被举,授吏部朝散郎。"("学生"原作"学至",误。)"学生"前二字或为"国子"之泐。他之被举,大约也是举为"明经"的。隋之明经,大约"在家及见入学者"均可应选。同时隋代诸学是否还可以以其他科目贡士,还有进一步研究之必要。

唐代之中央学校有国子学、太学、四门学、律学、书学、算学,皆可以策试入仕。这六学体制,是在魏、齐、周、隋之间逐渐完备起来的。

国学、太学二学并立,始于西晋。但《通典》卷三十六《职官十八》"曹魏官品"第八品里,已有"国子、太学助教"之职,又有"诸京城四门学博士"之官,其详遽难考知。北魏孝文帝太和二十年迁都洛阳后,诏立国学、太学、四门小学;宣武帝正始四年六月又诏立三学;延昌元年四月

"严敕有司，国子学孟冬使成，太学、四门明年暮春令就"（见《魏书》二帝之《纪》）。是至延昌之后三学始成。又据同书《刘芳传》，国学在宫门之左，太学在西晋太学旧址；小学原欲置于城之四门，以合于"师氏居内，太学在国，四小在郊"的古制，后以刘芳议，改与太学同置一处。又同书《儒林传序》记孝明帝神龟中规定，国学以三品之上及五品清官子弟充选；那么太学与四门学生之入学资格，又当较此为低。齐承三学之制，分别有生 72 人、200 人、300 人（见《隋书·百官志》）。又《隋书·礼仪志》记北齐学校月旦行"拜礼揖颜"之礼时，国子生"升堂"而太学诸生处于"阶下"，亦见二者身份之别。

史载西魏北周有国子学、太学、露门学等名目。王仲荦谓："又北周有国子博士、国子生，疑即露门学博士、露门生也。"[①]此语自亦不误，但亦略欠全面。西魏之初庶事草创，只有太学，又称国子学，二学初为一事。《隋书·高祖纪》："初入太学，虽至亲昵不敢狎也。"同书《元谐传》："少与高祖同受业于国子，甚相友爱。"一谓"太学"，一谓"国子"，正见其时"国子"即是太学。至周明帝、周武帝立露门学，露门学相当于国子学，遂与太学两分。又周有小学博士、小学助教，是周国学、太学、小学齐备。

北周又有算生、法生、书生。《通典》卷三九《职官二一》"后周官品"末记：

> 右按所建六官并徒属及府史杂色职掌人二万一千七十三人。二千九百八十九人诸色官。万八千八十四人府史、学生、算生、书生……（中略）等人也。

"学生"当为国学、太学诸生，算生修习算术，书生修习书法，算生、书生两种都上承北魏。

秦汉统治者以法治国，律学相当普及。魏晋南朝风气变了，律学不

---

① 《北周六典》，下册，501 页，北京，中华书局，1979。

绝如缕。律博士及弟子员，始置于曹魏。魏明帝时因卫觊之请而置律博士，晋及宋、齐、梁、陈并承其制。《南齐书·崔祖思传》："今廷尉律生，乃令史门户。"知其时有律生。又同书《孔稚珪传》记其上疏："国学置律助教，依《五经》例，国子生有欲读者，策试上过高第，即便擢用，使处法职，以劝士流。"这一建议在齐"竟不施行"，但梁便于廷尉律博士外别置了胄子律博士。

魏、齐均有律博士，但未见"律生"名目。据《隋书·百官志》，齐律博士四人，属大理寺；大理寺除明法掾外又别有"明法"十人，疑即律生。隋亦有律博士及弟子员，属大理寺。《隋书·刑法志》记开皇之初修成新律：

> 于是置律博士弟子员，断决大狱，皆先牒明法，定其罪名，然后依断。五年，侍官慕容天远，纠都督田元，冒请义仓，事实而始平县律生辅恩，舞文陷天远，遂更反坐。帝闻之，乃下诏曰："……其大理律博士、尚书刑部曹明法、州县律生，并可停废。"

由上文"于是置律博士弟子员，断决大狱，皆先牒明法"一句可知，"明法"即律博士弟子员。下面有"尚书刑部曹明法"一句，查《隋书·百官志》，刑部无"明法"一职，而大理寺则有"律博士，八人；明法，二十人"。又证"明法"即律博士弟子。是隋州县之律学诸生称"律生"，参与州县之决狱，如辅恩之例；而中央大理寺之律学诸生则称"明法"，参与尚书刑部之决狱，故又称"尚书刑部曹明法"。北齐之"明法"当与隋同。

书学博士始于西晋。《晋书·荀勖传》："与中书令张华依刘向《别录》整理记籍，又立书博士，置弟子教习，以钟、胡为法。"《唐六典》卷二一"书学博士"条曰，"自汉以来，不见其职"，似误。北魏未见书学博士，但有书生。《魏书·术艺江式传》记，"书生五人，专令抄写"；同书《术艺蒋少游传》记其"后被召为中书写书生"；又《北齐书·儒林张景仁传》记其"以学书为业，遂工草隶，选补内书生"。北齐有"八书博士"，属太常，员二人(见《隋书·百官志》)。北周有书学。《北史·儒林冀俊传》："教明帝及宋献公等隶书。时俗入书学者亦行束脩之礼，谓之谢章。俊以书字所兴，起自苍颉，若同常俗，未为合礼。遂启周文，释奠苍颉及先圣先师。""周文"即宇文泰。是其时官府已有书学。

算生及博士北魏已有。《魏书·范绍传》："太和初，充太学生，转算生。颇涉经史。十六年，高祖选为门下通事令史。"据《魏书·官氏志》太和第一次《职令》，第八品下有尚书算生，第九品上有诸寺算生。《魏书·术艺殷绍传》："好阴阳术数，游学诸方，达九章七曜，世祖时为算生博士，给事东宫西曹。"《唐六典》卷二一称算生博士"魏晋以来多在史官，不列于国学"。

总之，到隋为止，国子学、太学、四门学并立之制已成，算生、律生、书生都已具备。隋廷加以整理，以国子寺统国学、太学、四门学、书学、算学五学，但律学犹属大理。至唐代律学亦移属国学了，遂成六学并立之体制，各有课试授业之法，并可各由相应科目参加科举考试——前三学之学生应试可选择秀才、进士、明经科，后三学则分别参试明法、明字、明算科。

总而言之，北朝学校制度的发展，也为科举制的诞生提供了坚实的基础。这表现在察举与学校进一步的结合之上以及六学体制的具备之上。这与南朝学校制的那些变化一道，构成了科举制出现的前提。

三、科举制成立标准的讨论之评述

对科举制起源、成立标准及进士科问题，学者的研究已相当之多，这里择其要者略作评述。

在20世纪30年代，邓嗣禹在燕京大学《史学年报》第2卷第1期上发表了《中国科举制度起源考》一文。文中对隋之进士科作了考析，结论是"然则进士科起于隋也明矣"；同时进而提出了他对科举制成立标准的看法："须知科举考试，必由应试人于一定日期，投牒自进，按科应试，公同竞争，试后有黜落，中试者举用之，然后为真正考试。"既然唐代已有分科招考及竞争黜落之制，有投牒自进之法，"然则科举考试之起于唐，殆成定谳矣"；然而隋代已有"公同考校"之法，有进士之科，所以"科举之制，肇基于隋，确定于唐"。

在同期的《史学年报》上，还刊载了张尔田、俞大纲的评述意见。其中俞大纲对"科举之制，肇基于隋，确定于唐"这种略失含糊的说法略表异议："不得以进士设科年代，以定考试制度始于何时。若谓察举对策之法，已为完形之考试制度，则当上溯两汉为权舆；若谓朝廷开科待人，士子投牒自进，始可谓完形之考试制度，则当以唐为始，不可谓肇基于隋，确定于唐矣。"俞大纲与邓嗣禹，在科举成立标准上是一致的，只不过俞氏对"以唐为始"一点阐述得更为明确、清晰。

1949年之后，一般都认为科举制就是分科举人，始于隋之进士科。在《历史研究》1983年第3期上，何忠礼以其《科举制起源辨析——兼论进士科首创于唐》一文检讨了这一问题。他提出，科举制应具有三个特点：第一，"士子应举，原则上允许'投牒自进'，不必非得由公卿大臣或州郡长官特别推荐。这一点，应是科举制最主要的特点，也是与荐举制最根本的区别"；第二，"一切以程文为去留"，即以考试为确定任官资格的中心环节；第三，以进士科为主要取士科目。由于隋代考试方法尚不完善，特别是"投牒自进"之法并未产生，因此，科举制应始于唐。同时他还提出了一个引人注目的观点，就是隋无进士科，所有称述隋进士的材料，均不可信。

何忠礼的看法，与邓嗣禹、俞大纲大致相同，但论说更为细密；唯一的重大差异是，何氏认为隋无进士科。

何忠礼的文章引起了反响。问题集中于两点之上：其一，科举成立的标准是什么；其二，隋有无进士科。

在科举成立标准上，也有人采取了与何忠礼相近的意见。如许树安在1985年出版的《古代选举及科举制度概述》（天津人民出版社）一书的第5章中，虽然提到"一般把隋炀帝创置进士科作为科举产生的标志"，但又指出，"科法取士与以往的选官制度的本质区别在于，普通读书人可以自愿报名参加官府的考试，即所谓'怀牒自列于州县'"。

但也存在着反对意见。《历史研究》1984年第6期发表了金旭东《"科举制起源辨析"之商榷》及周东平《关于科举制起源的几点意见》两篇文章。两位作者引证史料，说明何忠礼"隋无进士科"之说不确；同时他们不同意何氏关于科举制特点的看法。金旭东认为，唐代举人有生徒，有乡贡，"投牒自进"的只是一部分，而且有时只是一小部分，王朝有时还完全停止乡贡，实行荐举，偶尔也允许自举，"因此把'投牒自进'作为科举制与荐举制最根本的区别，就不妥当了"。他认为科举制最主要的特点应是"一切以程文为去留"。周东平认为，"科举"的本意就是"分科举人"，而"投牒自进""实无关科举宏旨"，只有"一切以程文为去留"，"尚可视为科举制的特征之一"。

对这一问题，我认为可以把科举制的特点，同察举与科举的最后分界这两点加以区分。固然"一切以程文为去留"也是科举的基本特点，但我们探讨科举成立的起点之时，就必须抓住使二者最后区分开来的那一特征。我以为邓嗣禹对科举特点的概括是非常准确的，王朝设科而士人自由投考，这就是科举与察举的根本区别。自东汉顺帝时孝廉已行试经，晋代始秀才对策"一策不通，不得选"，南北朝秀孝试策，均有不及第不授官之规定，北朝还确有落第者可考。因此，"一切以程文为去留"，已经不能构成科举与察举的最后分界之点了。而"投牒自进"，正体现了投考之"投"与招考之"招"。北齐自求秀才（自求还不等于制度化的自举），正说明了"投牒自进"是必然趋势。何忠礼说"投牒自进"是科举制"最重要的特点"，其表述或可斟酌；但只强调"一切以程文为去留"，而认为"投牒自进""无关宏旨"，却未免是忽略了科举制成立问题的关键所在。

认为科举就是"分科举人"，这是一种老说法。汉代察举就早已是分科举人了，因此这种说法对于探讨科举制的成立问题并无帮助。至于以唐代举人有生徒和乡贡二途来否定"投牒自进"的意义，这是混淆了不同的问题。强调"投牒自进"，主要是针对地方长官察举权力而言的。问题并不在于多少人是"投牒自进"，而在于是否允许"投牒自进"。况且，学校与科目之合一，本来就是科举制的发展趋势。至明清时代，"科目必由学校",学子皆先经县试、府试入学为童生,再经院试、乡试等,才能参加中央会试,可是并没有人怀疑明清科举是否就不能算是招考与投考制度。因为入学之童生试,是自由报名的;地方官解送贡士,已不再表现为一种举荐权力了。所以"生徒"的存在,甚至"乡贡"的消失,都不影响"投牒自进"的意义,或更为准确地说,不影响投考与招考制度的本质。

隋代的秀才、孝廉、明经等岁贡科目,以及诸多特科,如前所述,确实都没有自由报名的迹象。张晋藩、王超之《中国政治制度史》(中国政法大学出版社,1987)381页称,"隋文帝时设有秀才科,由应试人自己报名,参加考试,中试者则由中央考察录用","策试秀才以任官,是开皇中期以后的一个重大改变。所以文帝仁寿中,杜正伦兄弟三人俱为秀才,为当时所称美。从此科举制度,便在封建社会的官僚政治中开始盛行"。说隋代秀才已能自由报名,其法为科举制之始,其观点颇为新鲜。如其时秀才确可自由报名,那么这就完全可以看成科举的起点。但不知其说根据何在。杜氏兄弟皆非自由报名,《北史·杜正玄传》"刺史何忽妄举此人"语即是证据;策试秀才亦不始于开皇中期。由于笔者未曾见过足资证成其说的史料,故暂不取其说。

那么,问题就集中到了进士科之上,何忠礼认为隋无进士科,对之金旭东、周东平在文章中已经做了有力的驳议。看来何忠礼此说,还缺乏足够的证据。《通典》《唐摭言》《唐志》《通志》《玉海》等文献,都认为隋有进士科。《旧唐书·杨绾传》记:"近炀帝始置进士之科,当时犹试策而已。"同书《薛登传》曰:"炀帝嗣兴,又变前法,置进士等科。于是后生之徒,复相仿效,因陋就寡,赴速邀时,缉缀小文,名之策学。"文献的记载不乏可以征信者,很难全部否认。

隋代之进士,见于文献并为学者征引者,约有如下数人:房玄龄,《旧唐书·房玄龄传》记其"年十八,本州举进士",《新唐书》本传略同。又《金石萃编》卷五十《房玄龄碑》:"年十有八,俯从宾贡。"杨纂,《旧唐书·杨纂传》记,隋"大业中,进士举,授朔方郡司法书佐"。《新唐书》作"大业时,第进士"。张损之,《全唐文》卷三九三独孤及《唐故河南府法曹参军张公碑》记，"隋大业中进士甲科，位至侍御史尚书水部郎"（又见《唐摭言》卷一）。侯君素、孙伏伽，《唐摭言》卷一："如侯君素、孙伏伽，皆隋之进士也明矣。"杜正仪，《北史·杜正藏传》："大业中……正仪贡充进士。"温彦博，见《祁阳县志·乡贤传》。据金旭东、周东平考辨，房玄龄、杨纂、张损之、孙伏伽、杜正仪的进士身份，比较可靠。

但从以上情况看，进士科虽有策试，但却没有一位是自由报名、"投牒自进"的，这说明隋代进士与秀孝一样，大约仍是察举科目，尚非科举科目。这样，我们事实上又回到30年代邓嗣禹、俞大纲的结论那里去了，就是说，进士科始之于隋，而科举制度确立于唐代。

四、科举的成立

全书叙述至此，我们业已看到，察举制在其漫长而复杂的发展进程之中，已经积累了如下变化：察举的中心环节，已经由举荐转移到考试上来；察举的标准已由兼及孝悌、吏能，变成了以文化知识检验为主；长官的举荐权力，已经变成了搜罗文人以应试的责任；考试程式在不断严密化、规范化；从南朝自学者申请明经策试之制与北朝士人自求秀才之行中，孕育出了自由投考之萌芽；从晋之"白衣"赴太学试经，到南朝之明经举自国学，北齐郡学"推择"孝廉，以及隋代州县学校"宾贡"学士的发展之中，学校与察举之结合日益紧密；入仕、铨选与考课的区别分化，日益清晰。这样，从察举到科举的蜕变，事实上就已经呼之欲出了。随着察举之中"以德取人""以能取人""以名取人"以至"以族取人"的因素的不断淡化与弱化，一种充分制度化的，更为纯粹的"以文取人"的入仕制度，就将要瓜熟蒂落、水到渠成了。

在北朝，正是北方的少数部族军事组织对中原政权北部地区的冲击与占领以及两种不同类型文明的碰撞，才使官僚政治恢复了活力。由于这一原因，北朝察举制的发展略呈"之"字。但这一"之"字，与两晋南朝察举的由盛入衰，又进入有限复兴大为不同。因为对吏能与武功的强调，有助于纠矫中古士族凭借文化垄断权势而造成的"学业"与"世务"脱节的积弊。那么这一"之"字,对于官僚政治的复兴与完善,很可能就是必要的,而且在实际上,这是为察举的进一步发展打下了深厚的基础。

中国是一个文化古国,有着深厚的文化传统,一个影响深广的知识阶层的存在以及王朝从这一群体中选拔官吏的悠久制度,在历朝都是无法回避的事实。王朝可以出于某种原因,在一个时期排斥文人学士入仕居官,但却不能阻止社会文化活动的发展;甚至那些以武功吏能起家的集团,最终也不能阻止自己的孙辈接受这种文化传统的熏习。无论是"汉化"还是"鲜卑化",最终都是不同文化制度在碰撞中探索摆脱消极因素、培养积极因素的一种方式;所谓"鲜卑化",并不能化到鲜卑族的初始状态中去。社会文化与官僚政治的进一步发展,最终会使"世务"对"学业"的排斥趋于缓解。王朝最终不能不求助于知识阶层的知识与才能,特别是不能不求助于这一群体所维护的意识形态,对于巩固专制统治的作用。这一群体的"学业"与王朝"世务"不完全吻合,在历代都经常出现这种问题;但中古名士尸位素餐官不事事,以吟风弄月、清谈玄理为乐,主要是士族的政治特权造成的。如果官僚政治已足够强大,其内部运作机制也足够有效,那么在消除了中古士族特权之后,就可以在相当程度上克服那一弊端。或许矫枉必须过正,但在走过那个不大不小的"之"字之后,王朝最终不能不给予那种面向知识阶层的选官方式以充分的注意,并促使其进一步发展。

在社会统一与民族文化融合的进程之中,山东与江南崇文之习不能不影响到关中士风。《隋书·文学传序》:"周氏吞并梁、荆,此风扇于关右,狂简斐然成俗,流宕忘反,无所取裁。"又《周书》卷四十一史臣论曰:"周氏创业,运属陵夷,纂遗文于既丧,聘奇士如弗及,是以苏亮、苏绰、卢柔、唐瑾、元伟、李昶之徒,咸奋鳞翼,自致青紫。然绰建言务存质朴,遂糠粃魏晋,宪章虞夏。虽属词有师古之美,矫枉非适时之用,故莫能常行焉。既而革车电迈,渚宫云撤,尔其荆衡杞梓,东南竹箭,备器用于庙堂者众矣。唯王褒、庾信奇才秀出,牢笼于一代。是时,世宗雅词云委，滕赵二王雕章间发，咸筑宫虚馆，有如布衣之交。由是朝廷之人，闾阎之士，莫不忘味于遗韵，眩精于末光，犹丘陵之仰嵩岱，川流之宗溟渤也。"其语不免夸饰，但仍反映了士风的与时俱化。那种"务存质朴"的"矫枉非适时之用，故莫能常行焉"。此期虽然少有高手名作问世，但社会文化风气却在迅速改变。

《周书》无《文学传》而《隋书》有，似乎也颇能说明些问题。甚至君主亦受其风习染。隋炀帝深好文辞，且能文笔。《全隋文》卷四至卷七有炀帝所作之诏、敕、檄、书、愿文、祭文、铭、谏等，其中颇有以文辞见长者。如《手书招徐则》有"餐松饵术，栖息烟霞，望赤城而待风云，游玉堂而驾龙凤"之类文句，飘逸而华赡。又逯钦立所辑《隋诗》卷三，有炀帝诗四十余首，如"步缓知无力，脸曼动余娇，锦绣淮南舞，宝袜楚宫腰"之类，亦柔媚香艳与江南宫体无异。

君主的爱好，是社会风气所致，而这种文化风气，又必将反映到选官制度上来。据《隋书·炀帝纪》，大业三年四月诏"十科举人"，其中有"学业优敏，文才美秀，并为廊庙之用，实乃瑚琏之资"一类，是"文才美秀"，已成为举人标准之一，并且其人已被视为"廊庙之用"了。又《旧唐书·薛登传》："炀帝嗣兴，又变前法，置进士等科。于是后生之徒，复相放效，因陋就寡，赴速邀时，缉缀小文，名之策学。"是新设之进士科，是一以"缉缀小文"来取人的科目。按秀才科所试称"方略策"，其名目至少始于北齐。《北齐书·儒林马敬德传》记其求秀才，先请州将策试，"请试方略，乃策问之，所答五条，皆有文理"。而进士所试唐代称"时务策"。不知二者在隋区别何在。大抵进士科擢第标准更为宽松，所以文人多趋此途，从而为知识分子拓宽了入仕途径。

经术上的变化也与之类似。《隋书·儒林传序》称："高祖膺期纂历，平一寰宇，顿天网以掩之，贲旌帛以礼之，设好爵以縻之。于是四海九州强学待问之士靡不毕集焉……于是超擢奇隽，厚赏诸儒，京邑达乎四方，皆启黉校。齐、鲁、赵、魏，学者尤多。负笈追师，不远千里，讲诵之声，道路不绝。中州儒雅之盛，自汉魏以来，一时而已。"语中亦多夸饰，但反映了统一之后，民间学术与社会教育确实日趋繁荣。隋文帝性不悦学，仁寿元年几乎尽废天下学校。但炀帝初一即位便加纠矫。《隋书·炀帝纪》大业元年闰七月诏，下令博举"笃志好古，耽悦典坟，学行优敏，堪膺时务"之人，又令国子诸学"申明旧制，教习生徒"。该《纪》又记大业八年，炀帝发诏力斥"不遑文教，唯尚武功"而造成的"班朝治人，乃由勋叙，莫非拔足行阵，出自勇夫"的积弊，下令"自今已后，诸授勋官者，并不得回授文武职事……若吏部辄拟用者，御史即宜纠弹"。尽管其时已近隋末，但也反映统治者毕竟意识到了"文教"的不可或缺，并最终不能不从知识群体中选拔官吏。

强盛的大唐帝国诞生了。社会文化的发展和官僚政治的进一步完善，使得科举制度终于呱呱坠地。《唐摭言》卷一《统序科第》记高祖武德四年四月诏：

> 诸州学士及早有明经及秀才、俊士、进士，明于理体，为乡里所称者，委本县考试，州长重覆，取其合格，每年十月随物入贡。

这不但承继了此前的岁贡诸科，而且进一步完善了州县考试审核之法。《唐大诏令集》卷一〇二《荐举上》记武德五年三月诏：

> 苟有才艺，所贵适时；洁己登朝，无嫌自进。宜令京官五品以上及诸州总管、刺史，各举一人。其有志行可录，才用未申，亦听自举，具陈艺能。

这次特科之中，明确地规定了"自进""自举"之例。后来这一办法就正式普及到了常科。《通典》卷十五《选举三》：

> 大唐贡士之法，多循隋制。上郡岁三人，中郡二人，下郡一人。有才能者无常数。其常贡之科，有秀才，有明经，有进士，有明法，有书，有算。自京师郡县皆有学焉。每岁仲冬，郡县馆监课试其成者……其不在馆学而举者，谓之乡贡。旧令诸郡虽一二三人之限，

而实无常数。到尚书省，始由户部集阅，而关于考功课试，可者为第。

又《新唐书·选举志》：

> 每岁仲冬，州、县、馆、监举其成者，送之尚书省。而举选不由馆、学者，谓之乡贡，皆怀牒自列于州县。

于是，学校与科目终于结合起来，形成了生徒、乡贡同应省试之制；应乡贡者可以"怀牒自列于州县"，就是说可以自由报名参加考试；同时员额"实无常数"，这就保证了策试确实是公同竞争的差额考试，应试者无员而录取者有限，大量的生徒、乡贡在有限员额前一骋才学而激烈角逐。

这样，有七八百年历史的察举制度，终于宣告终结，选官制度史上的一个新时代——科举时代，便由之发端了。

第十五章 结语

察举制经历了七八百年的一个漫长变迁过程。参与或影响这一漫长变迁过程的,曾经有"以德取人""以能取人""以文取人""以名取人"和"以族取人"等因素,"以文取人"为主导的原则、标准和方法,最终成了定局。在引言部分中我曾设定,至少有三个动因,影响和制约着官僚帝国政府的选官制度的形态和变迁。这就是:第一,官僚科层制的理性行政因素;第二,官僚帝国政体之下的特权分配与权力斗争因素;第三,作为王朝官员主要来源的知识群体的动态的因素。当我们结束了对察举制漫长变迁的叙述之时,这三个动因的存在及其作用,大约就已经得到了某种程度的说明。有关的分析,已散见于全书各章的有关部分;这里,不避重复再略作小结。

一、理性行政因素

官僚科层制的理性行政是专家的行政,是以知识或理性技术为基础的权威;体现了人才主义和择优制的文官录用制度,是其生存与运作的基本条件。中国古代王朝行政之中,存在着大量由于传统因素、贵族因素、封建因素和专制因素造成的非理性现象,但自秦以来,理性行政毕竟已经成了重要政治传统之一。战国秦汉之间官僚政治得到了长足的发展,察举制度便应运而生,从而使"选贤任能"的原则,在相当程度上支配了王朝选官活动。无论是"以德取人""以能取人"还是"以文取人",最终强调的都是官员候选人在某一方面的优秀素质,而不是他的家族、身份或特权。察举制在汉代的成功之处，充分证明了它比世卿世禄制、任子制等更为优越。

但察举制在初创之时还相当简单、粗糙，这在制度的产生、发展中是不可避免的。它在初始并不严密、规范，具有很大的随意性。它的中心环节与主要方式是长官举贤。知人善任的长官，固然能够慧眼识奇才，而缺乏识鉴者，就未免薰莸莫辨、鱼目混珠。被举者如何使举主注意到自己，这有众多不规则的渠道，也有形形色色的障碍。察举的标准是多元的，德行、吏能、经术、功劳、名望等，都可以成为察举资格，所举之人素质各异；对之公正、客观、精确与划一的把握与考察，确实也相当困难。这与官僚行政对吏员选拔应当尽可能地严密化、规范化、便于操作、易于把握并具有可靠性的制度程式的要求，尚有较大距离。

官僚行政是以充分的社会分化为基础的。社会分化，使社会中出现了越来越多的领域、部门、角色、群体、组织和制度，它们随即就显示出其独特的、不相混淆的内在规律与外部联系。分化的结果使官僚体制得以把高度形式化、非人格化的法律规程作为基础，而文官则仅仅被视为担负特定功能的器件或工具。法家的"法治"就充分体现了社会分化意识，它把孝悌之德、文学之才视为其他社会角色与领域之事；而不同角色、领域与规则的混淆，必将降低行政的理性。但是立足于缺乏分化的传统亲缘乡土社会的儒家"人治"思想，虽然也赞成"举贤"，但其理想的贤人，却更偏重于浑然一体的、不可分割的人格或个性。就德行而言，法家只要求吏员具备职业道德，而儒家则把职业道德、家族伦理、社会公德，全部融会于人格美德中加以阐发；从正心、诚意、格物、致知直到修身、齐家、治国、平天下，全都是"君子"人格的密不可分的整体；只有这种"君子"，才能承担教化和德政的任务。在这一思想影响之下，察举制在初始就对德行特别地重视。"孝廉""贤良"等，皆以德行名科。发展到东汉，以"名士"应举便逐渐成了惯例。因为，作为整体的人格是无法以技术性的形式规程加以检验的，那么举主就必须依赖于舆论的评价；而在实际上已为士林所支配的舆论之中，"名士"被认为代表了最高的德行与最为优秀的人格。在这种缺乏规范性、人格化色彩浓厚的察举制度之下，应举者中便充斥着贤人、名士、隐者、孝子、大儒、侠客、义士等各种各样的人物，不仅各色人物的愚贤优劣不易掌握，作奸作伪、任人唯亲等弊端亦难检防。

相比之下，以招考与投考为中心环节的科举制度，则具有更多的理性与法治意味了。自由报名考试，消除了举主眼界狭窄、识鉴低下等弊端，至少在应举环节上可以做到"野无遗贤"；而具体的、严格的文化考试，又建立了可以直接检验、明确把握，并且是划一的衡量与录用标准。这种考核限定于几种知识的检验，所以它体现了规范化与非人格化的精神。当然科举时代对士人品行也有要求，但这是通过另一些机制加以保证的，并且，汉代那种以高隐被举（如法真），以苦孝被举（如姜诗），以"道周性全"被举（如黄宪），以狂傲不羁被举（如赵壹）的情况，在科举考试之中是没有的。科举时代，每每有人攻击科举造成了"士不饰行"[①]，正是为此。

自然，东汉便已制度化了的"授试以职"即给予求职者以吏职使之由之"便习官事"的方法，也颇有优点。但是，第一，"试职"就要给予官吏候选人以官位、职事、报酬与时间，这种方法的代价显然大于考试。第二，到底允许什么人"试职"，这一环节仍然缺乏有效的考选，而决定于长官个人意志。因此就是现代文官制度，一般也都是把考试作为录用的第一环节的。官僚行政必须以知识为基础，在录用之初即对求职者加以考试，正是符合其基本精神的。

从察举制成立之初，到东汉顺帝阳嘉年间，大致是以举荐为主的阶

[①] 例如司马光说："自三代以前，其取士无不以德为本，而未尝专贵文辞也。汉氏始置茂才、孝廉等科，皆命公卿大夫、州郡举有经术德行者，策试以治道，然后官之，故其风俗敦尚名节……隋始置进士，唐益以明经等科，而秀孝遂绝，止有进士、明经二科，皆自投牒求试，不复使人察举矣……于是进士专尚属辞，不本经术；而明经止于诵书，不识义理。至于德行，则不复谁何矣！自是以来，儒雅之风日益颓坏，为士者狂躁险薄，无所不为，积日既久，不胜其弊！"见《温国文正司马公文集》卷三九，"议学校贡举状"。

段。从阳嘉孝廉考试制度及晋代秀才对策制度的建立直到隋末，是举荐与考试相结合的阶段。到了唐代，则无须举荐而自由投考了。其间考试程式，也日益严密完备。在这一过程之中，我们看到了官僚科层制的程序化、规范化、非人格化、择优录用、考试取人等原则与方法的制约支配作用。察举制度确实有其成功的历史记录，但它原始的、粗糙的方面，也必然随着官僚政治的发展，不断得到改进和完善。这种改进与完善，就遵循着某种内在的规律和要求。

考试制度带来的另一个结果，就是科目与学校的合一。为了达到考试所需的知识水准，必须有长期的学习作为功底。这就使察举与学校的关系由两不相涉，转而密切起来了。随举荐一环渐轻而考试一环渐重，察举之考试与学校之考试实际已无大不同，所以科目与学校的结合，已是势所必然。南北朝到隋代之间，察举面向学校学士的趋势就日趋明显；到了唐代，遂形成了乡贡生徒同应省试之制，学校与科目正式结合起来，并且部分地合一了。

此后唐宋统治者时常努力使学校培训、科举考试和吏部授官成为一个整体。例如《唐会要》卷七六，"天宝十二载七月十三日诏，天下举人不得充乡赋，皆须补国子学士及郡县学生，然后听举"，试图取消乡贡。但其法后废。宋代神宗之时王安石变法，本于"古之取士俱本于学"的宗旨，于国子监别设三舍考试之法，与科目分离。宋徽宗时遂停科举。《宋史·选举志》："遂诏天下取士，悉由学校升贡，其州郡发解及试礼部法并罢。"后其法又罢。至明代，"科目必由学校"便成为定制。中央国子监及地方府、州、县学之外，别无"投牒自进"之乡贡。但学生入学，先须经县试、府试为童生，这种考试仍是自由投考。至此，学校与科目完全合一，形成一个完整的培训、考试和铨选明确区分又互相配合的完备整体。这标志着中国古代文官制度，进入了成熟的阶段；较之察举制度，科举制具有更高的理性水平。

二、特权分配与权力斗争因素

在中国官僚帝国政体之中，政治权力在占有财富、声望、地位和特权上，具有特殊意义。而权力在制度上是被配置于官位体系之中的，官位成了寻求特权者所追逐的主要目标。那么，入仕选官制度，在决定特权分配与影响权力斗争之上，就具有举足轻重的意义。

较之封建贵族政治，官僚政体下社会上下层之间具有更大的流动性。在非常情况下，草寇亦可起为天子；在正常情况下，厮养亦可擢为卿相。下层平民经学习获得知识的广泛可能性，"人皆可以为尧舜"的儒家思想的深刻影响，需要大量具备相应知识技能者充任官吏的理性行政机构的存在，都促成着社会上下层的活跃对流，使中国古代社会对人才主义和公平原则的贯彻，向来就具有较高的期望与要求。但与之同时，在官僚帝国政体之下，皇帝既是国家元首，又是专制君主；官僚既是行政官员，又构成了特权利益集团；国家既是社会管理机器，又是阶级统治机关。皇帝与官僚，一方面要维持官僚机器的正常运转，保证其吏员的素质与更新——这不仅是为了社会管理，也是为了其长远的阶级利益；另一方面，通过官位占有而获得更多特权与权力的要求，又导致了诸如嗣王嗣侯、任子、门荫、恩荫等法以及滥封滥授、因缘为私等现象以及皇宗皇族、近侍集团、武功集团、文官集团、士族门阀集团等围绕适合于一己的选官方式的权力斗争。

皇权与官僚，都可能破坏官僚政治，也都可能维护它，但此二者仍然有一定差异。皇权是官僚机器的权威来源，又只能通过这一机器才能实现权力。在专制君主制下，社会上下层流动，在正常情况是绝不允许流入皇帝或皇族这一层次的，因此皇帝的特权有更多的保障。维持社会流动，对皇权更为有利。因为这不但保证了官僚的素质与更新，而且能够抑制门阀化、贵族化与封建化倾向可能对皇帝权势的过分分夺，从而维护了集权专制。但官僚就有某种不同，他要维护特权，就必须阻碍社会流动，才能终身地与世袭地占有官位。在"选贤任能"的原则造成的活跃流动之下，必然经常有朝为高官而暮为匹夫，和父为高官而子为匹夫的情况。至于社会下层广大士人，当然希望通过公平竞争改变地位。

汉代察举制度的顺利实施，是以强大的皇权与普通士人的普遍存在为条件的。魏晋以来，察举制的实施遇到危机，其地位在不断下降。其原因，则在于一种身份性的特权集团——士族阶级的发展。他们利用九品中正制度和清官入仕迁转制度，世代独占高品清位，由此造成了"世胄蹑高位，英俊沉下僚"之局，社会流动大为停滞，"以族取人"的士族政治严重损害了官僚政治。如果官僚政治妨碍了皇帝特权，那么专横昏庸的皇帝往往迫使官僚政治屈从于其专制权益，例如汉灵帝的西园卖官；但如果使皇权在官僚政治与士族政治之间作一选择的话，那么皇权却将倾向于前者而不是后者。皇权固然必须给予官僚以相当特权以换取其合作，但并不情愿让其过分分割其权势，以至落到"主弱臣强"，"王与马，共天下"的程度，除非他力不从心。魏晋君主，在试图抑制士族政治过分发展和设法补救士族政治的弊端之时，都曾在振兴察举制上做过努力。但皇权自身在当时也处于衰落之中，所以它并未能够挽救察举的颓势。到了南朝时期，复振的皇权已能够驾驭士族，察举遂有复兴之势。但士族虽已屈居皇权之下，却仍然稳固地凌驾于其他社会阶层之上。因此皇权和士族在分割选官权力和确定选官方式之上，就只能在这样一点上达到平衡：一方面士族步入了察举之途参加策试考试，改变了纯依门资的旧例；另一方面他们又对察举之途加以垄断，寒人仍然难以厕身其间。只要士族特权依然存在，察举到科举的转变就不会最后完成。因为这一特权阻碍着普通知识分子的同等参试权利，那么作为察举到科举的最后分界之点——"投牒自进"制度就难以产生。北朝中后期，皇权—官僚政治处于复兴之中，士族政治日趋没落，察举中门第限制大为松弛，社会上普通知识分子亦因之大量涌现。时至唐代，皇权—官僚政治已经足够地强大了，察举制不但被及时地承袭下来，而且还迅速地发展为科举制度。

察举制在建立之后，改变了世卿世禄的传统，抑制了军功贵族集团的膨胀，弥补了任子一类制度的弊端，发挥了相当积极的作用。但察举制依靠于长官个人举荐，在制度程式上过于简单、原始和粗糙。在汉末士族崛起之时，察举方式缺乏有效抑制这一势头的手段，反而出现了一些州郡大族垄断察举的现象，出现了一些"家世孝廉"的著姓。南北朝时察举岁贡之中策试已相当发达，但由于州郡长官依然保有着举荐权力，在这一环节上就可能遭到士族特权侵蚀，从而造成诸如士族垄断秀才察举一类现象。而科举制就大为不同了，科目面前人人平等，这既包括同等的报名参试机会，也包括一视同仁的评价标准。这对各种入仕特权是一个卓有成效的抑制。在科举制下，即便有"家世进士"，那也是才学所致，而非门第族姓使然。当然，选官中一个环节的平等，并不能改变整个社会制度结构的不平等。但科举制有力地促进了社会流动，相对说来比其他选官制度更多地满足了社会对公平原则的要求，却也是事实。官僚阶级的统治依然存在，森严的官僚等级制依然存在，但是想要跻身统治阶级之内，却必须经过知识才学的公平竞争。由此而造成的精英循环，削弱了门阀因素、贵族因素和封建因素。

察举到科举，还从另一方面加强了中央集权。在察举制下州郡长官获得重大的选官权力，举主与被举者之间往往结成密切的依附关系，后者成了前者的"故吏"，还承担了一些封建性义务。这种关系常常发展为政治离心势力。但随着考试之法的建立以及这一环节的日益重要，情况就在逐渐变化。地方长官提供于被举者的，已不是举后即可得到的官位，而只是一个考试机会。行官与否，在于应试者的个人才学；而擢第与授官，则是中央的权力。在科举制下，地方长官贡士举人，仅仅是一种例行公事；而士人亦由牧守"故吏"，一变而为"天子门生"了。士人与地方长官的关系，已大为疏远；中央集权，由之得到了进一步的强化。中央集权不一定就优于地方分权，这取决于整个社会的政治文化结构与传统。但中央集权的不断强化，却是官僚帝国的发展趋势。天下士子集中于中央接受统一考试和任命，与这一趋势是相适应的。

三、知识群体因素

知识分子承担的是文化职责，而政府文官承担的是行政职责，在现代社会，他们已经分化为不同职业，知识界与政治界判然两立；但在中国古代，知识分子却成了王朝文官的主要来源。选官制度是联结知识群体与帝国政府的桥梁，因此它的形态与变动，就直接地反映着知识群体的动态及其与皇权—官僚政治的关系。

汉代察举制的成立，使得秦代帝国政府以"达吏"方式录用单纯的行政文官的选官方式发生了改变，而表现出鲜明的"尊儒重道""虚己求贤"的面向知识群体的"举贤""贡士"色彩。这既是知识群体参政的结果，反过来又使知识群体的参政制度化、常规化了。汉代选官的德行、经术、文法、政略的"四科"标准，以及后来"诸生试家法，文吏课笺奏"的分科考试方法，都充分地反映了经明行修之儒生，已与精通文法之文吏，共同构成了选官对象，一取其"轨德立化"，一取其"优事理乱"。在发展之中，儒生与文吏两大群体日趋接近、融合。最终形成了一种"亦儒亦吏"的士大夫阶层。相应地，儒生、文吏分科察举之法亦趋消失，最终在曹魏之时正式地代之以"贡士以经学为先"的制度了。

东汉后期，知识群体的政治社会发展，已在相当程度上超出了专制官僚政治所能容许与控制的范围了。选官中出现了"以名取人"现象，名士的月旦品题在相当程度上操纵着察举的实施。所谓本、末、名、实的冲突，实际上反映的是知识分子的人物评价标准，与政府行政文官标准的矛盾。随着士族名士日渐成了知识群体的主体，"以名取人"与"以族取人"结合起来。在士族政治之下，以名士资格和门第高下选官取人的惯例，严重地破坏了官僚政治的运作。既然依靠门第便可"依流平进"获取高官厚禄，那么士族便有了最为优越的条件，去实现贵族文人的生活：虚无放诞，清谈玄理，研经读史，雕琢辞藻；对吏治政务，则已不必经心关怀。于是，便形成了"有学业者，多不习世务；习世务者，又无学业"的状况。南北朝时期，由于皇权的复振，士族步入了察举一途，他们的文化必须接受王朝的策试认定，而不能徒倚士族圈中的虚名浮誉；但同时他们又利用牢固的社会地位与文化实力，把应试变成了他们显示才气文采的机会，反而形成了"以文取人"和"以族取人"并用的格局——依然是"人门兼美""才地俱允"的原则。

在察举制中，考试最初只是一种辅助性的检验，后来就逐渐变成了整个察举的中心环节，既然文化知识由知识群体所掌握，那么文化考试，就不能不采用为知识群体认可的评价标准。为了达到这种标准，往往要付出长久的研习。就此而言，这就已使吏能功次的标准难以兼顾；何况对士族名士，还无法以吏能功次相课。总之，文化考试本身的要求，士族名士集团的文化垄断与政治特权的存在，二者的共同作用形成了一种传统，使察举在复兴之后，已不可能回到汉代"以能取人"的旧例上去；"以文取人"，已成为不可逆转的趋势。察举的目标，已不是选拔能吏，而是考试文人了；而由于同样原因，考试内容也已在实际上远离了吏治政务。

周隋统治者在推动官僚政治的复兴与完善的努力之中，深感"学业"与"世务"相互脱节而造成的"文笔日繁，为政日乱"的积弊日深，因而一度有独取"世务"而排拒"学业"的倾向，对考试取士表示冷淡。在那一特定历史条件下，他们这样做是很自然的。除了官僚政治的复兴需要一定的"矫枉过正"式的纠矫之外，这还有周隋军功贵族集团的文化特质与特权维护问题，军功贵族不愿向布衣文士出让特权。

但排拒并不是唯一的出路，甚至是不能长久的出路。帝国政府最终离不开知识分子。它需要官僚化的知识分子以意识形态去维护专制统治，需要他们的政治思想和规谏调节能力。官僚机器只是一个工具，操纵它的是至高无上的皇权，如果没有士大夫们的意识形态及规谏调节活动的经常性制约，那么这一政权就可能经常地出轨而造成整个社会的动乱。同时，专制皇权还需要利用考试制度促进社会流动，以抑制门阀化倾向。这种倾向在周隋间日渐显露，军功官僚贵族们正在成为新的门阀。他们依门荫入仕的子弟短期内或许还能保持将才和吏才，但优越的特权早晚要使他们腐化。

最为简单的一点是，帝国政府需要知识分子的知识。即使这种知识的特定形式与内容，曾被周隋统治者认为是不合于甚至是妨害了官僚政治，但知识仍然只能由知识群体提供。或许有人提出，考试制度在形式上与官僚制完全吻合，形成矛盾的只是考试内容，那么王朝建立一种以行政技能为内容的考试制度，岂不就两全其美了吗？但是这事实上只是一厢情愿。至隋唐之时，文章早已是"不朽之盛事"，经术亦是"君人之大道"。尽管章句注疏与诗赋策文，与兵刑钱谷之实际政务并不直接相合，但帝国统治者绝没有能力从根本上改变知识群体的文化风尚与知识结构，尽管他们有时能够给予重大影响。事实上王朝也设置了以具体行政技能为直接考试内容的科目，但其影响是相当有限的。①

经术文辞是否与行政事务截然对立呢？未必如此。至少，它们代表着阅读和写作能力，这在教育低下的古代，是一种宝贵的资源。进之，要精通经术文辞，就必须研读经史，而经史之中包含着历史经验和政治思想，这绝对是帝国政府不可或缺的。最后，王朝行政固然是高度复杂的，但并没有复杂到以经术文辞见长的知识分子不能掌握的程度；一般说来，经过系统学习者相对地总是具有较高智力，较有才能的文人儒生，完全有可能同时承担起文化职责与行政职责。那种既能经邦治国，又有诗文论著传世的杰出人物，在历史上并不罕见。江左王朝"学业"与"世务"的脱节，并不完全在于"学业"本身，更在于士族政治给予士族文人的优越特权。换一个政治文化环境，同样的"学业"就可能有不同的结果。

---

① 例如唐代国子监之律、书、算学，所教授的正是直接的行政技术。然而这三种学校是为八品、九品官员子孙及庶人而设的，七品以上官僚子弟则于国学、太学、四门学中学习经史文辞。可见统治者也不能不受知识群体的文化风尚的影响，而轻视律、书、算等具体技能。又如宋神宗时立明法科，试之以律令、《刑统》，然而《宋史·选举志》记时人语曰，"昔试刑法者，世皆指为俗吏"；又神宗亦称，"近世士大夫，多不习法"；吴充亦曰，"后来缙绅，多耻此学"。其科最后又废，仍然难以成为经制。

周隋统治者排拒"学业"的方面，归根结底仍是皇权不够强大，官僚政治不够稳定的表现。如果皇权足够地强大，官僚政治亦足够地成熟，就有可能在相当程度上化解"学业"与"世务"的矛盾。

科举制度产生了。这一制度采用的考试内容与评价标准，依然适合于知识群体的文化风尚和知识结构，以吸引尽可能多的士人趋向朝廷。但在士人进入政府担任文官之后，强大完善的官僚制度，有足够的能力迫使其努力熟悉并严格依照文官规范进行工作。在入仕之前，士人已明确了经邦治国的目标，意识到未来的任务，并据之预先调整自己的观念与行为；入仕之后，则有各种激励、惩戒、考绩、迁黜等方式与手段，使其不得不将自己纳入官僚政治的运转机制之中去。至于公干之余的文学创作或学术研讨，只要不妨碍职事，帝国政府也就听之任之了。由之，知识分子的知识，便有效地转化为文官的行政技能。简言之，科举制这种以诗歌文章的清新优美，以古代典籍的精通谙习来选拔处理兵刑钱谷、考课铨选等行政事务的文官的奇特制度，之所以能够成立并且有效地维持下去，就在于它是选官时"取之以文"而用官时"课之以能"。

"以文取人"还带来了另一项社会效果，它不仅淡化了"以德取人"，而且还充分地淡化了"以名取人"。这也直接地涉及了帝国政府和知识分子群体的关系格局。汉末的"以名取人"，反映了知识群体的发展，业已超过专制权力与理性行政所能接受，所能控制的程度了。但科举制却在相当程度上解决了这一问题，因为它是以一项知识的检验，而不是以社会名望的大小来擢第取人的。在察举制下，士人求仕在相当程度上依赖于举主的个人意志；但在知识群体充分发展、士林舆论支配了选官之时，士人又可"坐作声价"，高自标置，王朝反而要虚己备礼求贤于山林。而在招考与投考制度之下，求职之士人皆可依制报名参试，原则上已不甚须仰权势鼻息；但如果仅仅具有才艺声望而不主动投考，那么又很可能老死牖下亦无人问津。士人只有主动靠拢朝廷，付命运于科场一搏。其入仕资格虽已有稳定保障，其社会地位则须由朝廷以科举功名形式给予；其独立人格，在相当程度上已经不为王朝所承认了。

严格地说，考试只能检验一般知识水准，却未必能够真正确定知识分子的文化成就。科举考试之内容固然是面向知识群体的，但考试之形式所根据的又的官僚制度的选官原则相同。王朝固然希望把最出色的知识分子牢笼于自己的羁束之下以供役使，但官僚行政实际所需的，只是一般知识水准，而非精微卓绝的文化成就。总之，知识分子与帝国朝廷，在长期的发展之中达到了一个新的平衡点，在此双方各有所得，也各有所失。但较之察举制，二者的关系显然已更为密切、稳定，也更为制度化了。

四、必然性与合理性

以上所概述的，就是从察举制到科举制的漫长变迁中，那些基本线索与事象之间的因果——当然，也仅仅是笔者在才力所及的视野之内，所能看到的因果。总的说来，察举制到科举制的变迁，乃是多种因素交汇作用之下的综合。

察举到科举的过渡，确实包含着某种必然性。还在察举制最为低落之时，就已有人做出类似的构想了。东晋葛洪《抱朴子》之《审举篇》，就是一篇探讨选官制度的颇有价值的论文。他在此提出：第一，"秀孝皆宜如旧试经答策"，"今孝廉必试经无脱谬，而秀才必对策无失指，则亦不得暗蔽也……假令不能必尽得贤能，要必愈于了不试也"。他认为严格的考试是势在必行，这虽未必尽得贤能，但放弃考试弊端更大。第二，他认为考试应有严密的程式，"余意谓新年当试贡举者，今年便可使儒官才士，豫作诸策，计足周用，集上，禁其留草殿中，封闭之。临试之时，亟赋之。人事因缘于是绝。当答策者，皆可会著一处，高选台省之官，亲监察之。又严禁其交关出入，毕事乃遣。违犯有罪无赦。如此，属托之冀塞矣"。第三，"若试经法立，则天下可以不立学官，而人自勤业矣"（"业"原作"乐"，误），"令天下诸当在贡举之流者，莫敢不勤学"。这已有使天下士人自学应试之意。这些见解，与唐代科举之精神相当一致，而他在几百年前，就已经预见如上了。这反映了察举到科举的变迁，确实体现了某种内在的因果关系。

但我们也应看到，必然的未必就是尽皆合理的。科举制固然有明显的进步性，但未必是一切方面都优于察举。今人在比较察举制与科举制时，每每只是简单地抑前者而扬后者，这很可能是失之片面了。在察举时代，已有人（如葛洪）提出了类似科举的设想；但到了科举时代，许多人却转而赞扬察举制而批评科举制了。这种态度，未必尽皆是"倒退复古"。

汉代察举制度，既有"以德取人"因素，也有"以能取人""以文取人"因素。士人习经术文法于家，在具备了基本知识技能，并获得舆论对其人品的好评之后，然后仕郡县为佐吏掾属；由之获得基层吏务经验之后，才能以功次吏能得到察举。举至中央，则有经术、笺奏之试加以检验，然后方得授官；但所授又非职事官，而是入三署宿卫为郎，"以观大臣之能"，熟悉朝廷行政过程。此后再经一次选拔，方能"出宰百里""典城牧民"。如《通典》卷十六《选举四》所记沈约之语：

> 汉代……黉校棋布，传经授业，学优而仕。始自乡邑，本于小吏干佐，方至文学功曹。积以岁月，乃得察举；人才秀异，始为公府所辟，迁为牧守，入作台司。汉之得人，于斯为盛！

细观汉代察举之实施过程，不能不承认它也有独特的优点。汉代吏政颇为后人称道，特多循吏良守、名公巨卿，皆出察举一途，这并不是偶然的。

而科举制却是"以文取人"而不及其余的。虽然设置上有"取之以文"后"课之以能"之意，但设想绝不可能完全成为现实，二者间仍然时时表现出牴牾不合之处。众多士子在狭窄的考试一途上竞争拼搏，不得不竭尽心智揣摩辞章苦诵经疏，精力才华为之耗尽，浮华迂腐之性因之而成。《通典》卷十七《选举五》唐赵匡《举选议》：

> 进士者时共贵之，主司褒贬，实在诗赋，务求巧丽，以此为贤。不唯无益于用，实亦妨其正习……明经读书，勤苦已甚，既口问义，又诵疏文，徒竭其精华，习不急之业，而当代礼法，无不面墙。及临人决事，取办胥吏之口而已。所谓所习非所用，所用非所习者也！

又《续资治通鉴》卷六八宋神宗熙宁四年王安石语曰：

> 以为科法已善，则未也。今以少壮时当讲求天下正理，乃闭门学作诗赋，及其入官，世事皆所不习，此乃科法败坏人才，致不如古！

可见这种"所习非所用，所用非所习"的选官方法，确实有严重弊端，不但讲求抒情文字的进士科，甚至明经科也是如此。汉代察举亦以经术取人，但只要求通其大义，此外还有德行、吏能等多种条件与相配合，所以对经术能存其大旨，取其精华。而至唐代，试明经以帖经、墨义而不及其余。如《权载之文集》卷四十一柳冕《与权德舆书》中柳冕之言："进士以诗赋取人，不先理道；明经以墨义考试，不本儒意。"

尽管王朝有时也试图加以改良，例如改试诗赋为试策论等，但这只不过是扬汤止沸，舍本逐末。只要天下士子，依然为了跻身统治阶级之内，为了猎取官位、占有特权，而集中于中央所开之寥寥数科（后来只剩进士一科）之上，围绕有限的录取员额作激烈竞争，那么任何考试内容，都可能成为那种"文墨小技"。考试方式的采用，绝不仅仅是为了考核人才，它还是为了建立一个相对客观划一的标准，使来自各阶层的士人有较为均等的竞争流动机会。经常发生的科场案，日益严密复杂的考试程式，都反映了人们对科举的关注，往往发自对公平的要求。诸多科目最终归之于进士一科，也是为了使取人标准简单划一，有共同的比较与评价的基础，所以其法与汉代根据需要分科分类取人之制恰好相反。朝廷把考试标准与内容制定得合乎知识分子的口味，给他们每一个人以入仕为官显贵尊荣的可能，让他们年复一年、乐此不疲地在功名之途上奔竞消磨，老死科场而不恨。如果落第失败，也再不能埋怨长官不加举荐，而只能反躬自责自己的无能。因此，考试的标准就必然是具体的、可掌握的与模式化的，以保证公正与易行；而举子们总是随即就发明了种种达到这一标准的雕虫小技。有时科举考试甚至就不像是为了选拔最优秀者，简直就像是为了找到一种办法能够试退一批人并保留一批人而已。①最后，王朝总归是录取了一些知识分子，他们之中总归会出现一些人才。总之，王朝与大部分士人，都无意从根本上改革科举。如苏轼所言："自文章而言之，则策论为有用，诗赋为无益。自政事言之，则策论、诗赋均为无用矣。虽知其无用，然自祖宗以来莫之废者，以为设法取士，不过如此也……自唐至今，以诗赋为名臣者不可胜数，何负于天下而必欲废之？"（《东坡奏议集》卷一《议学校贡举状》）所谓"设科取士，不过如此也"，正反映了帝国政府以及大部分知识分子对科举的态度。②

---

① 搭截出题之法，就是明显的例子。如清嘉庆中鲍桂星为河南学政，取《孟子·梁惠王》"王立于沼上，顾鸿雁麋鹿"一句中"顾鸿"二字为题，取《中庸》"今夫山，一卷石之多，及其广大，草木生之"一句中"及其广大草"五字为题。又俞樾为河南学政，取《论语·季氏》"异邦人称之亦曰君夫人"句之末三字与《阳货》"阳货欲见孔子"句之首三字，合为"君夫人阳货欲"而为考题，皆是。这虽然是个别现象，却不是偶然现象。它是一种内在倾向的极端表现形式。

② 又如清梁章钜《浪迹丛谈》"科目"条记乾隆九年兵部侍郎舒赫德上疏请更革科举，称"古人询事考言，其所言者，即其居官所当为之职事也。今之时文徒空言，而不适于用"。首相鄂尔泰之驳议中，承认舒赫德的指责切中时文之弊，但他所取的仍是苏轼的立场："知人之道在于责实，盖能责实，则虽由今之道，而振作鼓舞，人才自可奋兴"，"凡宣之于口、笔之于书者，皆空言也，何独今之时文为然。且夫时文取士，自明及今殆四百年，知其弊而守之不变者，非不欲变，诚以变之而未有良法美意以善其后。且就此而责其实，则亦未尝不适于实用，而未可一概訾毁也"。他指出，即使改行察举，同样会有相应弊端因之而生，"至于人之贤愚能否，有非文字所能决定者，故立法取士，不过如是，而治乱盛衰，初不由此，无俟更张定制为也"。他与苏轼的看法，虽属保守态度，却也颇有通达之处。一种选官制度的效能有赖于整个社会政治文化背景；在这一背景发生根本性变迁之前，其弊端不可能得到根治，只能斟酌利害、因时立制而已。

总之，察举制之演变为科举制，以及科举制不能回复到察举制①，是有更为复杂的原因，察举制也自有科举制所未能继承下来的优点。就是仅就推荐与考试二法而言，也不能简单地说孰优孰劣。考试之法固然严密、规范，但就人之能力与行政任务千变万化的复杂关系而言，它又未免过于机械、简单；而观察与推荐之法则可能灵活、准确得多。这都紧密地依赖于整个政治体制以至社会文化背景的状况，而很难仅就其中的某个要素遽下评判。汉代察举较为尊重舆论评价，注重专业原则分科取人，且有"试职""累功"之法强化了实践培训，其法与吏治结合得较为紧密；而科举考试，则较多地体现了面向知识群体，和促成社会流动与公平竞争的精神。两种制度各有一套相关的机制与之相配合，各有成功之处，但也各有难以克服的问题。总之，较之察举制，科举制确实是一个相当重大的进步，甚至可以说是中国古代史上的一项伟大的政治文化成就，但它并非一切方面都比察举制优越。

※ ※ ※

察举制与科举制，在今天均已成为历史。社会的政治文化状况，已经有了重大的不同。在现代民主社会之中，国家首脑由选举产生，政府权力则由公民赋予。有立法机构限定政府的权力行使的方式、范围与内容，并有司法机构加以有效的监督与制约。这样，专制皇权、官僚统治阶级的特权以及血缘身份制、封建依附制等，都丧失了存在的合法性。

---

① 朝廷确实有过恢复察举的尝试，但均未成功，如唐代宗宝应中，"礼部侍郎杨绾奏，诸州每岁贡人，依乡举里选，察秀才孝廉。敕旨：'州县每岁察孝廉，取在乡闾有孝悌廉耻之行荐焉……其明经、进士、道举并停。'旋复故矣"（见《通典》卷十五《选举三》）。又《明史·选举志》记明太祖洪武六年"遂罢科举，别令有司察举贤才，以德行为本，而文艺次之。其目，曰聪明正直，曰贤良方正，曰孝弟力田，曰儒士，曰孝廉，曰秀才，曰人才，曰耆民。皆礼送京师，不次擢用……于是罢科举者十年，至十七年始复行科举，而荐举之法并行不废"。至永乐以后，"科举日重，荐举日益轻，能文之士率由场屋进以为荣。有司虽数奉求贤之诏，而人才既衰，第应故事而已"。明太祖所设之察举科目，多袭汉之旧，这或可为赵翼"明祖行事多仿汉高"（《廿二史札记》卷三二）之说作一佐证；但士林学子更倾向于科举，科举更适合于其知识结构、文化风尚与社会需要，这已是不可逆转的趋势；汉制已难复行于明时。

同时社会进步导致的进一步的功能分化，使文化知识界与政府行政机关判然两分，建立了合理的平等与分工关系。知识分子在知识界内自由地从事文化活动，同时也为社会以及政府提供知识与技术；并且，他们主要地不是通过直接在政府中任职，而是通过舆论媒介以及其他民主渠道，更有效地行使其政治参与和批评权利的。行政文官，则由受过专门培训者，经过考试、推荐等途径，在被确认了具备专业知识能力之后，进入政府的不同职位，严格依靠法规完成职责。中国古代士大夫政治之下知识分子与行政文官一身二任，以及由此造成的角色冲突，在这里就不会发生了。完备的法规，严密的组织，强大先进的技术手段，特别是有效的公众监督，保证了政府机构高度的能力与效率。当立足于今天而回顾人类历史上不同的选官制度之时，我们的第一感受，便是那进化的轨迹。我们需要从这一角度出发，深入探讨中国古代选官制度以及相应政治文化背景的变迁特点与规律。这本小书，便希望能为这种探讨，提供一些基本材料以及尚不成熟的意见。

图书在版编目（CIP）数据

察举制度变迁史稿/阎步克著. —北京：北京师范大学出版社，2020.8（2021.12 重印）
（新史学 & 多元对话系列）
ISBN 978-7-303-26409-4

Ⅰ.①察… Ⅱ.①阎… Ⅲ.①察举制－研究－中国 Ⅳ.①D691.4

中国版本图书馆 CIP 数据核字（2020）第 200197 号

营　销　中　心　电　话　010-58808006
北京师范大学出版社谭徐锋工作室微信公众号　新史学 1902

CHAJU ZHIDU BIANQIAN SHIGAO

出版发行：北京师范大学出版社 www.bnup.com
　　　　　北京市西城区新街口外大街 12－3 号
　　　　　邮政编码：100088

印　　刷：	鸿博昊天科技有限公司
经　　销：	全国新华书店
开　　本：	730 mm×980 mm　1/16
印　　张：	20.25
字　　数：	279 千字
版　　次：	2021 年 3 月第 1 版
印　　次：	2021 年 12 月第 2 次印刷
定　　价：	89.00 元

策划编辑：谭徐锋	责任编辑：曹欣欣　于馥华
美术编辑：王齐云	装帧设计：王齐云
责任校对：段立超	责任印制：马　洁

版权所有　侵权必究

反盗版、侵权举报电话：010-58800697
北京读者服务部电话：010-58808104
外埠邮购电话：010-58808083
本书如有印装质量问题，请与印制管理部联系调换。
印制管理部电话：010-58805079